MIGHTY
MOE

MIGHTY MOE

마라톤 소녀, 마이티 모

레이첼 스와비, 키트 폭스 지음 | 이순희 옮김

학고재

어머니, 아버지에게 이 책을 바칩니다,
이 모든 일이 가능했던 건 두 분의 사랑과 지원 덕분입니다.

– 레이첼 스와비

글쓰기의 행복을 제게 알려 준
어머니, 아버지에게 이 책을 바칩니다.

– 키트 폭스

세상이 그리고 사람들이 다른 길을 택하라고 말할 때
자신의 길을 향해 달리라고 가르쳐 준 모린에게 이 책을 바칩니다.

차례

세상을 여는 여성 마라토너들

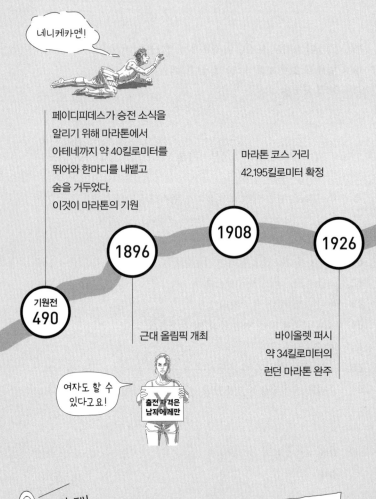

네니케카멘!

페이디피데스가 승전 소식을
알리기 위해 마라톤에서
아테네까지 약 40킬로미터를
뛰어와 한마디를 내뱉고
숨을 거두었다.
이것이 마라톤의 기원

마라톤 코스 거리
42.195킬로미터 확정

1908

1896

1926

**기원전
490**

근대 올림픽 개최

바이올렛 퍼시
약 34킬로미터의
런던 마라톤 완주

여자도 할 수
있다고요!

출전 자격은
남자에게만

안 돼!

쓸모없는 짓이고
시시하고 꼴사나운
일이다.

격렬한 운동은
여성의 미모를 해친다!

그러다 금새
턱수염 돋는다!

여성에게
과격한 운동은
금물!

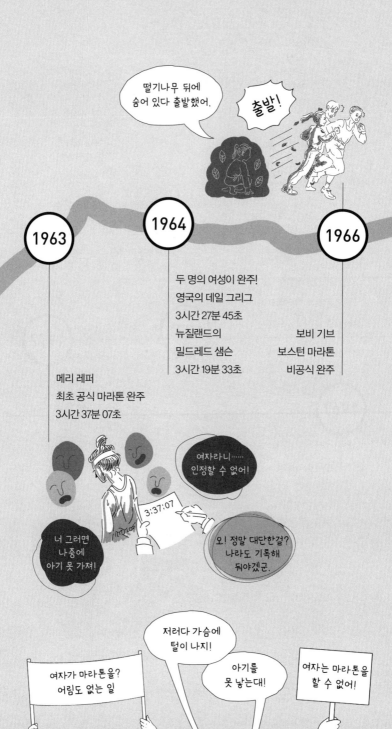

당장
내 대회에서
꺼져!

261

여자 마라톤
2시간 대로!

셰릴 브리지스
웨스턴 헤미스피어 마라톤 완주
2시간 49분 40초 완주

독일 여자 마라톤
공식 허용

캐스린 스위처
보스턴 마라톤
공식 완주

1971

1972

1967

1972년 미국
아마추어 체육 협회
여자 마라톤
공식 허용

13세 마라토너,
모린 월턴
여자 세계 기록
3시간 15분 23초

올림픽
여자 마라톤
채택

폴라 래드클리프
런던 마라톤 완주
2시간 15분 25초

1984

2003

2019

존 베노이트 새뮤얼슨이
로스앤젤레스 올림픽
여자 마라톤 우승.
남자 마라톤 종목이 생긴 후
88년이 지났다.

브리지드 코스게이
시카고 마라톤 완주
2시간 14분 04초

"여자는 달릴 수 없다"는 세상에 맞서,
앞장서서 싸워 온 우리의 마이티 모들!
이들은 여성들이 훨씬 더 많은 것을 해낼 수 있다는 걸
일깨워 주었다.

서문

캐스린 스위처

진실은 언제나 소설보다 놀랍다. 모린 월턴의 삶은 더더욱 놀랍다. 내 이야기도 한 대목 나온다니 기쁘다! 내 나이 일흔두 살, 50여 년 전에 일어난 일들이 현재의 삶 속으로 밀려들어오니 그 느낌이 참으로 기묘하다.

상상해 보라. 1967년 4월 19일, 그날은 시러큐스 대학교에 다니던 스물한 살의 내가 보스턴 마라톤 대회에서 달린 날이다. 나는 공식적으로 참가자 등록을 마친 뒤 가슴에 배번 261번을 달고 뛰었다. 달리는 내 모습을 본 한 경기 조직 위원이 몹시 부아를 내며 말했다. 마라톤은 '남자만의 행사'라고(하지만 경기 규정에는 그런 내용이 없었다). 취재단 버스에서 뛰어내린 그는 내게 다가오며 욕설을 퍼부었다. 그 뒤 무슨 일이 일어났을까? 이 책 15장을 읽어 보라. 일단 경기가 끝난 뒤 어마어마한 소동이 일어났다는 점만 밝힌다. 그 조직 위원은 나와 내 팀 동료들을 미국 아마추어 체육 협회에서 제명했다. 당시 체육 협회는 미국의 체육인들을 아주 엄격하게 통제했다. 체육 협회에서 제명되면 육상 선수로서 삶은 끝난 것이나 마찬가지였다.

제명되고 며칠 뒤, 한 캐나다 남자의 전화를 받았다. 그는 2주 뒤 토론토에서 열리는 마라톤 경기에 나와 내 동료들을 초청하겠다고 말했다. 특히 내가 꼭 참가하기를 바란다며 사정을 이야기했다. 자신이 지도하고 있는 열세 살짜리 소녀를 이번 마라톤 대회에서 뛰게 할 계획인데 이 소녀는 여자 마라톤 세계 기록을 갱신할 실력을 갖췄다고 믿는단다. (그 당시 여자 마라톤 세계 기록은 3시간 19분 33초였다.) 그는 여성인 내가 참가한다면, 그 소녀에게 '정통성'이 부여될 거라고 말했다. 난 보스턴 마라톤 후유증으로 아직 발이 물집과 피딱지 투성이라서, 설사 내가 완주한다 해도 속도는 내진 못할 거라고 설명했다. 그는 그건 전혀 문제가 되지 않는다고 말했다. 그가 원하는 것은 내가 실제로 참가하는 거였다.

그렇다면야! 이제 미국에서 달리기를 할 수 없게 된 우리를 열렬히 환영하는 나라가 있으니 당연히 가야지! 베트남 전쟁 징집을 피하려고 국경을 넘는 미국의 젊은이들과 비슷한 심정으로, 이미 휴지조각이 된 미국 아마추어 체육 협회 회원증을 태워 버린 뒤 캐나다로 떠났다. 그리고 그곳에서 나는 '마이티 모'라고 불리는, 몸무게 36킬로그램의 모린 윌턴을 만났다.

모린은 열세 살 소녀 치고 표정이 행복해 보이지 않았다. 순간 의구감이 들었다. '아이가 원해서 달리는 게 아니라, 코치가 원해서 달리는 건가?' 아무튼 아이는 프로 선수처럼 달려 함박웃음을 지으며 결승선을 넘었고, 3시간 15분 23초로 여자 마라톤 세계 기록을 세웠다. 완주 뒤, 새로운 세계 기록 보유자인 그 아이는 내게 자신은 달리기보다 록 밴드 몽키스가 더 좋다고 말했다. 그 말을 듣는 순간, '오늘의 불꽃이 내일이면 사그라들겠군' 하는 생각이 들었다.

경기가 끝난 뒤 다섯 시간 동안 차를 타고 돌아오면서 동료들과 이런저런 이야기를 나누었다. 재능 있는 아이들이 더 자주 의욕 상실과 무기력감에 휘말린다는 이야기, 신장과 몸무게에 비해서 이상적인 강인함을 발휘할 수 있는 나이가 열한 살에서 열세 살 사이라는 이야기, 지나치게 강압적인 부모와 코치는 아이의 재능을 키우기보다는 대부분 꺾어버린다는 이야기 등. 우리는 두 가지 이야기에 모두 동의했다. 하나는 모린이라는 아이의 달리기 실력이 대단하다는 것, 또 하나는 열여섯 살이 지나면 모린이 달리기 세계에서 사라질 것이고, 더는 모린의 이야기를 들을 수 없을 것이라는 거였다.

우리의 예상은 어느 정도 들어맞았다.

모린에 대해 아무 소식이 들리지 않았다. 그렇게 40년이라는 세월이 흘렀다.

그러다 42년이 지난 2009년, 모린과 나는 다시 만났다. 그는 열세 살 그 소녀가 틀림없었지만, 얼굴은 쉰다섯 중년의 모습이었다. 웃을 수도 울 수도 없었다. 모린의 반응도 나와 똑같았다. 우린 그저 함께 마라톤을 한 뒤 딱 한 번 이야기를 나누었을 뿐이다. 하지만 우리 둘은 달리기 때문에 인생이 뒤바뀌는 경험을 한 공통점이 있었고, 서로의 얼굴에서 그 공통점을 읽었다.

그런 게 달리기의 힘이다. 달리기는 그와 나의 삶을 바꾸었고, 삶의 중요한 순간들을 시간 순으로 기록했다.

우리는 많은 이야기를 나누었다. 오랫동안 우리를 괴롭혀 온 압박감에 대한 이야기였다. 나는 스포츠계에서 여성의 권리를 둘러싸고 벌어진 논쟁 때문에 엄청난 압박을 받았다. 모린은 그가 이룬 업적과 경력에 대한 근거 없는 추정, 부모와 코치가 고압적인 태도로 그를 몰아붙이고 학대한다는 주장 등을 기억했다. 물론 그건 새빨간 거짓말이었다. 모린은 말했다. "나를 몰아붙인 건 내 자신이었어요. 의욕이 넘쳤거든요. 내가 달리기를 할 때 늘 밝은 표정이 아니었던 건, 있는 힘을 다 짜내 뛰느라 그런 거예요. 이젠 알아요. 그렇게 죽을힘을 다해 뛸 필요는 없었

서
문

어요. 일을 어렵게 만든 건 바로 나 자신이었어요."

   53년 전 보스턴 마라톤 대회에 출전해 주목받은 뒤 나는 전 세계 여성들에게 더 멀리, 더 빨리 달릴 대등한 기회를 열어 주는 데 내 인생을 바쳤다. 반면 어린 시절, 먼 거리를 더 빠르게 달린 선구자 모린은 마땅히 누려야 할 영예를 단 한 번도 누리지 못했다. 이제, 이 책이 모린 윌턴의 영예를 빛내 줄 것이다.

여는 글

2003년 4월 13일, 스물아홉 살의 달리기 천재 폴라 래드클리프가 런던 거리를 나는 듯이 달렸다. 보통 사람들이 전력 질주해도 따라잡기 어려운 속도로 두 발을 빠르게 움직여 42.195킬로미터를 달렸다. 시간당 평균 18.6킬로미터, 주택가의 자동차 제한속도와 맞먹는 속도였다. 티브이로 경기가 생중계되고, 세계 곳곳에서 수백만 명의 사람들이 출발부터 선두를 달리는 그의 모습을 지켜보았다. 현장에도 수천 명의 사람들이 지켜보고 있었다. 폴라는 마지막 1.6킬로미터를 약 5분 만에 달렸다. (여자 마라톤 주자들의 평균 속도보다 두 배 넘게 빠른 속도였다.) 환호하던 관중들은 흥분해 겹겹이 쳐진 철제 바리케이드를 밀어냈다.

폴라는 얼굴을 찡그린 채 손을 머리 위로 치켜들고 결승선 테이프를 향해 돌진했다. 그리고 곧바로 완전히 기진해 앞으로 고꾸라져 다리를 움켜잡았다. 그는 2시간 15분 25초라는 놀라운 기록으로, 여자 마라톤 세계 기록을 2분 이상 앞당겼다.

팡파르가 울려 퍼지고 그의 머리에 월계관이 씌워졌다. 그는 상금 25만 5,000달러를 받았다. 영국 여왕을 접견했고 아침저녁으로 토크쇼에 나가 인터뷰를 했다. 폴라는 전 세계 달리기

팬들 사이에서 유명 인사가 되었다.

폴라가 결승선을 밟은 순간은 여자 달리기에서 몇 손가락에 꼽힐 만한 중요한 순간이었다. 그뿐만 아니라 육상계에서 믿기 힘들 만큼 대단한 성과였다. 하지만 캐나다 온타리오주 토론토 교외의 강단 있는 열세 살 소녀 모린 윌턴의 투지와 용기가 없었다면, 이런 성과는 결코 나올 수 없었을지도 모른다.

85년이라는 세월 동안, 폴라 말고 대략 스물여섯 명의 여성이 마라톤 결승선을 넘었다. 이들 모두 '세계 역사에서 42.195 킬로미터를 나만큼 빨리 완주한 여성은 없다'라는 걸 확인하는 대단히 독특한 경험을 했다.

이 여성들 가운데 폴라처럼 찬사를 받은 이도 있었다. 상금을 받고 세계적인 명사들을 만나고 열광하는 팬들의 환호를 받기도 했다. 하지만 시간을 거슬러 올라갈수록 이 여성들이 올린 성과에 대한 반응이 점점 더 실망스러워진다. 결승선 근처에는 열광적으로 응원하는 구경꾼도 없고, 결승선 테이프를 든 경기 진행 요원도 없었다. 외려 '여자'가 감히 마라톤을 하느냐고 서슬 시퍼렇게 호통쳐 대는 남자들이 있었다. 지켜보는 사람이 거의 없을 때도 있었다.

여자 달리기 역사의 대부분은 논쟁과 협박 편지, 법정 소송으로 얼룩져 있다. 수백 년 동안 여자는 장거리 달리기에서 배제되었다. 의사들은 달리기가 여성 건강에 위험하다는 허튼 소리를 남발했다. 그들은 여자가 몇 킬로미터를 안간힘을 쓰고 달리면 생식 계통에 손상을 입혀 불임이 될 수도 있다고 주장했다.

또 어떤 사람들은 장거리 달리기가 여성스럽지 않다고 했다. 많은 사람들 앞에서 땀을 흘리거나 육체적으로 힘든 일을 하는 건 여자로서 부적절한 일이라고 했다. 그래서 달리는 여자는 자주 조롱에 시달렸다. 특히 훈련 때가 심했다.

그러나 서서히 분위기가 바뀌었다. 2010년 무렵에는 남성보다 훨씬 많은 여성이 장거리 달리기 결승선을 넘었다. 2016년에는 도로 경기에 참가한 남자는 5백만 명 남짓이었지만, 여자는 7백만 명이 넘었다. 더 빨리 더 멀리 뛰고 싶어 한 여성들이 모욕과 공개적인 항의, 뉴스 보도의 중상모략에 맞서 달리며 용감하게 규칙을 깨뜨린 덕분이었다. 그들은 달리기를 사랑했고, 뭣도 모르는 의사와 대회 관계자가 자신의 발목을 잡도록 내버려두지 않았다.

1963년, 메리 레퍼는 캘리포니아에서 열린 '웨스턴 헤미스피어 마라톤 대회' 출발선에 몰래 섰다. 그는 마라톤을 하면 아기를 가질 수 없게 될 거라고 소리치는 경기 진행 요원의 만류를 무시하고 완주했다. 스무 살에 미국에서 공식 마라톤 대회를 완주한 최초의 여성이 되었다.

1966년, 보비 기브는 '보스턴 마라톤 대회'의 출발선 근처 떨기나무 수풀에 숨어 있다가 경기가 시작하자 남자들 무리에 끼어들었다. 당시 보스턴 마라톤 대회는 여자의 참가를 금지했지만, 보비 기브는 보스턴 마라톤을 완주한 최초의 여성이 되었다.

1967년, 캐스린 스위처는 'K.V. Switzer'라는 이름으로 보스턴 마라톤 대회에 참가했다. 6킬로미터 지점에서 그를 알아본 경기 조직 위원이 그를 코스에서 끌어내리려고 안간힘을 썼다. 캐스린과 남자 친구는 그를 따돌렸고, 캐스린은 완주해 공식 배번을 달고 보스턴 마라톤 대회를 완주한 최초의 여성이 되었다.

1984년, 존 베노이트 새뮤얼슨은 '로스앤젤레스 올림픽 마라톤 여자부'에서 우승했다. 그는 여성의 올림픽 마라톤 참가가 허락된 첫해에 금메달을 딴 미국인이었다.

그야말로 혁명가들의 역사이고, 그들 모두 역사의 혁명가들이다. 하지만 달리기 세계에는 우리가 지금 그 업적을 기리고 있는 여성 혁명가들 말고도 잊힌 혁명가들이 있다.

MIGHTY
MOE

1부   리본

1

소녀는 여기 있어서는 안 된다

토론토 북쪽, 들꽃이 만발한 너른 들판과 요크 대학교 신축 벽돌 건물들 사이 도로에 흙먼지가 자욱하다. 이곳은 소녀가 있을 곳이 아니다. 반바지와 티셔츠에 운동화를 신은 남자 스물여덟 명과 함께라면 더더욱 아니다. 긴 팔다리를 흔들며 스트레칭하는 남자 무리에서 멀찍이 떨어져 소녀가 서 있다. 남자들은 모두 키가 크다. 소녀보다 30센티미터는 더 커서, 마치 우뚝 솟은 나무 같다. 남자들은 한가로이 이야기를 나누며 무릎을 들어 올려 가슴을 치고 상체를 굽혀 손을 발끝으로 뻗고, 좁은 원을 그리며 천천히 달린다. 소녀는 숲 언저리에 홀로 서 있는 듯한 느낌을 받는다.

   늦은 봄 토요일 아침, 이 소녀는 집에 있어야 했다. 거실 안,

나무판을 댄 서랍장만 한 하이파이 스테레오 옆에서 좋아하는 음악을 듣는 게 어울린다. 녹색 카펫에 배를 깔고 엎드려 양손으로 턱을 괴고 밴드 몽키스나 비치보이스의 노래 박자에 맞춰 발을 까닥이며 캘리포니아 해변에 밀려오는 파도를 공상하고 있는 게 어울린다.

아니면 집에서 북쪽으로 두 시간 거리에 있는 도호 가족 쉼터에 있는 게 어울린다. 부모가 모는 소형 알루미늄 모터보트를 뒤따르는 수상 스키를 타고 물살을 가르는 게 어울린다. 그게 아니면 오빠들이 물장구를 치거나 물에 빠뜨리려는 걸 피해 커다란 바위에서 차가운 물속으로 다이빙하는 게 어울린다.

소녀는 자전거를 타는 게 어울린다. 아이스크림 가게에서 초콜릿 아이스크림을 사 먹는 게 어울린다. 숙제를 하거나 책을 읽거나 친구와 전화 통화를 하는 게 어울린다. 1967년 5월 어느 토요일 오전에 온타리오주 노스요크에 사는 열세 살 소녀라면 할 법한 수천 가지의 일 중 하나를 하는 게 어울린다.

소녀는 키가 너무 작고, 너무 마르고, 너무 어리고 무엇보다 여자이기 때문에 이곳에 있어서는 안 된다.

이게 바로 어른들이 수십 년 넘게 해 온 말이다. 중요한 지위에 있는 성인 남자들이 달리기 경기에 관한 공식 결정을 내리는 회의실과 강당에서 해 온 말이다. 그들은 여자가 수십 명의 남자 참가자들과 섞여 여러 시간 동안 달리는 경기의 출발선에 서서는 안 된다고 단언했다.

사실 이들은 여자가 장거리 달리기를 해서는 안 된다는 결정만 한 게 아니다. 설령 허용을 해도 여자는 장거리 달리기를 해낼 능력이 없고, 그런 시도를 하다가는 영원히 건강을 망칠 거라고 주장했다.

그러나 그 소녀는 지금 여기에 있다. 142센티미터에 36킬로그램인 소녀는 퓨마 운동화 끈을 묶으면서 어떻게든 남자들의 시선을 끌지 않으려고 애쓰고 있다.

소녀는 여기에 있다. 그리고 곧 세계 기록에 도전할 것이다.

우연히 토론토 교외 노스요크의 스틸스가를 지나가더라도, 곧 이곳에서 누군가의 세계 기록 도전이 시작될 거라는 낌새를 채지는 못할 것이다. 이상한 일 아닌가. 세계 기록은 역사에 남을 중요한 일이다. 팡파르가 울리고 카메라가 모이고 새로운 기록의 순간을 지켜보려는 인파가 넘쳐나야 마땅한 일 아닌가.

9개월 전, 이곳에서 4,800킬로미터 떨어진 캘리포니아 대학교 버클리 캠퍼스 트랙에서 캔자스 대학교의 짐 륜이 세계 기록을 깼다. 엄청난 환호와 축하와 관심이 그에게 쏟아졌다. 그는 1.6킬로미터를 3분 51초에 달렸다. 수백만 명이 ABC 방송의 프로그램 「와이드 월드 오브 스포츠」에서 경기를 지켜보았고 현장에도 수백 명이 모여들었다. 짐 륜의 상반신이 결승선을 통과하는 순간 우렁찬 박수갈채가 쏟아졌다.

이곳에서 세계 기록에 도전할 소녀를 보도하려는 방송사 카메라는 한 대도 없다. 인도에 놓인 참가자 접수대 주변을 수십 명이 서성이고 있고, 나무 말뚝에 '마라톤 출발 지점'이라고 손으로 쓴 작은 팻말이 못 박혀 있을 뿐이다.

소녀는 어머니와 함께 출발선에서 약간 떨어진 곳에 서 있다. 소녀가 할 경기는 짐 륜이 했던 것과 같은 달리기 경기이지만, 소녀는 수만 보는 더 달려야 한다. 3분 몇 초가 아니라 3시간 넘게 달려야 하는 경기다.

출발선에서 서성이는 남자들은 소녀가 도전한다는 사실을 모르고 있다. 그들은 '캐나다 동부 백 주년 기념 마라톤 대회'에 공식 참가 신청을 했고, 이름이 프로그램 안내서 두 번째 페이지에 파란 글씨로 쓰여 있다. 글래드스톤에서 온 앨 싱클레어와 웬던 에이디, 해밀턴에서 온 짐 바이스티와 허브 몽크, 뉴욕 시러큐스에서 온 톰 밀러와 톰 쿨터 등이다. 이외에도 이름이 스무 개 넘게 쓰여 있다. 이 남자들은 모두 마라톤 출발선에 서는 걸 두려워하거나 불안해 하지 않는다. 경기에 뛸 자격이 있다는 걸 알기 때문이다.

소녀의 이름은 이 남자들 이름 옆에 쓰여 있지 않다. 그 페이지 밑 '12시 정오: 여자 8킬로미터 경기'에 있다. 콤비에 넥타이 차림의 성인 남자 조직 위원들은 8킬로미터가 여자들이 뛰기에 적당한 거리라고 한다. 어쨌든 프로그램 안내서는 소녀가 뛸 경기를 못 박고 있다. 스물두 명의 다른 여성들과 함께 8킬로미터를 달려라.

마라톤은 여자 8킬로미터 경기 5분 전에 시작된다. "이제 출발선으로 가야 해." 소녀의 어머니가 평소 딸에게 방을 치우라고 말할 때와 똑같은 어조로 말한다.

하지만 소녀는 아직 준비가 되어 있지 않다. 초조한 데다 당

황스럽다. 곧 시작될 마라톤 때문에 그런 게 아니다. 마라톤 완
주는 거뜬히 해낼 자신이 있다. 소녀는 3년 동안 훈련을 해 온
덕에 먼 거리를 빠른 속도로 달리는 게 어떤 느낌인지 훤히 알
고 있다.

소녀는 출발선으로 다가가면서 남자들이 어떤 반응을 보일
지 신경 쓴다. **남자들이 뭐라고 말할까? 남자들이 어떤 태도를
보일까?**

소녀는 숨을 깊이 들이마신다. 다시 남자들 쪽으로 걸음을
옮긴다. 소녀는 출발선에 수백 번 서 본 노련한 달리기 선수다.
경기 시작 직전에는 주위의 모든 것이 조용해지고 쿵쿵 뛰는 심
장 소리가 귓속에서 들린다. 낯익은 느낌이 온몸을 감싸자 초조
하고 당황한 마음도 가라앉는다. 소녀는 생각한다. **그냥 새로운
경기야. 그냥 경기.**

소녀는 출발선에 모인 주자들 쪽으로 다가간다. 그리고 팔과
다리를 흔들어 몸을 푼다. 참가자들의 호기심 어린 시선과 미
소를 무시한다.

"주자들, 제자리에."

소녀는 숨을 가다듬는다. **차분하게, 차분하게.** 여기 있어서
는 안 된다는 규정 따위는 중요하지 않다. 소녀에겐 이뤄야 할
목표가 있다. 새로운 기록을 내는 거다.

"**차렷.**"

다시 한 번 호흡을 가다듬는다. 정적이 흐른다. 소녀의 근육
이 단단하게 조여진다. 앞으로 몸을 기울인다. 살짝 주먹을 쥐

고 눈은 정면을 바라본다.

　땅!

　출발 신호총의 소리가 허공을 가른다. 소녀가 바람처럼 달려
나간다.

ㄹ

달리는 게 너무 좋다

1953년 11월 30일, 토론토는 간신히 영하를 벗어났다. 온타리오호에서 북쪽으로 약 1.6킬로미터 떨어진 토론토 웨스턴 병원. 벽돌로 지은 커다란 건물이 칙칙한 구름에 덮여 있다. 그러나 병원 안에서는 아무도 날씨에 관심이 없다. 마거릿과 로저 월턴 부부도 마찬가지다. 부부는 갓 태어난 딸의 주름 잡힌 다리와 구부려졌다 펴졌다 하는 손가락, 진지한 표정의 작은 얼굴을 살피느라 정신이 없다.

부부는 딸에게 엄마의 이름을 따서 마거릿 모린 월턴으로 이름을 지어 주고, 모린으로 부르기로 했다. 그때만 해도 모린의 인생이 세상에 어떤 변화를 일굴지 아무도 알지 못했다. 모린은 몸무게가 2.3킬로그램으로 오빠 둘보다 작게 태어난데다 딸이

어서 월턴 부부의 집에서 특히나 눈길을 끌었다. 부부에게는 모린 위로 여섯 살 난 아들 고든(다들 고드라고 불렀다)과 세 살 난 아들 댄이 있지만, 딸은 처음이었다.

부부는 모린을 토론토 웨스트엔드의 집으로 데려왔다. 월턴 가족은 모린의 고모할머니 소유의 오래된 벽돌집 한 층을 빌려 살고 있었다. 모린은 이 집에서 기기, 걷기, 뛰기를 배웠고 부엌과 거실에서 오빠들과 함께 춤을 추고 카우보이모자를 쓰고 놀았다. 눈이 내리지 않는 계절이면, 세발자전거를 타고 울퉁불퉁한 인도를 달렸고, 이웃집 남자아이와도 잘 어울려 놀았다. 기온이 영하로 떨어지면, 아버지 로저는 아이들이 놀 수 있게 집 뒷마당에 작은 얼음판을 만들어 주곤 했다.

모린은 세 살 때 아버지의 손에 이끌려 미끄러운 얼음판을 처음 만났다. 아버지는 발에 스케이트를 신기고 손에 하키 스틱을 쥐여 준 다음 아이를 얼음판 위에 세웠다. 모린은 둥그렇게 털이 달린 방한복 모자를 쓴 채 망설이는 듯한 눈빛으로 아버지를 바라보고 미소를 지으며 가만히 서 있었다. 오빠들은 이미 입문 과정을 뗐다. 이번에는 모린 차례였다. 어리고 유일한 여자아이지만 가족들은 모린을 다른 잣대로 대하지 않았다. 오빠들이 뒷마당에서 하키를 하면 모린도 하키를 했다. 오빠들이 집 안에서 쿵쾅거리며 서로 쫓아다니면 모린도 오빠들과 합세해서 쿵쾅거리며 뛰어놀았다.

모린이 네 살이 되기 전에 월턴 부부는 에이잭스로 이사했다. 밀집된 도시의 작은 집은 세 아이가 뛰어놀기에 너무 좁았다.

에이잭스는 지금은 그레이터 토론토의 일부이지만, 당시는 '시'로 승격된 지 얼마 안 되어 첫 공무원 선거를 막 마친 뒤였다. 농경지 한가운데 세워진 주택 단지가 전부였다.

새로운 동네로 이사해 모린은 신이 났다. 모든 것이 열려 있고 모든 것이 넓게 펼쳐져 있었다. 높은 빌딩이 빽빽이 들어선 도심지가 아예 없었다. 주택가가 끝나면 들판이 펼쳐졌다. 들판의 풀들이 온타리오호에서 불어온 바람에 물결치듯 넘실거렸다.

모린의 아버지는 맥클린헌터 출판사에서 인쇄공으로 일했다. 주중에는 저녁마다 밤 근무를 하러 토론토까지 50킬로미터를 가야 했다. 모린은 아침이면 퇴근하는 아버지를 맞이해 시리얼을 먹으며 이야기를 나눴다. 그러곤 머리를 양갈래로 붙잡아 올려 머리핀을 꽂고 어머니가 다려 놓은 옷을 입은 다음, 통통거리며 뛰어 나가 수업이 시작되기 전까지 몇 분간의 자유를 만끽했다.

조금 더 자란 모린은 자전거를 타고 페달을 힘차게 밟아 맹렬하게 돌진하는 걸 좋아했다. 자전거로 빠르게 달리면 에너지를 발산할 수 있고 폐가 활짝 열리는 느낌이 들어 좋았다. 아침에는 자전거를 타고 학교까지 전력 질주를 하고, 주말에는 온 동네를 누볐다. 어느 날 모린이 성 베르나데트 가톨릭 초등학교 앞 자전거 거치대에 자전거를 세우는 걸 수녀들이 보았다.

"어머, 너는 남자애 자전거를 타고 있네." 수녀들이 모린의 자전거를 눈으로 쫓으며 말했다. 오빠한테 물려받은 자전거는 핸들에서 안장까지 뻗은 철제봉이 수평이어서 다리 하나를 번쩍 넘겨 타야 했다. 철제봉이 비스듬히 아래로 기울어진 여자용 자전거는 달랐다. 그런 자전거는 다리를 더 '적절하게' 놀려서 올라타기가 더 쉽다고 여겨지는 모양이었다.

수녀들이 미소를 지었다. 모린은 수녀들이 강한 인상을 받았다는 걸 알아챘다. 모린은 얌전히 어깨를 으쓱하고 살짝 미소를 지어 보인 뒤 교실로 들어갔다.

모린은 학교가 좋았고 새집도 좋았다. 하지만 가장 좋아하는 건 여름마다 가족이 함께 가는 호숫가의 쉼터였다. 오빠들과 부모님, 종종 사촌 톰도 태워 짐을 가득 싣고 도호의 작은 부두를 향해 북쪽으로 차로 두 시간을 달려갔다. 부두에서 옷과 음식, 캠핑 용품을 내려 4미터 길이의 나무배로 옮긴 다음, 아이들도 배에 올랐다. 배가 호수를 가로지르기 시작하면 모린은 키를 잡은 아버지의 손 옆에 자기 손을 댔다. 마치 자신이 배를 조정하는 것처럼 보였다. 그들은 뱃길로만 갈 수 있는 도호 북단의 반도로 천천히 배를 몰았다.

배는 출렁이는 물살과 구름처럼 모여드는 모기떼를 뚫고 달렸다. 바위 절벽과 호숫가의 울창한 숲을 지나쳤다. 통통거리는 배를 타고 삼십 분을 달려서 작은 만에 도착했다.

그들만의 세계였다.

오빠들이 배에서 뛰어내려 첨벙거리며 호숫가로 뛰어갔다. 모린이 아기였을 적에는 부모님이 모린을 품에 안고 물에 내려 주었다. 그러면 어린 모린은 무릎까지 오는 물이 자기를 삼킬까봐 새파랗게 질린 얼굴로 배 가장자리를 붙들고 한 발자국도 움직이려 하지 않았다. 하지만 좀 자란 후에는 배에서 폴짝 뛰어내려 오빠들처럼 신나게 뭍으로 뛰어갔다.

반도 전부가 월턴 가족의 땅은 아니었다. 하지만 사람이 보일 때가 거의 없어서 종종 월턴네 땅 같았다. 화장실은 나무통에 양동이를 넣어 만들었고, 벽도 없고 샤워 시설도 없고, 단지 나무가 빽빽이 둘러싸고 있어서 누가 볼까 걱정할 필요는 없었다. 월턴 가족의 쉼터는 거의 남의 눈에 띄지 않는 곳이었다. 한번은 아버지 로저가 하루 종일 일하고 나서 더러워진 옷을 훌렁 벗고 호수에 들어가 씻었다. 그는 아주 예의바른 사람이어서 평소에는 발가벗고 수영하는 사람이 아니었다. 그런데 물속에서 잠수했다가 떠오른 순간 한 낚시꾼과 정면으로 마주치고 말았다.

이 작은 만, 야생의 땅에 있는 것은 뭔가 더 할 수 있다는 희망뿐이었다. 그곳에는 물을 끌어올릴 펌프와 피크닉 테이블이 있고, 나머지는 모두 자연 그 자체였다. 그곳엔 기어오를 바위와 올라타거나 뒤에 숨을 나무 그리고 온갖 종류의 새와 물고기, 다양한 야생 동식물이 있었다. 월턴 부부는 언젠가 뭔가를 지으려고 마음먹었지만, 몇 년이 흐르도록 그들이 누워 쉴 곳은 텐트뿐이었다. 텐트는 어른 두 명과 사촌 톰이 따라오지 않으면 아이 세 명, 톰이 따라오면 아이 네 명이 쉴 수 있는 편안한 집이었다. 모린에게는 이곳에서 수영하고, 달리고, 놀고, 탐험하면서 보내는 2주가 일 년 중에서 최고의 시간이었다.

나이가 비슷한 모린과 톰은 호숫가에서 지내는 여름 내내 단짝이 되었다. 한번은 엄마가 밤에 어미 너구리가 다녀갔다고 말하자, 둘은 계획을 세웠다. 어미 너구리라면, 새끼들을 보고 싶어서 온 거라고 생각하고는 표지판을 하나 만들었다. 거기에 '새끼 너구리 팝니다'라고 썼다. 그러고 나서 기다렸지만, 실망스럽게도 너구리는 한 마리도 나타나지 않았다.

∙ ∙ ∙ ∙ ∙

호숫가에서 보내는 두 주는 눈 깜짝할 사이에 지나갔다. 월턴 가족은 다시 배를 타고, 다시 차를 타고, 다시 교외 집의 일상으로 돌아왔다. 모린은 이곳에서 보내는 시간이 늘 모자랐다. 도호로의 여행은 언제나 최고의 시간이었다.

하지만 이곳 말고도 좋은 추억을 쌓은 장소가 많았다. 맥클린 헌터 회사는 일 년에 한 번씩 따뜻한 계절의 어느 주말을 골라 직원 가족을 토론토 바로 북쪽에 있는 머슬맨스호 잔디 공원에 초대했다. 맛있는 음식도 많았고 놀거리도 많았다. 수십 명의 아이들이 탁 트인 하늘 아래서 빙글빙글 돌고 아웅다웅하며 신나게 놀았다. 모린은 오빠 댄과 고드가 감자 자루에 들어가 겨드랑이까지 자루를 올린 채 폴짝폴짝 뛰는 것을 보며 깔깔대고 웃었다. 그러나 모린이 가장 좋아한 건 공원을 달리는 경주에 직접 참가한 일이었다.

모린은 또래보다 작았지만, 어릴 때부터 두 오빠를 따라잡으려고 기를 쓰고 달렸다. 나이 차이가 나는 스무 명 남짓한 아이들이 공원 달리기 경주를 하려고 모여들면, 모린은 기필코 그중에 한 자리를 차지하고 결승선을 노려보았다.

첫 걸음을 크게 내디디면서, 모린은 참았던 숨을 내뿜었다. 팔을 크게 휘젓고 다리를 빠르게 내디디며 잔디밭을 쏜살같이 내달렸다. 모린을 움직이는 동력은 저절로 일어나는 흥겨운 기분이었다.

"힘내!" 가족이 응원하는 소리가 들렸다.

전력을 다해 달리는 동안 모린은 '**달리는 게 너무 좋다**'는 생각뿐이었다. 우승을 하느냐 마느냐는 중요하지 않았다(실제로 모린은 우승하지 못했다). 전력 질주가 마냥 좋았다

하지만 몇 주가 지나면 그 희귀한 기쁨이 가뭇없이 사라졌다. 모린은 동네 친구들과 인형 놀이와 멋내기 놀이를 하고 숙제를 하고 오빠들과 자전거를 탔다. 모린은 술래잡기와 달리기를 하며 동네를 휘젓고 다니는 걸 좋아했지만, 본격적으로 달리기를 할 기회는 많지 않았다. 체육 시간에 가끔씩 반 친구들과 달리기 경주를 했다. 모린은 일곱 살 때 초등학교에서 아이들과 복도를 내달렸다가 자기만 벌 받은 일을 기억하고 있다.

모린은 집에 오자마자 털어놓았다.

"그래서 무얼 배웠니?" 어머니가 물었다.

"했다고 인정하면 안 된다는 거요." 모린은 어머니가 기대하는 대답을 알고 있어서 이렇게 말했다.

모린이 달리기 때문에 곤경에 처한 건 이때가 마지막이 아니었고, 모린의 어머니가 곤경에 처한 딸 편을 들어준 것 역시 이때가 마지막이 아니었다.

모린이 3학년 때 월턴 부부는 토론토 가까이 이사하기로 정했다. 먼 거리를 출퇴근하느라 지친 아버지와 고등학교 입학을 앞둔 큰오빠 고드를 배려한 결정이었다. 어머니는 고드를 가톨릭 학교에 보내고 싶어 했지만 작은 동네라 가톨릭 고등학교가 없었다. 가족 중 누구도 살던 동네로 돌아가자고 하지 않았다. 월턴 가족은 토론토 동쪽의 활기찬 교외 지역인 노스요크를 택했다. 녹음이 우거진 동네에 방 세 개짜리 다세대주택으로 이사했다.

· · · · ·

어느 날 저녁, 모린은 학교에서 돌아와 식탁에서 저녁을 먹고 있었다. 그때 큰오빠 고드가 고등학교 육상 경기를 마치고 돌아왔다. 고드는 50미터 달리기 경주에서 받은 산뜻한 파란 리본을 손에 들고 식탁으로 걸어왔다. 반들반들한 리본의 푸른빛이 모린과 작은오빠 댄의 눈길을 사로잡았다.

"그거 어디서 났어?" 모린이 물었다.

"달리기 경기에서 받았어." 고드가 의자를 빼내며 말했다.

"달리기 경기?" 댄이 물었다.

"응, 학교에서."

"나도 이겨서 리본 받고 싶다." 댄이 말했다

"와, 경기에 이겨서 리본 받으면 얼마나 좋을까. 나도 달리기 경기에 나가고 싶다." 모린이 말했다.

3

파란 리본이 갖고 싶어!

순전히 리본을 갖고 싶어서였다. 달리기 경기를 하면 리본을 받을 수 있다는 생각에 모린은 달리기 경기에 나가고 싶었다. 간단하다, 안 그런가? 부모가 달리기 팀을 찾아서 딸을 입단시키면 된다. 모린은 연습을 할 것이고, 어쩌면 아주 열심히 연습을 해서 3등 안에 들지도 모른다. 그러면 짠! 리본이 생긴다.

그런데 문제가 있었다. 게다가 만만치 않은 문제였다.

1964년에 여자는 달리기를 거의 하지 않았다. 달리기 팀에 가입하는 경우도 드물었고 경기에 나가는 경우도 드물었다. 사람들은 달리기를 하는 건 숙녀답지 않다고 생각했다. 여자는 땀에 젖거나 기진맥진하거나 숨을 헐떡이면 안 된다고 생각했다. 물론 달리기 할 곳을 찾을 수는 있었다. 하지만 어마어마한 비난을 받을 게 뻔했다.

캐나다와 미국에서는 대부분의 학교에서 여학생에게 크로스컨트리나 달리기를 가르치지 않았다. 그렇다면 학교 밖에서는? 클럽을 찾는다면 운이 좋은 편이다. 소년들은 심지어 어려도 상대적으로 팀에 가입하기 쉬웠다. 그러나 소녀들은? 찾기도 어려울 뿐더러 멀리 가지 않으면 다른 뭔가를 찾아야 했다.

모린이 달리기를 하기 위해 팀이나 클럽을 찾는 것은, 캐나다 주요 대도시에서도 힘든 일이었다. 설사 같이 달릴 그룹을 찾는다 하더라도, 관련 협회가 경기 출전을 허용하는 나이보다 어렸다.

모린은 이런 사정을 전혀 몰랐다. 집에서 오빠들이 하는 건 전부 했다. 부모가 그러라고 용기를 북돋아 주었다. 모린과 작은 오빠 댄은 똑같이 발이 빨랐고 빛나는 파란 리본을 갖겠다는 열망이 있었다. 모린의 부모는 대안을 찾아보지도 않고 모린을 주저앉히려 하지 않았다. 수많은 소녀들의 꿈을 깨뜨린 사회의 나쁜 생각으로부터 딸의 파란 리본 꿈을 지켜 주기 위해 방패처럼 행동했다.

모린은 달리고 싶어 한 최초의 소녀가 아니었다. 파란 리본을 갖고 싶어 하거나 달리는 즐거움에 빠진 유일한 소녀가 아니었다. 모린 이전 대부분의 소녀들의 꿈은 뭉개졌다. 어떤 소녀는 부모의 지원이 부족했고 어떤 소녀는 달리기 클럽이나 경기를 찾지 못했다. 많은 소녀가 달리기에 대한 꿈을 포기했고 수영처럼 더 여성적이라는 스포츠로 떠밀려 갔다.

그러나 모린이 태어나기 수십 년 전, 여자 달리기 선수들에게 유리한 방향으로 상황이 바뀔듯이 보이던 순간이 있었다. 그 순간은 올림픽에 여자 달리기가 처음 허용된 1928년 여름이었다.

· · · · ·

"제자리에."

여자들은 윗몸을 숙여 흰색 분필로 그은 출발선 바로 뒤에 손가락을 짚고 세상으로 달려 나갈 준비를 했다.

1928년 7월 31일이었다. 암스테르담 날씨는 아주 습하고 더웠다. 육상 선수들은 석탄재가 깔린 트랙이 질척질척해서 경주로가 아니라 늪 같다고 불평했다. 문제는 그것만이 아니었다. 100미터 달리기 결승 출발 신호가 울리기 몇 분 전, 라커 룸에 있던 열여섯 살의 미국 여자 선수 베티 로빈슨은 출발선에 설 수 없을까 봐 마음이 졸아들었다. 전날 예선전을 통과하고 시간에 맞춰 결승전에 도착한 참이었다. 베티는 발에 잡힌 물집을 째고 발가락을 문지르며 발을 풀었다(그 시절의 운동화는 매우 불편했다). 그리고 운동화를 꺼내려고 가방 안에 손을 넣었다. 그런데 가방에서 나온 것은 경기용 운동화 한 켤레가 아니라 왼쪽 운동화 두 짝뿐이었다.

갑자기 결승전 직전의 막후 경주가 벌어졌다. 베티의 코치는 전력 질주해 미국 팀이 묵던 배의 베티 방에서 운동화 오른짝을 찾아오라고 사람을 보냈다. 그가 돌아오자마자 베티는 서둘러 운동화 끈을 매고 쏜살같이 내달려 100미터 결승전 시작 직전에 간신히 경기장 안에 들어섰다.

베티는 두 캐나다 여성 사이에서 몸을 웅크렸다. 긴장한 근육이 불룩 솟았다. 보비로 불리는 패니 로즌펠드와 머틀 쿡이 양옆에 있었다.

보비는 큰 키, 단단한 체격에 짧은 단발머리(그래서 별칭이 보비였다)를 하고 있어서 나무처럼 보였다. 보비는 테니스, 하키, 농구, 야구 등 다방면으로 출중한 선수였다. 그래서 1981년에 캐나다의 유명한 여자 운동선수들에 대한 책을 낸 저자들은 '보비 로즌펠드의 운동 경력을 한마디로 요약하면 수영만 못하는 선수다'라고 썼다. 그만큼 수영만 빼고 거의 모든 운동에 탁월한 능력을 보였다.

머틀은 작은 키에 곱슬곱슬한 검은 단발머리가 돋보였다. 스물여섯 살이라 경쟁자들보다 나이가 많았지만 테니스, 볼링, 사이클링과 카누 등을 오랫동안 해 온 선수였다.

경기 진행 요원의 "차렷" 소리를 듣고 베티는 몸을 앞으로 기울였다.

그런데 출발 신호총이 울리기 전에 머틀의 몸이 앞으로 튀어나갔다. 부정 출발이었다. 실수를 한 머틀은 당황한 표정이 역력했다.

압박감을 크게 느꼈던 게 틀림없다. 무엇이 그렇게 압박감을 주었을까?

여자부 100미터 달리기 최초의 금메달이 걸려 있었다. 캐나다의 우승을 세계만방에 알릴 절호의 기회였다. 수만 관중이 지켜보는 가운데 경기를 해야 하는 압박감도 컸다. 암스테르담 올림픽에 출전하기 전까지는 한 번도 경험해 보지 못한 엄청난 규모의 군중이었다.

머틀은 출발선 바로 안쪽을 손가락으로 짚고 거칠어진 숨을 가다듬으려고 했지만, 허사였다.

"준비."

머틀의 몸이 또 튀어 나갔다. 경기 진행 요원들이 두 차례나 부정 출발한 머틀을 실격 처리했다. 그는 팀 동료들에 둘러싸여 나가며 울음을 터트렸다.

독일에서 온 스물한 살의 레니 슈미트도 실격되었다. 그 역시 너무 빨리 출발했다. 선수들이 다시 준비 자세를 취했을 때 레니는 또 튀어 나갔다. 트랙을 떠나는 순간 그는 비명을 질렀다. 처음에 여섯 명이 출발선에 섰는데, 이제 넷뿐이었다.

"차렷."

신호총이 울렸다. 곧바로 혼전이 펼쳐졌다. 관중들은 누가 선두를 달리는지 알아볼 수 없었다.

베티와 보비가 나란히 결승선을 넘었다. 결승선을 넘을 때 두 사람 모두 우승을 자축하며 두 팔을 치켜들었다. 너무나 미세한 차이라 경기 진행 요원들은 신중에 신중을 기했다. 과연 누가 우승자일까? 보비는 12.3초의 기록으로 캐나다에 은메달을 안겨 줬고, 베티 로빈슨은 12.2초의 기록으로 육상 여자부의 첫 금메달을 미국에 안겨 줬다.

．．．．．

그해 올림픽 여자부 육상에서 캐나다와 미국 선수가 메달을 땄으니, 그 뒤로 북미 대륙에서 여자 육상이 도약하기 시작했을 거라고 짐작하는 사람도 있을 것이다. 베티와 보비를 우러르며 그들을 본보기로 삼아 달리기를 하겠다고 마음먹은 소녀들이 나타날 만도 했다. 많은 학교와 스포츠 클럽이 차세대 여자 육상의 위대한 영웅을 키워 낼 프로그램을 만들 만도 했다.

하지만 그런 일은 일어나지 않았다. 그렇게 된 데는 사연이 있다.

그해에, 국제 올림픽 위원회가 여자부 개인 달리기 경기 종목으로 지정한 것은 100미터 달리기만이 아니었다. 800미터 달리기도 있었다. 100미터 달리기는 단거리 달리기의 대표 종목으로 많은 이들이 주목하는 육상 경기의 꽃이다. 100미터 달리기는 400미터 트랙의 직선 구간에서 치러지는데, 거리가 너무 짧기 때문에 초반에 체력을 아끼며 달리다가 어떤 순간부터 전력을 다해 질주하는 식의 경기 전략을 쓸 겨를이 없다. 100미터 달리기에서는 시작부터 끝까지 기를 쓰고 전력 질주를 해야 한다. 발을 내딛는 동작도 팔을 흔드는 동작도 시종일관 기계처럼 최대 효율을 내야 한다. 100미터 달리기는 아주 미세한 실수도 허용하지 않는 매우 힘든 달리기이다.

800미터 달리기 역시 힘든 경기이지만 100미터 달리기와는 다른 특색이 있다. 400미터 트랙을 두 바퀴 달려야 하는데, 선수가 시종일관 편안한 속도로 달려도 될 만큼 먼 거리가 아니다. 하지만 100미터를 뛸 때처럼 온 힘을 모두 쥐어짜서 전력 질주를 해서 거뜬히 완주할 수 있을 만큼 짧은 거리도 아니다. 물론 시도를 해 볼 수는 있다. 첫 번째 바퀴를 돌고 나서 500미터까지는 괜찮다는 생각이 들지도 모른다. 하지만 반 바퀴 남은 지점쯤에서는 결국 몸이 견디지 못하고 틀림없이 반란을 일으킬 것이다. 두 다리가 삐걱거리고 호흡 곤란이 나타날 것이다. 그러나 달리는 이는 달려야 할 거리에 맞추어 속도를 늦추어 달라고 호소하는 몸의 반란을 묵살하고 싶어 한다. 달리기 프로 선수로 활약했던 피비 라이트는 이렇게 말했다. "800미터 달리기를 전력 질주해도 몸이 망가지지는 않는다고 자신을 세뇌시키는 것도, 몸이 망가지는 건 맞지만 그래도 괜찮다고 자신을 설득하는 것도 미친 생각이다." 이 경기는 몸이 망가지지 않도록 조심해서 뛰어야 하는 경기다.

그런데 여자 장거리 달리기를 반대하는 사람들은 이와는 다른 주장을 펼쳤다. 이들은 800미터 달리기가 연약한 여자의 신체를 해친다고 보았다. 이들은 여자가 달리기를 하는 것 자체도 못마땅하지만, 굳이 달리기를 해야 한다면 100미터를 12초 안팎으로 뛰는 정도가 그나마 신체에 심각한 손상을 끼치지 않을 것이라고 보았다. 이들은 100미터의 여덟 배나 되는 800미터 경기는 여자의 몸을 망가뜨리는 끔찍한 결과를 낳을 거라고 믿었다.

이들은 1928년 올림픽 기간에 자신들의 섬뜩한 예측이 옳다는 게 입증되기를 바라며 여자부 육상 경기를 눈을 부릅뜨고 지켜보았다.

여자 육상 경기가 열린 날은 이런 반대자들의 입장에서 보면 아주 좋은 날씨였다. 올림픽 기간 중 가장 기온이 높았다. 아침에 내린 비 때문에 습도까지 높았다. 찌는 듯한 더위에 선수들은 땀이 비 오듯 했고, 몸에 찰싹 달라붙어 무겁게 느껴지는 러닝셔츠를 이리저리 잡아당겼다. 기자들은 어떤 선수가 쓰러질까를 두고 내기를 하기도 했다.

캐나다 여자 선수 두 명과 미국 여자 선수 한 명 등 모두 아홉 명이 800미터 결승전에 진출했다. 이 중 독일의 리나 라트케-바차우어와 스웨덴의 잉아 젠트젤은 이미 800미터 달리기 세계 기록이 있었다. 기상 조건이 완전히 꽝이지만 아홉 선수 모두 이 경기를 위해 몇 년 전부터 훈련을 해 온 터였다. 이들은 세계 최고의 선수들이었다. 다들 어려운 경기가 될 거라고 알고 있었다.

신호총이 울리자 선수들이 쌩하니 달려 나갔다. 한 바퀴를 돈 400미터 지점에서 선두는 잉아였다. 나머지 선수들은 바로 뒤에서 레인 바로 안쪽(타원형 트랙이라 안쪽이 거리가 가장 짧다)에 붙어 한 줄로 달렸다. 극도로 피로해져 안간힘을 써야 하는 반 바퀴 남은 지점에서 세계 기록 보유자인 리나가 갑자기 속력을 내기 시작했다. 일본 선수 히토미 키누에도 잉아를 따라잡으려고 속력을 높였다. 이 세 명은 거침없이 달려 남은 거리를 주파했다. 독일 선수 리나가 금메달, 일본 선수 키누에가 은메달, 스웨덴 선수 잉아가 동메달을 땄다. 놀랍게도 이 세 선수 모두 800미터 세계 기록을 깼다. 열기와 습기, 질척질척한 바닥을 견디고 낸 성과였다. 대단한 경기였다. 극한 조건을 이기려는 노력이 거둔 믿을 수 없는 성과였다.

캐나다 선수 두 명이 4위와 5위로 들어왔다. 한 명은 상체를 쑥 내밀어 결승선을 넘은 다음 바닥에 넘어졌다. 녹초가 된 그 선수는 몇 초가 지나도 일어나지 못하다가 경기 진행 요원들의 부축을 받아 이동했다.

노련한 선수들은 경기 중의 육체적 불편함을 이겨 내는 것(특히 결승선 직전 마지막 질주 때의 불편함을 이겨 내는 것)이 경기의 일부라는 걸 알고 있다. 지구력을 필요로 하는 스포츠라면 모두 마찬가지다. 그런데 여자 달리기를 반대하는 사람들의 반응은 어땠을까? 경기 중 그리고 경기 후에 여자 선수들이 휘청거리고 얼굴을 찡그리는 모습을 죄다 자신의 논지를 입증하는 증거로 여겼다. '저건 그냥 넘어진 게 아니고 졸도한 거다. 저렇게 고통스러워하는 표정은 그냥 힘이 들어서 그러는 게 아니라 연약한 몸이 결딴이 나서 그러는 거다.'

기자들이 대서특필하는 건 어려운 일이 아니었다.

이런 기사가 나왔다. "여자 선수들이 결승선을 넘자마자 죽은 참새처럼 쓰러지는 모습은 참으로 애처로운 장면이었다." 토했다, 울음을 터뜨렸다, 발에 상처가 나서 피가 났다며 '불쌍한 여자들'이라고 언급한 기사도 있었다. 『시카고 트리뷴』의 한 기자는 이렇게 썼다. "경기를 마친 여자 선수 여덟 명 중에 여섯 명이 탈진해서 기절했다. 애처로운 광경이다. 이 경기의 개최에 관여한 사람들을 향한 호된 질책이 아닐 수 없다." 『뉴욕타임스』는 이렇게 썼다. "마치 기관총 사격을 당한 듯이 여자들이 한 사람씩 기절해 쓰러졌다." 신문 기사에서 묘사한 대로라면, 이 경기장은 한마디로 허약함과 살육의 현장이었다.

설상가상으로 100미터 달리기에서 우승한 열여섯 살의 베티 로빈슨까지 유감스러운 의견을 밝혔다. "자연 법칙은 여자들에게 그렇게 격렬한 속도를 견딜 수 있는 신체 조건을 주지 않았다." 베티의 말에 동료 여자 달리기 선수들은 매우 격분했다.

날씨가 어떻든 800미터 달리기는 남녀를 막론하고 모든 선수들이 정신과 육체의 한계를 시험하는 극한의 노력을 기울여야 하는 경기다. 올림픽 역사에서 화려한 금메달 수상 경력으로 유명한 남자 선수 파보 누르미도 5,000미터 달리기에서 2위로 결승선을 통과한 뒤 바닥에 쓰러졌다. 800미터 달리기 결승전을 뛰고 완전히 탈진한 여자 선수들의 상황과 똑같았지만, 여론은 두 상황을 전혀 다르게 해석했다.

여자 달리기에 반대하는 사람들은 여자는 몸이 약하고, 이런 운동을 하면 아기를 가질 수 없게 되거나, 자궁이 떨어져나가 '돌아다니는 자궁'이 만병의 원인이 되거나, 얼굴에 털이 나거나 레즈비언이 될 거라고 주장했다. 남자들은 여자는 남편과 함께 자식을 돌보며 집을 지키고 있어야 안전과 건강을 누릴 수 있다고 생각했다.

간혹 이성의 목소리가 울리기도 했다. 캐나다 여자 선수 팀

매니저는 자기 팀 선수들이 끝까지 전력을 기울인 것에 감탄하면서, 이들의 노력에 대해 이렇게 말했다. "육상 경기에서 보기 드물게 대단히 훌륭한 스포츠맨십을 발휘했다." 이 경기의 심판을 맡았던 이는 이렇게 썼다. "나는 그때 현장에 있었다. 그래서 그 선수들에게서 이상한 점을 보지 못했다는 것을 분명히 말할 수 있다. 눈물을 흘리기는 했지만, 경기에 졌다는 실망감 때문이었다. 그건 아주 여성적인 특징 아닌가!" 그러나 이런 이성의 목소리는 격분의 목소리에 덮여 버렸다.

오래전부터 올림픽에 여자 참가를 반대한다는 입장을 분명히 밝혔던 세계 올림픽 위원회는 그다음부터는 800미터 달리기를 여자부 경기 종목에서 빼버렸다. 1932년과 1936년 올림픽 경기에서 남자는 100미터, 200미터, 400미터, 800미터, 1,500미터, 5,000미터, 10,000미터, 마라톤 등 다양한 경기에 참가할 수 있었다. 그러나 여자가 뛸 수 있는 가장 먼 거리는 100미터였다. 제2차 세계 대전이 발발하면서 1948년까지 하계 올림픽이 열리지 않았다. 1948년 올림픽부터 여자 육상 경기에 200미터 달리기가 추가되었다. 그들은 이게 여자들이 시도해 볼 만한 가장 먼 거리라고 생각했다.

스포츠계 상층부의 여자 육상 경기에 대한 차별적인 규정은 여자들의 의욕을 꺾었다. 어린 소녀들이 우러러볼 만한 장거리 달리기의 영웅이 출현할 기회도 사라졌다. 학교는 여학생을 위한 육상 프로그램을 마련하지 않았다. 아마추어 체육 협회는 중장거리 달리기에 여자의 참가를 금지했다. 여자들은 뛰고 싶으면 크게 어렵지 않은 단거리 달리기를 하라는 말을 들어야 했다. 단거리 달리기로는 리본을 받는 게 쉽지 않았다.

· · · · ·

오빠 고드가 파란 리본을 받아 왔을 때 모린은 열 살이었다. 모린이 그 리본을 부러운 눈빛으로 쳐다보던 그때, 스포츠계에는 1920년대 스포츠계 상층부의 우려가 여전히 살아남아 여자가 달릴 수 있는 거리를 200미터로 제한하고 이를 정당화했다. 모린은 이 모든 걸 까맣게 모르고 있었다.

다행히 모린의 가족 중에는 그 비슷한 우려를 품은 사람이 아무도 없었다. 달리기는 여자가 할 일이 아니라고 생각하는 사람들이 많았지만, 모린의 가족 중에는 그런 사람이 없었다. 어느 날 집에 돌아온 고드가 근처 고등학교 트랙에서 코치가 자기 딸을 훈련시키고 있는 걸 보았다고 하자, 모린의 어머니가 말했다. "어서 가 보자."

다음 날, 그들은 그곳을 찾아갔다.

4

사이 코치를 만나다

얼헤이그 고등학교 400미터 트랙은 타원형보다는 직사각형에 가까웠다. 말끔하게 손질된 잔디밭을 빙 두른 트랙은 석탄재와 점토로 잘 다져져 있었고, 벽돌로 지은 3층짜리 학교 건물의 그림자가 드리워져 있었다.

어머니가 주차하는 동안, 모린과 댄은 고등학교 남학생들이 허리를 굽혀 발끝까지 손을 뻗고 다리를 좌우로 흔들고, 통통 뜀박질을 하는 광경을 지켜보았다.

봄이었다. 너무 덥지도 않고 춥지도 않고 쾌적했다. 모린은 아직 몰랐지만 장거리 달리기에 최적인 날씨였다.

세 사람은 단번에 코치를 알아보았다. 그는 부산하게 몸을 움직이는 십 대 남학생 수십 명 가운데 장승처럼 가만히 서 있었다. 그 옆에는 어린 소녀가 서 있었다.

어머니는 뒷좌석에 앉은 댄과 모린을 향해 몸을 돌렸다. "보이지?" 어머니는 운동장을 가리키며 말했다. "저기 저 사람이야."

"네? 엄마랑 같이 가는 거 아니에요?" 모린은 어머니가 자기더러 직접 코치를 찾아가 인사를 하라고 하자 깜짝 놀라서 물었다.

"그냥 가서 여기서 뛰어도 되느냐고 여쭤 봐."

모린과 댄은 얌전히 차에서 내려 운동장을 향해 주춤주춤 발을 옮겼다. 어머니는 차창 너머로 지켜보고 있었다.

모린보다 덜 활달한 댄이 앞서고 모린은 몇 걸음 처져 뒤따랐다. 이 사람들 속에 섞이면 자기가 너무 두드러져 보일 거 같아 가슴이 답답했다. 모린은 운동장에 있는 학생들보다 훨씬 더 어리고 키도 작았다.

"동생과 제가 오늘 이곳에서 함께 뛸 수 있을까요?" 자기소개를 마친 댄이 물었다.

"물론이지!" 코치가 말했다. 그는 모린을 보더니 미소를 지으며 옆에 있는 소녀 쪽을 가리켰다. "얘는 내 딸 브렌다야. 얘도 함께 달릴 친구가 나타나길 바라고 있었을 거야."

브렌다는 모린보다 머리 하나가 더 컸고, 모린보다 한 살 위인 열한 살이었다. 그 아이는 긴 갈색 머리를 이마에 몇 가닥 내려뜨린 채 뒤로 넘겨서 말총 모양으로 묶었고 함박웃음이 돋보였다. 모린은 여전히 수줍어하며 브렌다를 조심스레 바라봤다. 둘은 금세 친해졌다.

브렌다의 아버지인 코치의 이름은 사이 마였다. 그는 1926년에 캐나다에 온 중국 이민자 가정에서 태어났다. 그는 얼헤이그 고등학교에서 체육을 가르쳤고, 소년들의 육상 팀 코치를 맡고 있었다. 바짝 깎은 검은 머리에 검은 테 안경을 썼고 몸놀림이 유연했다. 그리고 추리닝 바지를 입고 흰 양말에 아디다스 운동화를 신고 있었다. 트랙에서 자신이 할 일이 무언지 분명히 알고 있는 사람 같았다.

사이 코치는 그날 훈련 계획을 설명했다. "모린과 댄 빼고 모두 200미터를 12회 질주한다. 처음 온 너희는 8회만 한다. 얼헤이그 트랙은 한 바퀴가 400미터니까, 반 바퀴는 빨리 달리고 반 바퀴는 속도를 늦춰서 편안하게 숨을 고르다가 다시 새로 한 바퀴를 시작해라." 모린은 수학을 좋아하지만 코치가 설명한 이 계산은 이해가 되지 않았다. 사이 코치는 모린과 댄에게 금방 이해하게 될 거라며 오늘의 목표는 지켜보고, 배우고, 기운을 다 쓰지 않는 거라고 말했다.

사이 코치는 트랙과 잔디밭 경계에 자리 잡고 서더니, 학생들에게 자기 옆으로 늘어서라고 말했다. 댄은 남학생들 쪽으로 가고, 모린은 브렌다 옆에 섰다.

"제자리에." 코치가 스톱워치를 보며 말했다. "준비."

모린은 마지막 숨을 편안하게 들이마셨다.

"출발."

모린의 다리가 할 줄 아는 건 하나밖에 없었다. 빠른 속도로 달리는 것. 모린은 평소처럼 달렸다. 큰오빠를 피해 달아날 때처럼 달렸다. 댄과 술래잡기할 때처럼 달렸다. 아버지 회사의 피크닉 행사 때 공원에서 많은 아이들과 달리기 시합할 때처럼, 호숫가에서 사촌과 잡기 놀이할 때처럼 달렸다. 발이 석탄재와 점토로 다져진 트랙을 차는 느낌도, 공기를 가르면서 팔을 휘두르는 느낌도 모린이 이제껏 수없이 달렸던 때와 똑같은 느낌이었다. 기분이 좋았다. 영원히 달리라고 해도 달릴 수 있을 것만 같았다.

그런데 200미터를 1회 질주했을 때부터 모린과 브렌다의 간격이 벌어지기 시작했다. 똑같이 출발했는데도 브렌다는 살랑살랑 날 듯이 뛰었다. 브렌다의 다리가 빠르게 회전했고 말총머리가 점점 작아지면서 멀어져 갔다. 브렌다는 고등학교 남학생들과 함께 달리는 게 아니라 맨 앞에서 달렸다. 날 듯이 트랙을 달리는 브렌다를 보자 모린도 기운이 솟았다. 옆에서 달리는 친구가 있으니 더 열심히 하고픈 충동이 솟구쳤다.

트랙 반 바퀴를 돌아 도착선이 표시된 곳에 다다랐을 때, 모두들 '미스터 A'라고 부르는 부코치가 주자들이 도착할 때마다 스톱워치에 찍힌 시간을 읽어 주었다. 그러면 학생들은 걷거나 가볍게 뛰면서 사이 코치가 선 곳까지 가서 다시 200미터 질주를 시작했다.

한 회가 끝날 때마다 브렌다는 새로 온 두 사람이 올 때까지 기다렸다. 모린은 브렌다가 딛는 대로 발을 디디며 뛰다 보면 틀림없이 반짝이는 파란 리본을 받을 수 있겠다는 생각이 들었다. 하루라도 빨리 리본을 받고 싶었다. 200미터 반복 질주 훈련을 몇 번만 더 하면 받을 수 있을지도 몰라.

"그만." 사이 코치가 외쳤다. 모린과 댄이 8회 질주 훈련을 마친 뒤였다. 사이 코치는 두 사람에게 오늘은 여기까지 연습하고 돌아가라고 말했다.

"정말요?" 모린은 차에서 나와 트랙 옆에 앉아 있는 어머니와 사이 코치를 바라보며 반은 질문, 반은 애원조로 말했다. "여기까지만 하라고요?"

"조용히 해." 댄이 모린을 쏘아보며 말했다. 폐와 다리가 터질 것 같은 연습을 더 하고 싶어 하는 열정은 모린에게만 있고 댄에게는 없는 게 분명했다.

모린은 오빠의 만류를 무시했다. "우리는 이제 그만 가야 하나요?"

"내일 다시 와." 사이 코치가 재미있다는 듯 미소를 지으며 말했다. "내일도 또 할 거야."

• • • • •

이 한 시간 훈련은 모린에게 어떤 의미였을까? 북미 대륙의 많고 많은 트랙 중에서 바로 이 트랙에서 바로 이 코치와 브렌다와 함께한 훈련은 모린에게 무엇이었을까? 한마디로 모린의 모든 것을 바꾸어 놓은 순간이었다. 댄은 시들했고, 그래서 시작하고 얼마 안 되어 그만두었다.

모린은 그날부터 매주 월요일부터 목요일까지 학교가 끝난 뒤 집에 와 숙제를 마치면, 이른 저녁을 먹고 자전거를 타고 얼헤이그 트랙으로 가서 브렌다와 함께 달렸다.

모린은 언젠가 브렌다를 따라잡을 날을 꿈꾸며 그의 머리 꽁다리를 부지런히 좇아 달렸다. 달리기를 좋아하는 두 소녀는 금세 친구가 되었다. 브렌다는 모린과 팀이 되었다. 브렌다는 이전까지는 아버지가 코치하는 고등학생 팀의 정식 회원이 아닌 외부인이었다. 모린은 브렌다를 만나 본보기로 삼을 사람, 함께 달릴 사람, 달리기 이야기를 나눌 사람을 찾았다. 달리기에 대한 열정은 모린의 모든 것을 빨아들이기 시작했다. 학교 친구들과 쌓은 우정도 시들해졌다. 모린은 달리기 시간을 확보하기 위해 모든 생활을 조정했다.

모린은 100미터 달리기 연습을 할 때처럼 순식간에 숙제를 마쳤다. 학교에서 돌아오자마자 식탁에 앉아 숙제를 후다닥하고, 훈련을 마친 뒤에도 똑같은 방식으로 숙제를 했다.

모린은 건강 음료 오발틴을 마시기 시작했다. 비타민이 풍부해서 운동에 도움이 된다고 하니, 초콜릿 향만 조금 날 뿐인데도 꿀꺽꿀꺽 들이켰다. 그리고 종이 봉지에 든 건포도를 주머니에 넣어 다녔다. 학교 친구들은 모린을 "건포도 소녀"라고 불렀고 모린은 그 별명이 끔찍이 싫었다. 아이들은 건포도가 얼마나 중요한지 알아주지 않았다. '건포도는 로켓 연료인데, 그것도 모르면서.' 모린은 학교에서 달리기 이야기는 입도 벙긋하지 않았다. 놀라서 질문을 던져 댈 텐데 거기 일일이 대꾸하고 싶지 않아서였다. '여자애가? 달리기를? 왜?' 당분간은 달리기는 마음속에만 담아 두는 게 낫겠다 싶었다. 트랙에서 브렌다를 만나면 실컷 이야기할 수 있으니 말이다. 그때마다 모린은 너무나 신이 났다.

5

삶을 송두리째 바꿔 놓은
노스요크 육상 클럽

"가고 싶어요! 왜 저는 갈 수 없나요?"

"너는 훈련이 모자라." 사이 코치가 모린을 보며 말했다.

달리기에 푹 빠진 모린이 아무리 졸라도 소용없었다. 모린에게 필요한 것은 훈련이었다.

"저도 할 수 있어요!" 모린이 대들 듯 말했다.

"이번엔 안 돼."

실망이 이만저만이 아니었다. 모린은 자기 다리를 시험해 보고 싶었다. 전속력으로 달리면 어떤 일이 벌어질지 알고 싶었다. 빠른 속도로 계속 달릴 수 있을지 알고 싶었다. 리본을 받으려면 경기에 나가야 하는데 사이 코치는 허락하지 않았다.

한 가지 작은 위안은 브렌다가 자기편을 들어준 것이었다. 팀에 함께 훈련할 친구가 있는 게 좋아서 브렌다가 모린 편을 들어준 것만은 아니었다. 경기에 참가할 자격이 안 된다는 말을 들을 때 어떤 느낌을 받는지 잘 알고 있어서였다.

• • • • •

브렌다가 아버지와 함께 달리기를 시작한 것은 아주 어렸을 때였다. 그때 브렌다는 몸이 약해 많은 신체 활동을 감당할 수 없을 것처럼 보였다. 폐렴을 여러 번 앓았고 의사는 평생 병을 달고 살 수도 있다고 겁을 주었다. 하지만 브렌다가 정기적으로 수영을 하면서부터, 아버지는 딸의 상태가 좋아지는 걸 알아보았다. 운동을 더 많이 하면 아이에게 도움이 되지 않을까 생각이 들었다. 그래서 코치와 체육 교사로 활동하면서 쌓은 기술로 딸을 훈련시켰다. 그는 딸에게 달리는 법을 가르쳤고 결과는 놀라웠다. 브렌다는 기분만 좋아진 게 아니라 다리와 폐도 강해졌다. 트랙에 오르면 날 듯이 뛰었다.

사이 코치는 브렌다를 첫 회원으로 '노스요크 육상 클럽'을 만들었다. 그리고 딸을 지역 육상 대회에 내보냈다. 브렌다는 대단한 성과를 냈다. 어린데도 빨랐다. 게다가 여자였다. 기자들이 몰려들었다. 사이 코치는 노련한 행사 기획자처럼 친절하고 자신 있게 브렌다의 훈련 방법을 지역 언론에 공개했다. 그리고 어린 소녀들과 달리기를 둘러싼 일반적인 생각이나 기존의 규정에 대한 회의감을 공공연하게 표현했다. 예를 들자면, 그는 '여자는 단거리만 달려야 한다'는 생각에 반대했다. 단거리를 전력 질주하는 게 장거리 달리기보다 신체적으로 더 힘들다. 그리고 나이 제한은 왜 필요한가? 이건 말도 안 된다.

캐나다 아마추어 체육 협회는 모든 연령대 아마추어 스포츠의 일반적인 규칙과 규제를 정하는 조직이다. 성별에 대한 규칙과 나이 제한, 거리 제한까지 모든 규정을 정하고 집행했다. 사이 코치는 이 조직과 입장이 달랐다.

사이 코치는 브렌다야말로 기존 규정에 도전장을 내밀 만한 강력한 증거라고 생각했다. 그는 그 규정이 어디까지 허용하는가를 확인할 수 있는 경기에 브렌다를 참가시켰다. 이런 경기들을 통해 브렌다는 경기 경력을, 사이 코치는 코치 경력을 탄탄하게 쌓아 갔다.

1964년 3월, 사이 코치는 온타리오주 해밀턴에서 열리는 '캐나다 여성 체육 대회'에 브렌다의 참가 신청을 했다.

이 경기장에 가려면 자동차로 약 한 시간을 달려야 했다. 대회에는 여러 가지 경기가 있었지만, 브렌다는 800미터 달리기를 할 계획이었다. 800미터 달리기는 수십 년 전 올림픽에서 엄청난 논란을 불러왔을 정도로 힘들기로 악명 높은 경기다. 하지만 브렌다는 전혀 겁을 먹지 않았다. 브렌다는 꼼꼼하게 그리고 세심하게 훈련을 해 온 터였다.

800미터 경기 시간이 되자 경기 관계자가 참가자들을 트랙으로 불렀다. 참가자 열일곱 명이 모이자 그는 주의 사항을 설명했다.

선수들 중에는 열일곱 살의 애비 호프먼이 있었다. 애비는 몇 달 뒤 도쿄 올림픽에 캐나다 대표 선수로 출전할 예정이었다. 애비는 175센티미터의 큰 키에 짧은 곱슬머리를 하고 있었다. 긴 팔다리에는 근육이 도드라졌다. 애비는 어릴 적에는 소년 팀에 섞여, 아니 경기 조직 위원회가 소년 하키 팀이라고 생각하는 팀에 섞여 하키 경기를 나갔다. 조직 위원들은 그 팀에서 뛰는 짧은 머리 골키퍼 '앱'이 사실은 여자라는 것을 알아채지 못했다. 애비가 남자라고 생각하고(애비가 여자 참가를 금지하는 규정을 따르고 있다고 생각하고) 신청서 접수 담당자는 애비의 출생증명서를 흘끗 보고 넘어갔다. 이름이 '애비게일'이라는 것도 성별 구분에 '여성'이라고 적힌 것도 알아보지 못하고, 애비의 참가 신청을 받아들였다. 경기 관계자들은 나중에야 이 사실을 알았고 다음 시즌에는 애비의 출전을 막았다. 하지만 이런 방해에도 불구하고 애비는 육상 경기에서 경력을 쌓아갔다. 아직 십 대인데도 애비는 800미터와 400미터 달리기에서 캐나다 최강자 대열에 들었다.

그런데 브렌다는 키 142센티미터에 몸무게 33킬로그램으로 올림픽 대표 선수인 애비보다 30센티미터나 더 작았다. 애비에 비하면 비쩍 마른 꼬마 같았다.

설명을 하던 경기 조직 위원 랠프 애덤스는 트랙을 가로질러 가운데 레인으로 걸어갔다. 그는 나비 넥타이에 재킷을 입고 있었다. 그의 옷깃에는 그의 권위를 살려 주는 '책임자'라는 명찰이 붙어 있었다.

그는 여자 선수들 사이로 걸어가 브렌다의 팔을 잡았다.

관중석에서 수군거리는 소리가 들렸다. 경기 책임자는 브렌다보다 덩치가 몇 배나 컸다. 그는 웃으면서 브렌다의 팔을 움켜잡고 다른 선수들 사이를 빠져나왔다. 브렌다는 충격과 모욕감과 실망감이 북받쳐 눈물을 터뜨렸다.

관중들이 "우우" 하며 야유를 보내기 시작했다. 랠프 애덤스는 브렌다의 아버지에게 다가가 열한 살 아이는 너무 어려서 경기에 내보낼 수 없다고 설명했다. 사이 코치는 최대한 침착하게 대응했다. 의사에게 브렌다가 뛰어도 된다는 확인을 받았고 800미터를 여러 번 뛰었으며 훈련할 때마다 2킬로미터 넘는 거리를 달렸다고 설명했다.

관중석에서 야유의 함성이 터졌다. 재킷 차림의 책임자를 향해 쏟아지는 소란스러운 불만의 소리는 드디어 영향을 발휘했다.

경기 책임자는 포기했다. 그가 돌아서서 브렌다를 데리고(아이의 팔을 단 한 번도 놓지 않았다) 출발선으로 돌아가는 동안 관중들은 박수갈채를 보냈다. 마침내 책임자의 손아귀와 모욕에서 벗어난 브렌다는 눈물을 닦아 냈다. 여자 선수들은 긴장한 표정으로 출발선에 섰다. 열한 살의 브렌다도 거기 섰다.

신호총이 울렸다.

출발부터 브렌다는 흔들렸다. 경기장 트랙은 길이가 짧아서 800미터를 완주하려면 여섯 바퀴를 꽉 채워 뛰어야 했다. 자신의 리듬과 힘을 되찾기가 어려웠다. 애비는 쏜살같이 튀어 나가 선두에서 달렸다. 브렌다는 따라가기도 버거웠다. 마지막 바퀴에서는 10위로 처졌다. 그러나 관중의 눈길은 브렌다에게 꽂혀 있었다. 마지막 바퀴를 달리는 내내 관중들은 응원의 함성을 높였고, 덕분에 브렌다는 남은 온 힘을 내뿜을 수 있었다. 그는 결승선을 앞두고 앞에서 달리고 있는 거인들 사이를 요리조리 헤치고 내달려 한 명, 두 명, 세 명을 추월했다.

월요일 『토론토 글로브 앤드 메일』에는 브렌다의 사진 두 장이 실렸다. 한 장은 책임자의 손에 이끌려 운동장에서 나오면서 손바닥으로 눈물을 닦는 장면이고, 다른 한 장은 경기 조직 위원장 옆에서 작은 트로피를 들고 웃고 있는 장면이었다. 경기 조직 위원회는 소녀의 노력을 격려하기 위해 작은 트로피를 증정했다. 브렌다는 기자들에게 말했다. "책임자가 저에게 다가올 때는 정말 실망스러웠어요. 그런 일을 당해서 더 빨리 달린 것 같아요."

그날 브렌다 곁에 친구가 한 명이라도 있었다면 도움이 되었을지도 모른다. 브렌다가 모린을 경기에 내보내 달라고 아버지를 졸라댄 데는 이런 사연이 있었다.

모린은 코치가 왜 자신을 경기에 내보내지 않는지 이유를 알지 못했지만, 어쩌면 그 이유는 언론이 예전에 브렌다를 다루었던 방식과 관련이 있을지도 모른다. 만약 사이 코치가 더 어리고, 몸집이 더 작고, 별 경력이 없는 누군가를 경기에 내보낼 작정이라면 자신의 훈련이 완벽하다는 확신이 서야 했다. 그래서 경기를 보거나 신문을 읽는 모든 이들에게 자신의 실력을 제대로 보여 주고 싶었을 것이다. 그러려면 그 소녀를 철저히 준비시

켜야 했다.

여러 가지 측면에서 장거리 달리기 선수들의 잠재성은 단거리 달리기 실적과 관련이 깊다. 만일 단거리 트랙에서 쓰러진다면, 달리기 능력을 다시 입증하기는 힘들다. 사이 코치는 모린이 경기에 나가도 될 만큼 경험이 쌓였다는 확신이 설 때까지 훈련, 훈련 또 훈련을 강조했다.

• • • • •

첫 경기 날, 모린은 자신감이 넘쳤다. 모린은 브렌다를 졸졸 따라갔다. 두 사람은 제자리 뛰기를 하고 잠깐 운동장을 가볍게 뛰고 왕복 전력 질주를 몇 차례 반복했다. 다양한 유니폼을 입은 소년과 소녀 들이 관람석과 트랙 근처에 모여 그날 경기를 준비하고 있었다.

모린은 하늘을 날 듯 기분이 좋았다. 모린은 사이 코치가 이끄는 노스요크 육상 클럽의 두 번째 회원으로서 클럽의 단체복을 입은 자신이 자랑스러웠다. 러닝셔츠는 노랑색 바탕에 오른쪽 어깨에서 왼쪽 엉덩이까지 대각선으로 덧댄 빨간 띠에 '노스요크' 글자가 새겨져 있었다. 이 옷은 그가 손에 넣은 티켓이었다. 리본을 놓고 겨루는 경기에 참가할 수 있는 티켓이었다.

노스뷰하이츠 고등학교에서 열린 이 경기는 모린 또래 소녀들과 소년들을 위해 마련된 것이니, 모린이 경기장에서 내쫓길 염려는 없었다. 모린은 400미터 달리기를 준비했고, 전력 질주로 트랙을 한 바퀴 돌 준비가 되었다.

그날은 토요일이었고, 봄인데도 계절에 맞지 않게 더웠다. 더워 짜증을 내는 참가자들도 있었지만, 모린은 그러지 않았다. 모린은 다른 경쟁자들이 불평하는 것처럼 심하게 덥지 않았다. 뜨거운 햇빛도 모린을 방해할 수 없었다. 모린은 땀 한 방울 흘리지 않았다.

모린이 참가하는 경기의 흰색 출발선에 선 소녀는 열 명이 채 되지 않았다. 모린의 부모는 관람석에서, 사이 코치와 브렌다는 운동장 가장자리에서 모린을 지켜보았다. 모두들 말없이 각자 응원을 하고 있었다. 모린의 발이 석탄재와 점토가 섞인 트랙의 부드러운 표면을 파고들었다. 모린은 몸을 최대한 둥글게 말았다. 마치 새총에서 곧 튕겨져 나갈 돌처럼. 모린은 상체를 앞으로 기울이고 앞으로 내디딘 다리를 살짝 굽혔다.

리본만 생각하자. 신호총이 발사되는 순간 모린은 생각했다.

소녀는 앞으로 튀어 나갔다. 모든 근육을 사용하고 숨 쉬는 간격을 늘렸다. 모린은 날아갈 것 같았다. 폐가 죄어들고 따끔거렸지만, 몇 주 동안 조마조마 기다리며 억눌러 왔던 에너지가 온몸 곳곳으로 홍수처럼 쏟아져 들어왔다.

그러나 그건 잠시였다. 솟아오르던 신명이 고통으로 바뀌었다. 아드레날린이 젖산으로 바뀌었다. 200미터 지점에서는 모든 힘이 다 바닥난 것만 같았다.

처음 겪는 일이라 모린은 어리둥절했다. 마치 침대 옆 탁자에 둔 물컵을 잡으려고 손을 뻗었는데 그 물컵이 감쪽같이 사라진 것만 같았다. '내가 왜 이렇게 느려지는 거지?' 그렇게 생각하자 사기가 더욱 꺾였다.

결승선 직전에 모린의 오른쪽으로 두 주자가 앞지르면서, 모린의 희망인 리본을 채 갔다.

모린은 드디어 결승선에 도착했다. 꼴찌는 아니었다. 하지만 초반에 넘쳐흐르던 에너지가 좀 더 오래 지속되었더라면 거둘 수 있었을 성적과는 차이가 너무나 컸다. 모린은 형편없는 성적에 화가 났고, '이제 리본은 그림의 떡이구나' 하는 생각에 몹시 속이 상했다.

"잘했어!" 모린의 아버지가 말했다.

헐떡이던 숨이 정상으로 되돌아왔지만 기분은 여전히 좋지 않았다.

모린은 생각했다. '너는 그게 눈에 안 보였니? 사람들이 나를 앞지르는 걸 보지 못했어? 내 계획은 이게 아냐.'

"고마워요." 모린은 크게 말했지만, 고마워하는 목소리가 아니라 풍선에서 바람 빠지는 소리 같았다. "별로였어요."

"아냐, 잘했어. 정말 잘했어." 아버지가 말했다.

사이 코치가 부드럽게 말했다. "다음에는 약간 천천히 달리면서 마지막을 위해 힘을 비축해야 해."

모두들 격려를 해 주었지만, 모린의 기분은 엉망이었다. 집에 가서도 엉망이 된 기분으로 잠자리에 들었다.

일요일 아침이 되자, 모린은 일어나자마자 달리기 시작했다. 금세 기분이 좋아졌다.

6

우승 트로피를 안고 싶어

1964년 가을, 모린이 노스요크 육상 클럽의 회원이 되고 나서 6개월이 지났다. 모린은 여름 내내 달렸다. 그해 온타리오주의 여름은 유난히 덥고 습했다. 날이 서늘해져도 모린의 일상은 변함이 없었다. 제1차 세계 대전 당시 영국 사령관 이름을 딴 얼헤이그 고등학교의 흙먼지 날리는 트랙에서, 모린은 허파가 후끈거리고 다리 근육이 터질 듯한 인터벌 훈련을 하며 부지런히 달렸다.

사이 코치의 지도를 받으며 모린의 훈련 강도는 빠르게 높아졌다. 모린과 브렌다는 일주일에 6일, 하루에 12킬로미터 남짓한 거리를 달렸다. 그러나 12킬로미터를 느린 속도로 쉬지 않고 달리는 것이 아니라 400미터, 200미터, 100미터 단위로 짧게

끊어서 숨이 멎을 듯 빨리 달리는 인터벌 훈련을 했다. 모린은 온몸이 힘들고 불편해도 뿌듯한 충족감을 느낄 수 있었다. 또한 고강도 훈련에 겁먹을 필요가 없다는 것, 훈련이 힘들어질수록 기분이 점점 좋아진다는 것을 알게 되었다.

모린은 첫 경기의 실수를 피할 수 있는 방법을 배웠다. 사이 코치는 브렌다와 모린에게 경기 후반에 힘차게 달려서 결승선을 넘으려면 페이스를 이해해야 한다고 가르쳤다. 페이스란 일정한 거리를 완주하고자 할 때 선택하는 최적의 속도를 말한다. 단거리 달리기에서 주자는 최대 속도로 맹렬하게 달린다. 이 속도로는 십여 초 정도만 달릴 수 있다. 하지만 몇 킬로미터 코스의 경기에서는 최대 속도를 전 구간을 주파할 수 있는 속도로 낮추어, 마지막 순간에 폭발적으로 달릴 수 있는 체력을 남겨 둬야 한다.

초보자들은 스톱워치를 이용해 속도를 익힌다. 트랙을 여러 바퀴 도는 훈련을 할 때 정해진 거리를 끝낼 때마다 시간을 알려 주는 코치의 도움을 받으면, 주자는 시계를 보지 않고도 속도를 조정하며 달릴 수 있다. 훈련을 반복하고 경험을 쌓으면서 모린은 시계 없이도 자신의 속도를 직감적으로 알 수 있었다. 자신의 심장 박동 수, 호흡 간격, 다리 내딛는 폭 등 몸의 반응을 통해서 400미터를 68초로 달릴 때와 72초로 달릴 때의 차이를 '느낌'으로 알 수 있었다.

모린은 달리기와 관련해서 아는 것이 많아지고 달리기 실력이 늘면서 처음에 가졌던 리본에 대한 열망이 너무 밋밋한 목표라는 걸 알았다. 또래 중에 달리기를 하는 여자아이들이 거의 없어 몰랐는데, 사실 리본을 받는 건 놀라울 정도로 쉬운 일이었다. 모린이 첫 리본을 받은 것은 참가자 중 중간쯤의 순위로 들어온 경기였다. 너무 쉽게 얻은 리본이라서 대단한 상을 받았다는 느낌이 전혀 들지 않았다. 알고 보니 리본은 우승자를 '제외한' 모든 참가자들이 받는 거였다.

이제 모린은 리본 수상이 목표가 아니었다. 브렌다가 경기에 나갈 때마다 받는 상을 타는 게 목표가 되었다. 작은 단 위에 금색으로 달리는 사람 형상을 만들어 올려놓은 바로 그것. 모린은 우승 트로피를 받고 싶었다. 그런데 그걸 받으려면 자신보다 빠른 친구를 앞질러야 했다. 막강한 브렌다 마를 꺾어야 했다.

· · · · ·

작정하고 앞지르자. 작정하고 앞지르자.

모린은 트랙 위를 달릴 때 자신 있고 단호하게 앞선 사람을 앞지르는 법을 익혔다. 그 사람이, '**내가 속도를 높이면 이 소녀가 나를 추월하는 걸 막을 수 있겠지? 이 앨 따돌릴 수 있겠지?**'라고 생각할 여지를 주고 싶지 않았다.

모린보다 나이가 많은 주자들의 입장에서는, 이 작은 소녀가 쌩 하니 스쳐 지나가면서 만든 흙먼지를 들이마셔야 했던 경험이 큰 충격이었을 것이다.

모린 역시 속절없이 추월당할 때의 느낌을 잘 알았다. 브렌다가 똑같은 방식으로 추월을 시도하면, 모린은 도저히 당해 낼 수가 없었다. 1964년 가을 노스뷰하이츠 고등학교에서 열린 달리기 대회에서 모린은 브렌다에게 또 졌다.

수상식이 끝난 뒤 브렌다가 트로피를 들고 걸어왔다. "너 참 잘하더라." 브렌다가 팔꿈치로 모린의 옆구리를 찌르면서 말했다. 모린은 3등으로 들어와서 상패를 받았다. 하지만 브렌다는 모린이 1등을 하고 싶어 한다는 걸 알았다.

"난 절대 너를 못 이길 거야!" 모린의 넋두리였다. 실력이 많이 좋아졌고 다른 선수들을 단호하게 따돌리는 법도 알았고 폭발적인 속도로 힘차게 질주하는 법도 알았지만, 그것만으로는 브렌다를 이길 수 없었다.

"언젠가는 네가 나를 이길 거야" 브렌다가 말했다.

"아직은 턱도 없어!"

"그럴 날이 온다니까." 브렌다가 말했다. 그 말끝에 브렌다는 금색 받침대 위에 달리는 인물 형상이 서 있는 트로피를 모린에게 건넸다. "이 트로피 너 줄게."

순간 모린은 '헉' 하고 숨을 들이쉬었다. 믿을 수 없다는 표정이 얼굴에서 배어났다.

"이게 너의 첫 트로피야." 브렌다가 말했다. "받을 자격이 있어서 주는 거야."

"하지만……"

"네 첫 트로피, 하지만 마지막 트로피는 절대 아니지. 내가 보증해."

모린은 친구의 자상한 배려에 감명을 받았다. 그리고 얼마 지나지 않아 브렌다의 예측이 적중했다.

• • • •

신문 기자들 사이에는 오래된 격언이 있다. '개가 사람을 문다'는 뉴스가 되지 않는다. 하지만 '사람이 개를 문다' 이건 어떨까? 이건 충분히 뉴스거리가 된다. 1964년 가을, 그 시절에는 '남자가 달리기 경기를 한다'는 건 뉴스가 될 수 없었다. 신문에 난다 해도 스포츠 섹션 2면의 서너 줄짜리 기사로 실릴까 말까였다. 하지만 '여자가 달리기 경기를 한다' 이건 어떨까? 이런 이야기라면 기자들이 특종을 내려고 몰려들 만했다.

토론토의 여러 신문에서 이 실력파 소녀들의 노력을 다룬 기사를 내보냈다. 한 기사는 모린을 "막강 미사일", 브렌다를 "경이로운 말총머리"라고 묘사했다. 신문은 모두 두 소녀의 이름을 밝히진 않았고, 이 소녀들이 반복해서 1, 2위를 한다는 소식이나 심지어는 6위를 한다는 소식까지 흥미를 돋우는 표현을 가미해서 전했다. 마치 모린과 브렌다가 결승선을 날아서 넘은 초인적인 어린이 영웅인 것처럼.

두 소녀는 신문 독자들의 관심을 끌기에 좋은 이야깃거리였다. 사이 코치는 여러 차례 얼헤이그 트랙으로 신문 기자들을 초청해서 훈련 장면을 취재할 수 있도록 했다. 그곳에서 기자들 앞에 펼쳐진 것은 색다른 훈련 장면이었다.

사이 코치는 소녀들이 더 빠르게 더 힘 있게 뛰기를 바랐다. 그래서 훈련 때 이따금 계단 뛰어오르기를 시켰다. 한 걸음에 관중석 계단을 두 개씩 뛰어오르는 훈련이 아니었다. 그 고등학교 트랙에는 관중석 계단이 없는데, 그의 훈련 목표는 속도 올리기가 아니라 힘 기르기였다. 즉 소녀들의 근력 기르기가 목표였다. 그래서 코치는 소녀들에게 등에 누군가를 업고 뛰어오르기를 시켰다.

한번은 어느 기자의 눈앞에서 브렌다가 노스요크 단체복 상의와 반바지 차림으로 자기 아버지를 업은 채 계단을 뛰어올랐다. 소녀는 미소를 지은 채 계단을 올랐다. 사이 코치를 등에 업고도 거뜬히 활기차게 움직였다.

사이 코치는 마른 몸집에 키가 크지 않았다. 하지만 딸 등에 업힌 모습은 엄청나게 커 보였다. 게다가 소녀의 어깨에 놓인 손이 마치 거인의 손 같았다. 그는 사진을 찍고 있는 기자들이 얼마나 놀랄지 짐작한다는 듯 상체를 뒤로 젖히고 웃었다.

노스요크 육상 클럽은 굉장한 구경거리였다. 어느 사진 기자는 얼헤이그 트랙에서 모린과 브렌다가 많은 남자 고등학생들을 제치고 맨 앞에서 뛰는 장면을 포착했다. 주위에는 나뭇잎이 떨어지고 있었다. 남학생들은 후드 달린 상의를 입고 '재미'라고는 찾아볼 수 없는 얼굴로 뛰고 있는 반면, 브렌다와 모린은 민소매 셔츠에 반바지를 입고 많은 남학생들을 뒤에 거느린 채 두 눈을 텅 빈 트랙 레인에 고정한 채 달리고 있었다.

아침에 일어나 커피를 마시며 신문을 읽던 온타리오주 토론토 지역 사람들에게는 키 132센티미터에 몸무게 25킬로그램 남짓의 열 살짜리 소녀가 십대 남학생들을 앞질러 달리는 모습이 꽤 신기했을 것이다.

사이 코치는 이런 언론 노출의 효과를 알았다. 그는 이 소녀들이 활약하는 사진과 소녀들의 이름이 신문에 언급될 기회를 놓치지 않으려고 애를 썼다. 경기를 끝내고 집으로 돌아갈 때면, 코치는 어김없이 공중전화 박스를 찾아 여러 스포츠 기자들에게 자신의 팀이 올린 성과를 알렸다.

핼러윈 날, 사이 코치는 주목을 끄는 작전을 밀어붙였다. 그날 있을 두 경기에 두 소녀의 참가 신청을 했다. 두 경기는 서로 다른 주에서 열리는 데다 두 경기 사이 여유 시간은 두 시간뿐이었다. 첫 경기는 퀘벡주 몬트리올에서, 두 번째 경기는 캐나다의 수도 온타리오주 오타와에서 열렸다. 두 경기장 사이의 거리는 200킬로미터, 자동차로 캐나다 횡단 고속도로를 막힘없이 달린다고 해도 첫 경기장을 떠나서 두 번째 경기장에 늦지 않게 도착하려면 두 시간으로는 어림도 없었다. 사이 코치는 기발한 작전을 고안해 냈다.

이 작전에서는 모린의 아버지 로저가 중요한 역할을 맡았다. 먼저, 로저는 브렌다, 모린, 사이 코치를 차에 태우고 몬트리올로 향했다. 몬트리올까지는 5시간 30분, 네 사람은 금요일 저녁 늦게야 몬트리올에 도착했다. 로저는 세 사람을 숙소에 남겨 두고 다시 자동차에 올랐다. 미리 연습해 둬야 할 게 있었다. 두 번째 경기장에 늦지 않게 도착하려면 비행기를 타는 방법밖에 없었다. 경비를 줄이려고 로저와 사이 코치는 비행기를 타지 않기로 했다. 그런데 맥길 대학교 스타디움에서 첫 경기가 끝나는 시간과 몬트리올 공항에서 비행기가 출발하는 시간 사이에는 여유가 많지 않았다. 그래서 로저는 자동차를 몰고 맥길 대학교에서 몬트리올 공항까지 달리는 연습을 했다. 한밤중에 자동차로 여러 번 왕복하며 길을 익히고 교통 체증에 대비해 지름길까지 알아 두었다.

다음 날 아침, 브렌다와 모린이 일어난 순간부터 시계가 똑딱거리기 시작했다. 이 고난도 작전을 무사히 완수하려면 모든 게 딱딱 맞물려 돌아가야 했다. 모린은 이처럼 긴박한 상황에서도 전혀 당황하지 않았다. 반면에 모린의 아버지는 신경을 바짝 곤두세우고 있었다.

로저는 오전 늦은 시간에 모린과 브렌다, 사이 코치를 차에 태우고 몬트리올 시내에 있는 맥길 대학교 경기장으로 향했다. 그리고 늦지 않게 도착했다.

이 대학교 경기장은 얼헤이그 고등학교 트랙과 비교하면 거물급이었다. 경기장 좌우의 관람석은 하늘을 찌를 듯 가파르게 솟아 있고, 로열산 짙푸른 녹음 옆으로 회색 화강암의 웅장한 고층 건물들이 즐비하게 서 있었다.

퀘벡주 아마추어 체육 협회에서 주최한 크로스컨트리 대회는 어린 두 소녀에게는 어려운 도전이었다.

사이 코치는 이 대회는 주력해야 할 경기가 아니라며 오타와 경기를 위해 에너지를 비축하라고 말했다. 하지만 1.2킬로미터 크로스컨트리 경기의 출발 신호총이 울리자 모린과 브렌다는 편안한 페이스로 꾸준하게 달려 선두 세 자리 안에서 계속 뛰었다. 시간이 지날수록 이 소녀들과 나머지 주자들의 거리는 점점 벌어졌다. 사이 코치는 이 '단거리' 경기에서 소녀들이 이길 거라고 기대하지 않았다. 그런데 브렌다는 엄청난 실력을 과시하며 3분 42초로 2위로 들어왔고, 모린은 3위로 들어왔다.

로저는 떠날 준비를 마치고 대기 중이었다. 그들은 또 하나의 경기를 치러야 했다. 이번 경기는 공항까지 이동하는 자동차 경주였다. 로저가 예상한 대로 도심은 교통 체증이 심했다. 전날 밤 열심히 연습해 둔 덕분에 로저는 자신 있게 교통 체증을 뚫고 도로를 달렸다.

로저는 오타와행 비행기 이륙 시간 몇 분 전에 몬트리올 공항에 도착했다. 1960년대에는 공항 보안 절차가 아주 느슨해서 없는 것이나 마찬가지였다. 덕분에 브렌다와 모린은 운동 가방을 들고 공항 활주로로 곧바로 달려갈 수 있었다. 비행기의 열린 문 옆에서 기다리고 있는 스튜어디스들을 올려다보며 두 소녀는 날랜 걸음으로 계단을 올라갔다. 계단 맨 위에 도착하자, 모린은 얼어붙었다. 모린은 이번이 첫 비행기 여행이었다. 다음 경기에 늦지 않게 이동해야 한다는 조바심 때문에 이제껏 비행기 여행에 대해 생각할 겨를이 없었다. 부모님 동행 없이 난생처음 비행기에 오르니 덜컥 겁이 났다.

스튜어디스는 모린에게 안심하라고 다독여 주고 어서 좌석에 앉으라고 말했다. 이제 다음 경기장까지 이동하는 경주는 다른 사람들에게 달려 있다. 다행히 비행기는 빠르게 날았다. 비행기가 착륙하자, 열 살의 모린과 열한 살의 브렌다는 택시를 타고 오타와 크로스컨트리 대회장으로 향했다. 두 번째 경기가 열리는 오후 2시 바로 직전, 둘은 대회장에 도착했다. 사이 코치의 계획이 적중했다.

이 경기는 오전 경기보다 거리가 두 배나 길었다. 하지만 장거리는 모린과 브렌다가 좋아하는 경기라 오히려 다행이었다.

사이 코치는 미리 두 소녀에게 경기 초반에는 전력을 다하지 말고 선두 주자들과 보조를 맞춰 달리면서 코스를 익히라고 당부해 둔 터였다. 두 소녀는 코치의 지시를 따랐다. 드디어 그날 두 번째 출발 신호총이 울렸고, 두 소녀는 다른 주자 무리에 섞여 달렸다. 그런데 조금 시간이 지나니 다른 주자들에 맞춰 달리는 게 너무나 답답하게 느껴졌다. 두 시간 동안 자동차와 비행기에 갑갑하게 갇혀 있던 다리가 달리고 싶다고 안달이었다.

사이 코치와 모린의 아버지 로저는 자동차를 타고 몬트리올을 출발해서 이곳으로 오는 중이었다. 브렌다는 아버지의 지시를 따르지 않기로 작정했다. 그래서 속도를 올려서 초반부터 선두에 섰고, 한번 차지한 선두를 끝까지 놓치지 않았다. 브렌다는 10분 1초로 1위로 들어왔다. 브렌다의 기록과 2위 주자의 기록은 거의 1분 차이가 났다. 모린은 3위로 들어왔다.

출연자들이 전 세계를 돌며 까다로운 과정을 거쳐 다양한 임무를 수행하는 텔레비전 프로그램 「어메이징 레이스Amazing Race」처럼 아슬아슬한 이동 작전에서 성공하고 연이은 경기에서도 성공을 거두자, 많은 기자들이 모린과 브렌다에게 몰려들었다. 두 소녀는 카메라 앞에서 메달을 손에 들고 미소를 지었다. 두 소녀는 자신들의 성적에 만족했다. 사이 코치가 진행한 아슬아슬한 작전이 각 신문에 대대적으로 보도되었다. 모린과 브렌다의 가족은 모든 게 딱딱 맞아떨어진 것에 가슴을 쓸어내리며 기뻐했다.

하지만 모든 사람이 기뻐한 건 아니었다.

ㄱ

모린의 첫 트로피,
달려서는 '안 되는' 세상을 건드리다

모린의 어머니 마거릿은 신문을 보며 딸의 이름이 나온 기사들을 꼼꼼하게 챙겨 오려 냈다. 그리고 딸의 성과가 언급된 문장 주위에 빨강이나 파랑 펜으로 깔끔하게 테를 두른 다음 스크랩북에 붙였다. 오랜 시간이 지난 뒤에 모린이 이걸 열어 보면 자신의 어릴 적 달리기 경력과 달리기의 새로운 길을 열어 갔던 자신의 가치를 알아보게 될 것이다. 그러나 오려 낸 기사들이 늘고 주위의 관심이 높아질수록, 스크랩북은 공식적인 반대 주장들을 고스란히 담은 타임캡슐이기도 했다.

"치열하게 경쟁하는 달리기는 아동의 건강에 좋지 않다고 나는 생각한다. 아직은 그런 경기를 할 나이가 아니라 아동용 놀이를 하고 지내는 게 어울리는 나이다. 굳이 달리기를 한다면

제 또래 여자아이들과 경쟁해야 한다는 게 내 생각이다." 1964년 11월 한 신문이 아마추어 체육 협회 온타리오 남서부 지부 회장 마거릿 로드가 한 말을 인용했다.

다른 어른들, 특히 육상 협회에 공식 직함을 가진 어른들 역시 이 소녀들은 너무 어리고 너무 약하다고 말했다. 그들은 소녀들의 훈련과 준비에 의문을 제기했다.

마거릿은 이런 기사들까지 빠짐없이 스크랩북에 붙였다. 이런 반론 기사들이 모린 눈에 띄지 않게 감추지 않았지만, 모린 역시 그런 반론에 큰 관심을 두지는 않았다. 모린은 그저 열심히 훈련했다. 마거릿이 중요하게 여긴 것은 바로 이런 자질이었다. 달리기에 대한 열정은 모린에게 큰 도움을 주었다. 마거릿뿐 아니라 모린을 아는 모든 사람들이 그렇게 느꼈다. 어떤 기자가 딸의 달리기에 대해 물었을 때 마거릿과 로저는 온 힘을 다해 딸을 지원하고 있다고 말했다.

로저는 기자에게 모린이 달리기 덕분에 시간을 아껴 쓰는 법을 배웠다고 말했다. 성적이 점점 좋아지고 텔레비전 보는 데도 흥미를 잃었다. "아이는 2년 동안 단 하루도 결석한 적이 없다"라고 마거릿이 덧붙였다.

로저도 말했다. "아이가 전에는 새처럼 먹었는데 요즘은 골고루 잘 먹는다."

마거릿은 얼헤이그 트랙 연습 때마다 딸이 기분 좋게 떠드는 모습을 봤다. 모린과 브렌다는 연습 중에도, 숨을 헐떡거리는 와중에도 틈만 나면 농담을 나누며 깔깔대고 웃어 댔다.

마거릿은 신문에서 오려 낸 기사로 여러 권의 스크랩북을 만들었다. 좋은 일, 나쁜 일, 역사적 가치가 있는 일, 고만고만한 일까지 모린 인생의 이 기간을 소중히 보존하고 싶었다.

..••.•

열한 살이 되기 바로 전날, 모린은 국경 너머 뉴욕주, 앤 서룰닉의 집에서 눈을 떴다. 앤은 미국 동부 아마추어 체육 협회 주최 크로스컨트리 대회 조직 위원이었는데, 신문에서 노스요크 두 소녀의 기사를 보고 미국 여자 크로스컨트리 경기에 그들을 초대했다. 이 경기는 그 뒤 미국에서 몇 손가락에 꼽히는 여자 크로스컨트리 경기로 발전했다. 그해 대회에는 15세 이상 여성 서른일곱 명이 참가할 예정이었다.

앤은 이 대회에 참가할 수 있다면 코치와 두 소녀가 자신의 집에서 묵어도 좋다는 뜻을 밝혔고, 덕분에 모린은 생일 전날인 이 특별한 일요일을 롱아일랜드에서 맞이했다.

사이 코치는 토요일에 자신의 스테이션왜건에 두 소녀를 태우고 여덟 시간 넘게 운전을 해서, 나이아가라폭포를 지나 뉴욕주 고속도로를 타고 롱아일랜드 교외에 도착했다.

앤은 두 소녀와 코치가 자신의 집에 온 것을 진심으로 기뻐했다. 무엇보다 앤은 이미 두 소녀를 위해 예외 조항을 만들어 두었다. 아마추어 체육 협회에는 14세 미만 소녀의 경기 참가를 금지하는 규정이 있었다. 그러나 직업이 물리 치료사인 앤은 그 규정은 말도 안 된다고 주장했다.

이번 대회에는 대서양 중부 지역 크로스컨트리 우승자인 열여덟 살의 루이즈 헤이와 미국 아마추어 체육 협회 800미터 달리기에서 우승한 그레이스 부처(브렌다보다 나이 많은 아들이 있었다)가 참가할 예정이었다. 앤은 두 소녀가 이들의 경쟁 상대가 될 뿐만 아니라 대회의 수준도 올려 줄 것이라고 생각했다.

경기 결과 브렌다가 3위, 모린이 6위를 했다. 앤은 기자에게 이렇게 말했다. "나는 이 아이들이 나이는 어리지만 이전 기록을 보아 충분히 경기를 할 수 있다는 걸 알았다. 하지만 이렇게 좋은 성적을 내리라고는 생각하지 못했다." (이 대회에서는 7위까지 트로피를 수여했다. 덕분에 모린은 수상자가 되었다.) "재능이 엿보이는 이 아이들을 격려해 주어야 한다는 게 우리의 입장이다. 그래서 우리는 브렌다와 모린을 위해 예외 규정을 만든 거다. 이 소녀들이 내년 대회에 참가할 미국 소녀들에게 어떤 영향을 미칠지 궁금하기도 하다. 이 소녀들이 다시 참가한다면 우리는 무조건 환영한다."

나이 때문에 경기 참가를 금지 당한 기억이 있는 브렌다는 앤의 친절한 환대가 너무나 고마웠다. "뉴욕으로 이사 오면 좋겠다. 뉴욕에 오면 달릴 기회도 더 많아지고 여러 경기에도 참가할 수 있으니 말이다." 그는 아쉬운 목소리로 말했다. 하지만 이제는 떠나야 할 시간이었다.

두 소녀는 사이 코치의 스테이션왜건을 타고 긴 귀갓길에 올랐다. 가는 길에 잠깐 차를 세워 중국 식당에 갔다. 모린은 사이 코치가 추천한 완자탕을 맛있게 먹었다. 하지만 오래 쉴 수가 없었다. 다음 날이 월요일, 학교에 가야 했다.

모린은 자동차 맨 뒷좌석 바닥에 몸을 웅크리고 누웠다. 온몸으로 울퉁불퉁한 도로가 느껴지고 겨우 다리를 뻗을 만했다. 그래도 이제껏 어떤 잠자리보다 편했다. 모린은 오늘 끝낸 경기와 앞으로 치를 경기를 생각했다. 그러다 트로피를 껴안고 잠이 들었다. 모린이 처음 받은 트로피였다.

．．．．．

다음 주, 마거릿은 신문에서 딸의 롱아일랜드 경기를 자세히 보도한 기사를 부지런히 오려 냈다.

신문에서 모린의 이름을 본 사람은 마거릿만이 아니었다. 언론의 조명은 의도치 않게 대단한 파급 효과를 불러왔다. 이 보도는 그레이터 토론토 전역의 수많은 집에 발송된 초대장이나 마찬가지였다. '당신도 모린과 브렌다처럼 할 수 있다. 당신도 노스요크 육상 클럽에서 뛸 수 있다.' 당시 사이 코치의 클럽 회원은 달랑 두 명이었다. 그로부터 일 년 사이에 회원이 네 명이 되고 계속 꾸준히 늘어났다.

조용한 노스요크에서 달리기의 꿈을 품은 소녀들이 침실이나 앞마당을 빠져나와 성지 순례처럼 얼헤이그 트랙을 찾아오기 시작했다. 마그 로빈슨, 낸시 베일리, 에바 반 바우가 팀에서 달리기를 시작했다. 데비 위랄도 가입했다. 이들은 부모의 직업도 배경도 저마다 달랐다. 하지만 모두 공통점이 있었다. 이들은 달려서는 안 된다고 말하는 세상에서 '**빨리**' 달리고 싶은 사람들이었다. 달리기를 할 수 있는 곳이 갑자기 나타나자, 입소문이 빠르게 퍼졌다.

투지에 찬 운동선수 같은 열두 살의 조앤 로가 아버지와 함께 트랙을 찾아왔을 때, 사이 코치는 서슴없이 그를 받아들였다.

"그래, 바로 달리면 돼." 그는 직사각형에 가까운 트랙을 가리키며 말했다.

조앤은 모린만큼 작은 소녀였다. 정확히 말하자면, 조앤이 모린보다 나이가 한 살 많고 키가 몇 센티미터 컸지만 아무튼 둘은 키가 작은 그룹이었다. 둘 다 짧은 앞머리를 눈썹 위까지 늘어뜨리고 있었다. 조앤은 머리가 길어지기 전의 모린처럼 귀까지 오는 단발머리를 하고 있었다. 모린이 순수한 열정과 활기가 넘쳤다면, 조앤은 강단과 자신감이 넘쳤다. 나이는 열두 살이지만 조앤은 경기 경험이 많은 선수처럼 보였다.

그런데 조앤은 외양만 그런 게 아니라 실제 경기 경험이 많았다. 소녀는 지역 리그전에서 뛴 농구 선수였고, 하키와 수상 스키, 스키 경기에도 나간 경력이 있었다. 활동적일 뿐 아니라 운동에 타고난 자질이 있었다. 농구 팀에서 키가 가장 작았지만, 점프 기술과 골에 실패한 공을 낚아채는 기술이 뛰어나 골 밑 중앙에서 뛰었다. 조앤은 어떤 종목에서도 뛰어났다.

당시 달리기를 하던 대부분의 여성들은 달리기가 '처음' 접하는 운동이었지만, 조앤의 가족 중에는 뛰어난 여자 운동선수가 있었다. 어릴 때부터 농구 선수이자 달리기 선수였던 고모 이야기를 들으며 자랐다. 1960년대에도 달리기를 하는 여자가 거의 없었지만 1930년대에는 더더욱 적었는데, 조앤의 고모 마거릿 라샤펠은 그 시대에 달리기를 했다. 1932년 올림픽 때는 100미터 달리기 예선전에까지 진출했고, 캐나다 여자부 계주 팀의 최강 선수로 뛰었다. 이런 가족사를 가진 조앤은 세계 무대에서 인정받는 운동선수가 되겠다는 꿈이 있었다. 이런 열정은 첫날부터 빛을 발했다.

연습 첫날 조앤이 미끄러지듯 달리며 트랙을 여러 바퀴 연달아 도는 동안, 그의 아버지는 사이 코치와 클럽 이야기를 나누고 있었다.

"이제 그만 달리라고 하시죠." 조앤의 아버지가 사이 코치에게 말했다. "그냥 두면 영원히 뛸 겁니다."

존 프레스턴도 클럽에 가입했다. 이 아이는 어찌나 대단한지 출발선을 떠나는 순간부터 전력을 다해 달린 끝에 결승선에 닿는 순간 쓰러지는 일이 적지 않았다.

사이 코치는 초등학교에서 실라 메하그를 선발했다. 운동에 타고난 재능이 있을 뿐 아니라 잘 웃고 활기가 넘쳤다. 경기가 힘들고 훈련이 고되고 너무 지쳐 다리가 제대로 움직이지 않을 때도 옆 사람을 챙기는, 성격이 아주 좋은 소녀였다.

그리고 캐럴 해드럴이 있었다.

노스요크에서 북쪽으로 10여 킬로미터 떨어진 저소득층 주택 단지에 사는 이 열여섯 살 소녀의 꿈은 높이뛰기 대회에 나가는 거였다.

캐럴네는 어머니와 네 자매, 이렇게 여섯 식구가 함께 살고 있었다. 한 부모인 어머니는 가족이 먹을 음식과 주택 임대료를 마련하기 위해 늘 일을 해야 했다. 자동차도 없었다. 캐럴은 빽빽하게 들어선 벽돌 건물에서 벗어나는 게 소원이었다. 그래서 이 육상 클럽 이야기를 듣자마자 곧바로 가입했다. 클럽의 훈련장이 집에서 꽤 떨어져 있고 버스 요금을 마련할 여유도 없었지만, 주저하지 않았다. 어떻게든 가고야 말겠다고 마음먹었다.

"여기에 육상 클럽이 있다고 들었어요." 소녀가 사이 코치에게 물었다. "여기서 높이뛰기 훈련을 할 수 있나요?"

사이 코치는 캐럴을 보고 미소를 지었다. "물론이지. 하지만 먼저 준비 운동부터 해야 해."

사이 코치가 말하는 준비 운동이 대부분 달리기라는 걸 캐럴은 몰랐다. 7~8킬로미터를 뛰고 나면 체력이 바닥나 높이뛰기를 할 힘이 없었다. 캐럴에게 말하지는 않았지만, 사이 코치는 삼단뛰기, 높이뛰기, 원반던지기 훈련을 그만둘 계획이었다. 모린이 처음 클럽에 가입했을 때도 이런 연습은 가물에 콩 나듯 하고 있었다.

캐럴이 클럽에 가입할 무렵, 사이 코치는 오로지 소녀들이 장거리 달리기를 할 기회를 찾는 데 골몰해 있었다. 캐럴이 훈련받고자 했던 건 장거리 달리기가 아니었지만, 그래도 사이 코치가 주문한 훈련을 모두 따라 했다. 그러다 보니 어느새 장거리를 그럭저럭 달릴 수 있는 체력이 되었다. 그리고 곧 간신히 달리는 정도가 아니라 속도도 빨라졌다.

하지만 어려움이 전혀 없었던 건 아니었다. 캐럴은 팀의 누구에게도 자신이 어디 사는지 말하지 않았다. 가끔 그의 형편을 아는 맘씨 좋은 선생님의 자동차를 얻어 타고 훈련장에 오는 일도 있었다. 하지만 얼헤이그까지 10킬로미터를 걸어와 지친 다리로 사이 코치의 힘든 훈련까지 소화해야 하는 날도 적지 않았다.

"이제 일어설 힘이 없어요." 캐럴은 클럽에 가입하고 몇 달이 지난 훈련 때 항의의 목소리를 높였다. 소녀는 마지막 바퀴를 채우고 난 뒤 운동장 잔디에 쓰러져 가쁜 숨을 몰아쉬었다.

"십, 구, 팔, 칠⋯⋯." 사이 코치는 트랙 바로 옆 잔디밭에 서서 스톱워치를 보며 400미터 15회 차 인터벌 훈련 시작 시간까지 몇 초가 남았는지 큰 소리로 알려 주고 있었다.

캐럴이 입은 블라우스는 소재가 면이라 공기가 잘 통하지 않았다. 운동화는 언니에게 물려받은 낡은 것이었다. 운동하기 좋은 복장이 아닌 건 물론이고 운동에 전혀 도움이 되지 않았다. 하지만 집안 사정이 어려우니 어쩔 수 없이 입고 뛰어야 했다.

"오, 사, 삼⋯⋯."

다행히 캐럴은 옷 때문에 달리기를 포기할 아이가 아니었다.

사이 코치가 "일"이라고 외칠 때쯤 캐럴은 잔디밭에서 벌떡 일어나 몸을 풀고는 다른 주자들을 쫓아 달려갔다.

8

우승 메달을 빼앗기다

"사람들은 흔히 어린 세대에게 문제가 있다고 말합니다." 리치먼드힐의 시장 토머스 브로드허스트는 트로피를 주며 말했다. "하지만 오늘 보니 그런 걱정은 할 필요가 없네요."

모린이 '제1회 정기 리치먼드힐 로즈볼 달리기 대회'에 나간 날이었다. 이날 1.2킬로미터 경기에서 4위로 들어온 모린은 '관중을 흥분으로' 몰아넣었다. 1위도, 2위도 아니고 4위였는데 왜 그런 걸까. 어느 지면에 실린 설명이다. "자신보다 큰 경쟁자들에게 가려져 잘 보이지도 않는 작은 체구의 소녀가 결승선으로 이어지는 직선 구간을 쏜살같이 내달리자, 경기를 지켜보던 얼마 안 되는 관중들은 놀라서 눈이 둥그레지고 입이 쩍 벌어졌다." 훨씬 더 나이 많고 훨씬 더 크고 훨씬 더 강한 주자들 사이에서 가느다란 팔다리를 씽씽 빠르게 놀리는 소녀의 모습은 관중의 가슴에 기쁨의 불꽃을 붙였다. 그날 모린은 관중과 시장의 마음을 확실하게 사로잡았다.

노스요크 육상 클럽 소녀들의 노력은 감동적이었을 뿐 아니라, 새로운 기록을 낼 정도로 훌륭했다.

키치너에서 열린 달리기 대회 3.6킬로미터 경기에서 브렌다는 또래 남자 그룹의 우승자보다 약 4분이 빨랐다. 뉴욕주 버팔로에서 열린 나이아가라 지역 아마추어 체육 협회 경기에서, 브렌다는 2킬로미터 경기를 7분 안에 들어와 이전의 대회 기록을 2분 넘게 단축했다. 그것도 토론토 경기를 뛴 바로 다음 날 경기 기록이었다.

주말 경기마다 노스요크의 소녀들은 각자 평균 두 개 또는 세 개의 트로피를 가지고 집으로 돌아갔다.

이 팀이 놀라운 도약을 이룰 수 있었던 것은 사이 코치의 달리기에 대한 전적인 헌신 덕분이었다. 사이 코치는 달리기 선수였다. 그는 37세의 나이에 달리기를 시작했다. 모린이 클럽에 가입하기 채 일 년이 되기 전이었다. 쉽게 말하자면 달리기에 빠져 있었다. 고등학교 남학생들과 노스요크 육상 클럽의 코치 역할 외에 연구까지 하고 있었다. 최신의 코칭 기법을 모두 섭렵하고 체육 교육과 달리기 관련 연구 자료를 모아 공부했다. 클럽의 소녀들이 최선을 다해 훈련하는 것을 보고 소녀들의 훈련을 더 강하게 밀어붙였다. 그는 아이들에게 200미터 24회, 400미터 20회, 2킬로미터 3회 또는 1.6킬로미터 5회의 인터벌 훈련을 숙제로 안겼다. 아이들은 빨리 달릴수록 인터벌 훈련 사이에 체력을 회복할 수 있는 휴식 시간이 더 길어진다는 것을 알았다. 그들은 짤막짤막한 휴식 시간을 농담과 대화로 보냈고, 인터벌 훈련 출발점에 도착하면 다시 서로를 따라잡기 위해 최선을 다해 달렸다. 서로간의 우정이 경기에 못지않게 소녀들의 열정을 부채질했다.

매주 훈련 때마다 사이 코치는 소녀들의 기량을 확인했고, 그 기량을 과시할 수 있는 최선의 방법을 찾아갔다.

드디어 사이 코치는 얼헤이그 트랙을 벗어나 훈련하기로 결심했다. 이제는 도로에서 달리는 훈련이 필요했다. 그렇다면 많은 사람들 눈앞에서 훈련을 하게 될 터였다. 소녀들을 안전하게 보호하던 조그만 400미터 트랙 방어막을 벗어나는 것이다.

크로스컨트리 대회에서 우승하려면 언덕이 있는 장거리 코스를 달리는 훈련이 필요했다. 어느 날, 코치는 트랙을 벗어나 동쪽으로 동네와 공동묘지를 지나 으리으리한 저택 단지 주변의 버넷 공원까지 달리기로 했다.

하지만 소녀들은 그 저택들이 얼마나 아름다운지 상상하고 노닥거릴 여유가 없었다. 그 언덕은 공포의 언덕이었다. 사이 코치는 오르막 훈련이 아이들의 다리와 폐를 강하게 할 거라고 생각해서 버넷 공원의 가파른 언덕길에서 오르막 훈련을 반복했다. 오르막이 있는 크로스컨트리 경기를 할 때 유리한 체력을 기르게 할 작정이었다. 종아리가 터질 것 같이 아프고 폐에 부담이 되어 누구라도 속도를 줄일 오르막 구간에서, 사이 코치는 속도를 높이라고 가르쳤다.

모린은 버닛 언덕을 뛰어 올라갈 때의 고통이 싫지 않았다. 트랙을 벗어나서 달리면 자연과 경치를 누릴 수 있어서 좋았다.

하지만 그곳에는 모린이 좋아하지 않는 것이 있었다. 지나가는 행인들이었다.

"어디에 불이라도 났냐?" 현관에서 이렇게 소리치는 사람도 있었다.

사람들은 소녀들이 입은 헐렁한 추리닝 바지를 보고도 한마디씩 던졌다.

소녀들은 여러 방법으로 야유를 던지는 사람들에 대처했다. 조앤은 훈련장으로 자전거를 타고 갈 때 주목을 끌지 않으려고 러닝화를 자전거 바구니에 숨기고 다녔다. 캐럴은 거리를 달리다 아는 사람을 발견하면 바로 나무 뒤로 숨었다.

많은 기록을 세우고 많은 경기에서 우승을 거두고 있는 팀이지만, 즉흥적으로 던지는 말 한마디 때문에 기분을 잡치곤 했다. 단 하루도 이런 야유를 받지 않고 달린 적이 없어, 모린은 친구들과 함께 혹은 혼자 가까운 동네를 달릴 때면 불쑥 불안감이 솟을 때가 적지 않았다. 맘 편히 달릴 수 있는 곳은 공동묘지를 지날 때뿐이었다. '죽은 자들은 옷 보고 흉잡을 수 없어.'

모린은 학교에서는 절대로 트로피나 상을 탔다는 이야기를 하지 않았다. 지역 신문 스포츠 섹션에는 주말마다 모린의 이름이 나왔고, 학교 아이들도 모린이 달리기를 한다는 것을 알았다. 그러나 모린은 굳이 시내를 벗어나 경기하러 갔다 온 이야기를 하지 않았고, 거의 매일 저녁 하는 훈련에 대해서도 말하지 않았다. 학교 체육 시간에 달리기를 할 때면 전력을 다해 달리지 않았다. 돋보이고 싶지도, 질문에 답하고 싶지도, 이런저런 지적에 대꾸하고 싶지도 않았다. 모린은 자랑하는 것을 싫어했다. 누가 자기더러 잘난 척한다고 하는 게 싫어서였다.

하지만 육상 팀에 섞여서 공식 경기에 갔을 때는 달랐다. 모린은 동료들에게 자신의 성적을 자랑했다.

하지만 때로는 그것만으로 충분하지 않을 때가 있었다.

· · · · ·

그날 아침 볼티모어의 날씨는 후덥지근하고 더웠다. 첫 경기가 시작될 때쯤에는 온도가 29도 가까이 올라갔다. 12세부터 30세까지 쉰다섯 명의 여성이 2.4킬로미터 크로스컨트리 코스를 달리기 위해 출발선에 섰다. 케이턴즈빌 커뮤니티 칼리지가 주최한 경기 치고는 참가 인원이 적은 편이 아니었다. 이 칼리지는 9년 전까지 젖소 농장이었는데, 창고 자리에 도서관이 들어서 있었다. 지난해에 이 칼리지는 볼티모어 최초의 크로스컨트리 대회를 주최했다. 오늘은 볼티모어 시장인 시어도어 맥켈딘이 무대에 올라 2차 대회 개회를 선언했다.

워싱턴 D. C.에서 온 미국 국가 대표 달리기 선수 마리 멀더가 유력한 우승 후보였다. 하지만 모린은 경기 시작부터 힘이 넘쳤다. 더위도 전혀 신경이 쓰이지 않았고, 자신의 성적에 영향을 미칠 만한 것은 아무것도 없을 것 같았다. 그런데 브렌다와 조앤은 둘 다 몸이 아팠다. 조앤은 급성 인후염을 앓고 있었다. 경기 진행 요원은 둘에게 경기를 하지 말고 쉬라고 말했다.

"죽겠다는 소리는 절대로 하지 마라." 이게 사이 코치의 모토였다. 이 말은 아이들이 근육통이 심하다거나 피곤하다거나 다리에 쥐가 났다거나 병이 났다고 호소할 때마다 사이 코치가 들먹이는 말이라서, 노스요크 육상 클럽 소녀들은 이 말을 주문처럼 마음속에 새겨 두고 있었다. 브렌다와 조앤은 몸이 안 좋은 걸 무릅쓰고 뛰기로 결정했다.

"제자리에."

"준비."

대학의 울퉁불퉁한 운동장에서 주자들이 몸을 앞으로 기울였다.

땅!

주자들이 출발선에서 뛰어나갈 때, 마리 멀더는 예상했던 대로 처음부터 선두로 나섰다. 존 프레스턴이 바로 뒤를 따라갔다. 노스요크 소녀들은 참가자 중에 가장 나이가 어린 축이었고, 게다가 모린은 체구도 제일 작았다.

무리 지어 달리던 주자들이 800미터 지점에 다다랐을 때 모린은 동료 선수의 힘에 이끌리듯 워싱턴 D. C.에서 온 우승 후보를 앞질렀고, 존도 동료의 질주에 힘을 받아 마리를 앞질렀다. 마리는 선두를 뺏기고 말았다. 모린은 오르막과 꺾어 도는 구간에서 속도를 더 올렸다. 마리를 포함해서 다른 달리기 선수들과 거리가 점점 벌어졌다.

버넷 언덕 훈련의 효과가 나타났다. 경기의 마지막 800미터 구간은 허벅지 근육이 터질 듯한 아주 가파른 언덕 구간이었다. 모린은 언덕을 치달아 9분 24.2초로 결승선을 넘었고, 결정적인 5초 차이로 여자 크로스컨트리 경기의 우승자가 되었다.

헐떡이는 숨이 정상으로 돌아오고 욱신거리던 다리가 풀리고 나서야 모린은 자신이 얼마나 대단한 일을 해냈는지 실감했다. 큰 대회에서 이룬 첫 우승이었다. 몇 년 전 브렌다가 했던 예언이 실현되었다. 이제껏 우승을 향해 줄곧 실력을 길러 온 덕분이었다.

"챔피언이 챔피언을 만든다." 사이 코치는 이렇게 말하곤 했다. 날마다 브렌다와 경쟁을 해 온 덕분에 모린은 출중한 달리기 실력을 갖추게 되었다. 두 소녀는 서로에게 훌륭한 경쟁 상대였고 둘도 없는 친구이자 응원군이었다. 브렌다는 몸이 아파서 기량을 제대로 발휘하지 못해 자신의 성적에 실망했지만, 친구의 우승을 대단히 기뻐했다.

하지만 모린은 큰 경기에서의 첫 우승을 충분히 기뻐할 겨를도 없이 또 다른 경기를 해야 했다.

12세 주자들만의 달리기 경기가 열릴 예정이었다. 이 경기는 남녀 혼성 경기였다. 볼티모어 인근에서 온 서른여섯 명이 참가했다. 모린과 존 프레스턴이 노스요크 육상 클럽 대표로 나섰다. 모린과 존은 아직 피로가 덜 풀린 상태였다(존은 크로스컨트리 대회에서 3위 했다).

모린은 남학생들로 구성된 얼헤이그 고등학교 육상 팀과 여러 해 동안 함께 훈련한 경험이 있어서 남자들과 같이 달리는데 익숙했다. 하지만 이 경기에 나서는 남자아이들은 소녀들과 함께 달린 경험이 전혀 없을지도 몰랐다. 특히 모린과 같은 소녀들과 함께 달린 경험은 더더욱 없을 터였다.

출발 신호총이 울리자 어린 주자들이 달려 나갔다.

1.6킬로미터 경기였는데, 1.2킬로미터 지점까지는 이타카 출신 소년 둘이 앞섰다(뉴욕주 이타카는 언덕이 많은 곳으로 유명하다).

앞선 경기에서 우승한 자신감으로 충만해 있던 모린이 추진력을 높이기 시작했다. 모린은 경사가 매우 가파른 마지막 언덕길을 전속력으로 달려 뉴욕주 소년 둘을 추월하고 1위로 들어왔다. 그날 거둔 두 번째 우승이었다.

이런 성과를 거두었으니 모린은 마땅히 행복감을 만끽할 만했다. 게다가 그가 거둔 첫 우승이었다. 달리기에 모든 걸 바치는 생활을 한 지 몇 년 만에 거둔 첫 우승으로 모린에게는 중요한 이정표였다. 누군가가 그 행복을 짓밟는 고약한 일은 일어나지 말았어야 했다.

모린은 여자 크로스컨트리 경기의 우승이 인정되지 않을 것이라는 소식을 들었다. 경기 결과에서 모린의 1위 기록이 지워지고 2위 주자가 우승상을 가진다는 것이었다. 아마추어 체육협회 규정에 따르면 14세를 넘는 사람만 공식 대회 참가 자격이 인정되었다. 모린은 제한 연령에서 2년이나 모자랐다. 경기에서 이긴 건 맞지만, 규정은 규정이었다. 경기 조직 위원회는 모린은 애초에 이 경기에 참가할 자격이 없다며 우승 기록을 삭제했다.

모린의 부푼 마음이 무참하게 무너졌다. 모린은 완전히 풀이 죽었다. 우승 메달을 뺏겼을 뿐 아니라, 노스요크 팀의 총점에서 모린과 존의 성적이 삭제된 탓에 노스요크 육상 클럽까지 팀 성적 1위 자격을 빼앗겼다.

신문의 비열한 보도와 주위 사람들이 추리닝 바지를 보고 던지는 야유는 기분을 언짢게 하고 때로는 모욕감을 주지만, 모린은 그런 감정쯤은 충분히 참아 낼 수 있었다. 그런데 1등상을 빼앗다니? 분명히 정당하게 경쟁해서 딴 상인데? 이 일을 겪으면서 모린은 달리기 세계에 몸담은 사람들 즉 가장 큰 후원자로 나서 주어야 할 사람들이 자신에게 등을 돌릴 수 있다는 사실을 사무치게 절감했다.

사이 코치가 어린 소녀들을 경기에 참가시켜 규정에 도전하는 시도를 한 것은 한두 번이 아니었다. 또한 그는 소녀들이 규정에 도전하고 있는 자신의 드라마에 휩쓸리지 않도록 늘 신경을 썼다. 그 덕에 소녀들은 달리기에만 집중할 수 있었지만, 이처럼 큰 좌절을 감당할 수 있는 준비는 되어 있지 않았다.

수상식 때, 모린은 크로스컨트리 참가자 트로피와 12세 경기 1위상을 받았다. 하지만 분명히 1위로 들어왔던 여자 크로스컨트리 경기의 메달은 받지 못했다. 모린의 작은 체구와 도전 정신에 감명을 받은 볼티모어 시장은 이 상을 받지 못한 소녀의 처지를 안타까워하며 모린을 번쩍 들어 올려 자기 어깨 위에 앉혔다. 아마추어 체육 협회의 규정은 주자들의 기량과 공감하는 구경꾼들의 심정에서 한참 뒤처져 있었다.

ㄱ

모린을 중심으로
작은 연대가 이루어지다

"시장이 모린을 자기 어깨에 앉혔다니까! 모린이 오르막에서 속
도를 높여서 모두를 앞질렀어! 관중들이 모린을 보고 환호성을
올렸다니까!"

경기장에서 북쪽으로 한참 떨어진 곳에서, 모린의 어머니 마
거릿은 수화기를 통해 울리는 남편의 이야기를 듣고 있었다. 로
저는 모린과 함께 볼티모어에 있고, 마거릿은 요크데일 상점가
이튼스 백화점 신발 판매대 앞에 서 있다. 로저는 아내에게 방
금 모린이 마친 경기를 자세히 전해 주었다.

"그런데 메달을 도둑맞았어! 도둑맞았다고! 모린은 결승선을
넘은 뒤에도 계속 달려도 될 만큼 힘이 남아돌았다니까!"

로저는 경기가 끝나면 언제나 신이 나서 부엌 옆문으로 뛰어

들어와 흥분한 목소리로 아내에게 모린의 활약을 전달하곤 했다. 하지만 지금은 전화로 아내에게 토요일 경기 소식을 설명하고 있다.

모린이 달리기를 시작하기 전, 마거릿은 집안 살림을 하며 아이들을 돌봤다. 그들은 그럭저럭 살 만했지만 모린의 달리기를 뒷받침하려면, 특히 경기를 하러 가는 여행 경비를 대려면 비용이 많이 들었다. 마거릿은 모린을 볼티모어에 보내기 위해 일주일에 3일씩 야간 근무를 시작했고 토요일마다 이튼스 백화점 신발 판매대에서 일했다.

"신발을 파셔야죠." 동료 직원의 목소리에 마거릿은 현실로 돌아왔다.

그러나 마거릿은 전화를 내려놓지 않았다. 동료 직원은 그의 딸이 아주 대단한 일을 했다는 걸, 마거릿이 딸의 꿈을 지켜 주기 위해서라면 어떤 희생도 감수하려 한다는 걸 알지 못했다.

· · · · ·

마거릿 윌턴은 대공황 시절 슈피리어호에 인접한 추운 산업 도시에서 자랐다. 어릴 적에는 한 장에 25센트 하는 사슴 가죽을 팔아 생활비에 보탰다. 남자 형제만 넷으로 자매는 없었다. 마거릿은 일찍부터 철이 들고 경쟁심이 강했다. 어릴 적에는 남자 형제들이나 동네 친구들과 하키와 야구, 풋볼을 하며 자랐다. 마거릿이 풋볼에서 대단한 슛을 잡아낸 일은 가족의 전설이 되었다. 남동생에게 "와우, 누나가 우리 팀에 있어서 너무 다행이야" 라는 말을 들었다고 기억했다. 마거릿과 형제들은 중간에 한 번 집에서 점심 먹을 때만 빼고 아침부터 밤까지 내내 밖에서 놀거나 스케이트를 탔다.

그는 열일곱 살 때 교회 댄스파티에서 로저 월턴을 만났다. 둘은 금세 마음이 통했다. 다음 날인 수요일 밤에 두 사람은 놀이 공원에 갔다가 유명한 댄스홀이 있는 팰리스 피어에 가서 춤을 추었다. 목요일에 마거릿은 로저의 고모가 조카를 위해 연 파티에 갔다. 그리고 금요일에 로저는 군대로 복귀하고, 그 공군 부대는 바로 제2차 세계 대전에 참전하기 위해 해외로 파병되었다. 로저가 군대로 복귀하기 전까지 두 사람이 함께 보낸 시간은 딱 3일이었다. 해외 파병 중이던 로저와 마거릿은 일주일에 몇 번씩 편지를 주고받았다. 1945년 5월 로저는 다음 파병지인 일본으로 이동하기 전 휴가를 받아 귀국했는데, 다시 복귀하기 전에 전쟁이 끝났다. 이렇게 해서 로저의 군 복무는 끝이 났다. 두 사람은 일 년 뒤인 6월에 결혼을 했다.

마거릿은 어렸을 때 운동을 그만두었지만, 딸이 달리기를 시작하자 어릴 적 몸에 밴 경쟁심이 다시 살아났다. 마거릿은 치키너 도로 경기 때 모린을 불러내 "저기에 아이들 다섯 명이 있을 텐데 네가 충분히 이길 수 있어"라고 짚어 주었다. 그 시절 달리기를 한 사람들은 마거릿이 딸의 열렬한 지지자라고 기억했다. 지지하는 활동은 응원하기, 활동 계획 짜기 그리고 경기를 주의 깊게 지켜보기 등 여러 가지다. 딸이 열정을 불사르도

록 돕기 위해 뭔가를 포기하는 것 또한 지지하는 활동이다. 25
센트를 벌려고 사슴 가죽을 팔던 아이가 어른이 되어서는 딸의
활동 경비를 마련하기 위해 딸의 토요일 경기를 지켜볼 기회를
포기했다.

모린이 열한 살 열두 살 무렵, 마거릿과 로저는 자식들을 앉
혀 놓고 뒷마당에 수영장이 있는 집과 도호 쉼터의 오두막 둘
중 어느 걸 가지고 싶은지 물었다. 아이들은 모두 오두막을 골
랐다.

마거릿과 로저는 도호 바로 앞에 손수 집을 짓기로 했다. 주
말 시간을 모두 들여도 집을 완공하려면 어려움이 클 터였다.
하지만 이제는 토요일마다 모린의 경기 일정이 가득하고, 마거
릿은 이튼스 백화점에서 일을 해야 했다. 집 공사에 온전히 할
애할 수 있는 날은 일요일 하루뿐이었다. 그래서 월턴 가족은
일요일 아침 동이 트기 전 노스요크 집에서 출발했다. 차를 몰
고 2시간 30분 거리에 있는 커니 마을로 가서 교회 예배에 참가
했다. 예배가 끝나면 다시 차를 타고 30분을 달려 가족의 배를
세워 둔 호숫가에 도착했다.

이 여행에는 가끔 브렌다나 조앤 등 클럽의 다른 아이들이
동참했다. 로저는 일요일 달리기 연습을 할 수 있도록 호숫가
목적지를 8킬로미터 남겨 두고 2차선 도로에 아이들을 내려 주
었다. 아이들은 사람의 손길이 닿지 않은 들판을 지나고 소나
무 숲을 지나고 주말 농장을 지나 월턴 가족의 배가 있는 호숫
가까지 달렸다.

월턴 부부는 여러 가지 장비와 아이들을 배에 실은 지 30분 만에 호수를 가로질러 가족의 쉼터에 배를 댔다. 아이들이 물가 큰 바위에서 뛰어내리거나 숲을 탐험하는 동안, 월턴 부부는 집 짓는 일을 했다. 이렇게 하다 보니 가족과 친구들이 쉴 수 있는 간단한 건물을 완성하기까지는 여러 해가 걸렸다. 모린은 부모, 특히 어머니가 가족을 위해 주말도 포기하고 애를 쓰며 일하는 것을 알고 있었다.

월턴 부부의 생활은 모린의 달리기 일정을 중심으로 돌아갔다. 하지만 모린의 달리기에 많은 것을 쏟아부은 덕에 월턴 가족은 모두 소중한 걸 얻었다. 모린은 클럽을 만나고부터 열정과 목적이 생겼다. 그곳에서 만난 사람들과 한식구처럼 지냈다. 캐럴과는 자매처럼 지냈고, 조앤은 가장 친한 친구가 되었고, 브렌다는 모린이 세계적인 선수로 가는 길의 모든 단계를 이해해주었다. 이들은 모두 모린의 가족이었다. 이들과 함께하면서 모린은 진정한 자신의 모습을 찾았다. 고집이 세고, 바보스럽고, 친구와의 우정에 충실하고, 어려운 사람을 잘 돕는 사람이 바로 자신이었다. 심지어 모린은 클럽에서 운동을 하는 고드 심 아저씨와도 친해졌다. 그는 가끔 모린을 오토바이에 태워 집까지 데려다주었다.

"간식 먹으러 갈까?" 심 아저씨는 트랙에서 연습을 한 뒤, 운동복 위로 머리부터 발끝까지 검은 가죽옷을 덧입은 채 모린에게 물었다. 모린은 헬멧을 쓰고 아저씨의 작은 오토바이 뒤에 올라타곤 했다.

"초콜릿 아이스크림 주세요." 가게에서 초콜릿 아이스크림을 먹고 나면 심 아저씨는 언제나 모린을 집까지 태워 주었다.

이 클럽의 부모들은 번갈아 가며 소녀들을 대회장까지 태워 주는 일을 했다. 아이들 덕분에 부모들도 친해졌다. 노스요크 육상 클럽에 자연스럽게 성인 달리기 클럽이 만들어졌다. 성인 클럽의 회원은 고드 심과 그 아내, 실라 메하그의 부모, 모린을 지키는 사제들(이 호칭은 모린에게만 낯선 말이었다) 그리고 사이 코치가 전부였다. 경기가 없는 주말에는 아이들도 성인 클럽 회원들과 함께 아침 장거리 달리기를 했다.

·····

노스요크 육상 클럽 가입은 아이들에게 훈련 일정을 소화하는 것 이상의 의미로 발전했다. 캐럴의 경우도 마찬가지였다. 하지만 경제 사정이 넉넉하고 부모와 함께 사는 아이들이 클럽에서 얻는 경험과 캐럴이 얻는 경험은 아주 달랐다. 캐럴의 어머니는 캐럴의 과외 활동에 시간과 돈을 쓸 수 없었다. 직장에 다니면서 다섯 딸을 키우느라 너무 바빴다. 캐럴의 어머니는 가족을 위해 최선을 다했고, 캐럴도 그걸 알았다. 캐럴은 어머니와 단둘이 얼굴을 마주 볼 시간이 많지 않았다.

트랙에서는 사이 코치가 캐럴을 뒷받침해 주었다. 코치의 지도를 따라가면서, 캐럴은 캐나다 전역의 장거리 달리기에서 쟁쟁한 실력을 가진 경쟁자로 부상했다. 오타와에서 열린 연령별 전국 달리기 대회에서 1.6킬로미터 경기를 할 때 캐럴은 한참 뒤처져 있었다. 캐럴이 선두를 따라잡는다는 것은 거의 불가능해 보였다. 이런 정도의 거리 달리기를 별로 좋아하지 않는 캐럴이었지만, 갑자기 결승선을 앞둔 직선 구간에서 감춰 두었던 기량을 발휘했다. 선두와의 간격을 점점 좁히며 마침내 경쟁자를 따돌리고 우승을 차지했다. 캐럴에게 이 순간은 경기를 훌륭히 마무리해서 우승을 따낸 중요한 순간이었다. 트로피를 가지고 집으로 가게 되다니! 하지만 캐럴을 가장 기쁘게 만든 일은 그 다음에 일어났다.

그다음 주 월요일, 다시 훈련장에 나간 캐럴은 늘 하듯이 고강도 인터벌 훈련을 하겠지 생각했다. 그런데 웬걸, 사이 코치는 얼헤이그 고등학교 임시 교실로 팀 아이들을 불러들여 둥그렇게 서게 하더니, 갑자기 캐럴을 앞으로 나오라고 했다. 그러고는 경기를 잘했다며 칭찬해 주었는데 캐럴은 그 시간이 마치 30분도 더 되는 듯했다.

다른 아이들이라면 이 정도 칭찬은 부모나 조부모가 기특하다며 등을 툭툭 쳐 주는 응원쯤으로 느낄 만한 것이었다. 하지만 캐럴은 그 순간 생전 경험해 보지 못한 뿌듯함을 느꼈다. 누군가가 자기 한 사람을 꼭 집어서 잘했다고 칭찬해 주는 것도 처음이었지만, 다른 사람도 아니고 사이 코치가 클럽 동료들을 모두 모아 놓고 자신을 칭찬해 준 것 역시 처음이었다. 캐럴은 자기 인생의 잊지 못할 순간이라고 생각하고 그의 말 한마디 한마디를 새겨들었다.

모린과 다른 소녀들은 캐럴이 처한 여러 가지 어려운 형편에 대해 전혀 몰랐다. 하지만 어떻게 보면 캐럴의 우승은 신선한 변화였다. 캐럴은 팀과 함께하는 한, 가정 사정이 좋지 않고 경제적으로 어려움을 겪는 아이가 아니었다. 캐럴은 막강한 장거리 선수였으며 인정받는 팀원이자 친구였다.

게다가 캐럴은 이 팀 덕분에 꿈을 펼칠 수 있는 공간을 찾았다. 캐나다와 미국 여러 곳에서 열리는 많은 경기에 나가 또래 소녀들과 경쟁하며 달리기가 자신에게 열어 줄 창창한 미래를 상상했다. 캐럴은 이미 강력한 선수였지만 그걸 넘어서 최고 선수, 올림픽 선수가 되고 싶었다. 이런 목표를 품으니 혹독하기 짝이 없는 장거리 연습과 다리 힘줄이 끊어지는 듯 힘겨운 언덕길 훈련을 해낼 힘이 솟았다. 그런데 단 한 가지 큰 문제가 있었다. 캐럴은 장거리 달리기 선수인데, 올림픽에는 여자 장거리 달리기 종목이 없었다. (1960년 올림픽에서 여자 800미터 달리기 종목이 다시 채택되었지만, 그보다 먼 여자 장거리 달리기 종목은 없었다.) 캐럴은 어서 빨리 자신이 올림픽에 나갈 기회를 얻게 되기를 간절히 바랐다.

캐럴과 팀의 다른 소녀들은 크게 토를 달지 않고 사이 코치가 지시하는 모든 훈련을 해내고 그가 세운 모든 전략을 따르며 앞날을 준비했다. 코치의 훈련 계획은 지나치다 싶을 때도 있었지만 일부 소녀들에게는 더 나은 기량을 쌓는 과정이었다.

1□

트로피가 늘어나다

사이 코치는 팀의 모든 소녀들에게 금요일에 학교가 끝나면 바로 자기 집으로 오라고 말했다. 그는 아이들을 자신의 낡은 스테이션왜건에 태우고 여덟 시간 반을 달려 메릴랜드주에 갈 계획이었다.

아버지와 함께 코치의 집에 도착한 조앤은 신이 나서 친구들과 뛰어다녔다.

사이 코치는 아이들의 짐을 트렁크로 옮겼다.

그때 코치의 자동차 타이어가 조앤 아버지의 눈에 들어왔다. 타이어가 홈이 거의 사라질 정도로 너무 닳아 있었다.

조앤 아버지는 유조차 두 대를 소유하고 기사 두 명을 고용한 임페리얼 오일(캐나다의 석유 회사) 대리점 사장이었다. 그

1부 · 리본

는 그 타이어로는 도저히 그곳까지 갈 수 없다는 걸 한눈에 알아보았다.

하지만 사이 코치의 수입은 교사 월급뿐이었다. 그는 아내와 브렌다, 그리고 다른 세 딸을 부양해야 했다. 그에게 여유가 있는 건 시간뿐인데 그 시간의 대부분을 팀에다 쏟았다. 그런데 타이어를 싹 다 갈아 끼우려면 대체 돈이 얼마나 들까? 사이 코치가 감당하기에는 너무나 큰 비용이었다.

조앤 아버지가 선뜻 나섰다.

"제 카드를 쓰십시오."

사이 코치의 아내가 신용카드를 받아들고 자동차를 가까운 정비소로 옮겼고, 그날 오후에 자동차 타이어는 모두 새것으로 교체되었다.

이 때문에 출발 시간이 지연되긴 했지만, 다행히 계획이 무산되진 않았다. 사이 코치가 다시 차에 타고 모린과 다른 소녀들도 자리에 앉았다. (모린이 가장 좋아하는 자리는 접었다 펼 수 있는 맨 뒷좌석이었다.) 사이 코치는 헤드라이트를 켜고 차갑고 캄캄한 온타리오호 하늘을 보며 차를 몰았다.

자동차가 북쪽으로는 온타리오호 남쪽으로는 이리호를 끼고 있는 길쭉한 길을 달리는 동안, 아이들은 동요('벽장 안에 맥주병이 아흔아홉 개가 있어', '스파게티 먹자, 치즈를 잔뜩 뿌리고')를 부르고 음악을 듣고 자동차 천장의 모든 패널을 누가 가장 빨리 터치하나 내기를 하며 시간을 보냈다. (트랙이 아닌 곳에서도 모린은 경쟁하는 걸 좋아했다.) 도로가 울퉁불퉁해지고 아직도 남은 길이 한참일 때, 아이들은 등받이 좌석을 젖히고 요리조리 끼여 누워 잠이 들었다. 사이 코치는 미국 국경을 넘어 운전을 계속했다.

그러다가 사이 코치는 스테이션왜건을 멈춰 세웠다.

"모두 밖으로!" 사이 코치가 말했다. "여기가 유명한 다리야. 이제 이 다리를 달려서 건널 거야."

아이들은 졸음에 겨운 눈꺼풀을 비비며 주위를 두리번거렸다. 밤이라 캄캄해서 아무것도 보이지 않았다. 지금이 몇 시인지, 무슨 다리를 말하는 건지 도통 알 수가 없었다. 자신들이 무얼 하던 중이었는지도 기억이 나지 않았다.

아이들은 머뭇거리며 문을 열고 차에서 내려 어둠 속으로 들어섰다. 도로에는 아무도 없었고 길 말고는 아무것도 보이지 않았다. 그런데 아이들 눈앞에는 다리가 있었다. 사이 코치는 이동 중에 유명한 곳을 지나갈 때면 늘 그곳을 달려서 가라고 했다. 아이들은 고분고분 그 말을 따랐다.

아이들은 다리 반대편에 도착하자 사이 코치가 세워둔 차에 다시 타 각자 엉금엉금 자기 자리를 찾아갔다. 사이 코치는 운전을 시작했고 아이들은 다시 잠들었다.

· · · · ·

당시 인기 차트 순위 40위에 오른 노래들이 '노스요크 백 주년 경기장'에 울려 퍼졌다. '행 온 슬루피Hang on Sloopy', '턴! 턴!

턴!Turn! Turn! Turn!', '데이 트리퍼Day Tripper', '아이 갓 유!I Got You
(아이 필 굿I Feel Good)' 등 인기 절정의 노래들이었다.

거대한 철제 선박 객실에서 울리는 것처럼 시끄럽게 울려 대
는 노래의 선율이 오히려 훈련의 고단함을 덜어 주었다. 경기장
가운데에서 피겨 스케이트를 타는 사람들의 모습과 빙판을 가
르는 금속 스케이트 날의 소리도 마찬가지였다. 이곳은 얼헤이
그 트랙에 눈이 쌓이는 겨울철 몇 달 동안 클럽이 훈련장으로
쓰는 곳이었다. 이곳 경기장 건물 가운데에는 실내 빙상장이 있
고 그 둘레로 관중석이 상하 단으로 나뉘어 있다. 그 상하 단
관중석 사이에 실내 콘크리트 트랙이 있었다. 노스요크 육상
클럽은 이곳을 달렸다.

석탄재와 점토로 만든 트랙은 발을 디디면 약간 탄성이 느껴
지는데, 이곳 콘크리트 트랙에서는 내딛는 걸음걸음이 전쟁이었
다. 클럽의 소녀들은 대부분 달리기를 할 때 사이 코치가 나눠
준 6달러짜리 타이거 러닝화를 신었다. 이 러닝화는 창도 얇고
깔창도 없는 데다 발을 보호하는 기능이 전혀 없었다. 트랙의
거센 저항을 견디며 오랜 시간 계속해서 달리는 주자들은 대부
분 부상과 고통에 시달렸고 특히 정강이 부상을 자주 입었다.
하지만 노스요크 소녀들이 이런 고충을 토로할 때마다 사이 코
치는 손에 든 훈련 일지에서 눈도 떼지 않은 채 "이기고 싶지?"
라고 묻곤 했다.

팀의 모든 소녀가 똑같이 대답했다. "예!"

"그러면 그냥 트랙으로 가."

사이 코치는 단호했지만 공명정대하고 재미있고 상냥한 데다, 아이들은 물론 부모들과도 사이가 좋았다. 훈련이나 대회 때도 소리치는 법이 없었다. 모린을 비롯해 모든 소녀들이 사이 코치를 존경하고 신임했다. 그가 400미터를 20회 달리라고 하면, 아이들은 발에 물집이 잡히고 다리가 터질 것 같아도 그 말을 따랐다. 실내 트랙 네 모퉁이에 나무로 단을 쌓아 언덕을 만든 트랙이라면 어떨까? 물론 거기도 달렸다. 노스요크 팀은 막강한 우승 후보 팀이었다. 브렌다는 '메이플 리프 가든스(토론토 실내 경기장)'에서 열린 경기에서 1위로 들어왔고, 조앤은 오로라에서 열린 대회의 13세 이하 800미터 경기에서 우승했다. 모린은 해밀턴에서 열린 2킬로미터 경기에서 2위로 들어왔다. 노스요크 육상 클럽은 종종 단체상도 받았다.

모린이 사이 코치의 훈련 방식을 믿고 따르는 데는 그만한 이유가 있었다. 모린은 사이 코치가 자신에 대한 기대가 크다는 것을 알았고, 그래서 코치를 실망시키고 싶지 않았다.

실라도 마찬가지였다. 실라는 몸이 아주 아플 때도 훈련을 빼먹지 않았다. 그게 사이 코치가 바라는 바였기 때문이다. 만일 아버지가 억지로 빼내지 않았다면 실라는 끝까지 훈련량을 채웠을 것이다.

한번은 조앤이 오른발 뒤꿈치를 디딜 수가 없는 부상을 입고서도 훈련을 하려고 했다. 겨울 훈련장의 나무 트랙에서 오른쪽 발끝만 간신히 디디면서 절름거리며 뛰었다. 조앤은 뒤꿈치가 너무 아파 죽을 것 같았지만, 부상당한 곳은 더 많이 써야 낫는다는 게 사이 코치의 지론이었다. 그래서 조앤은 다음 회차 전력 질주를 하려고 출발선으로 뛰어나갔다. 그런데 그 모습은 달리는 게 아니라 부상당한 동물이 뛰는 것 같았다.

"사이 코치," 달리려고 안간힘을 쓰는 딸을 지켜보던 조앤 아버지가 말했다. "제 딸 발에 문제가 있는 것 같네요."

조앤은 참을성이 많은 아이였지만, 조앤 아버지는 절름거리며 트랙을 도는 건 훈련이 아니라고 생각했다. 그는 딸에게 필요한 건 엄한 사랑이 아니라 도움이라고 생각했다. 결국 그는 조앤을 훈련장에서 데리고 나와 정형외과로 데려갔다.

의사는 다시 트랙으로 돌아가고 싶다는 조앤의 이야기를 들으며 아이의 다리와 발을 검사했다. 의사는 아킬레스건염이라고 진단하고, 종아리 근육과 뒤꿈치 뼈를 이어주는 부위의 힘줄이 너무 늘어나 있다고 말했다. 그 힘줄을 무리하게 써서 염증이 심한데 운동을 계속하면 힘줄이 완전히 끊어질 거라고 했다. 의사는 조앤을 따끔하게 타일렀다. "일 년 동안 훈련을 쉬지 않으면 무릎까지 기브스를 하고 다녀야 해."

조앤은 할 수 없이 일 년간 휴식기를 가졌다. 그런데 일 년간 쉰 것은 '달리기'뿐이었다. 조앤은 아킬레스건이 나을 때까지 체력을 유지할 작정으로 죽어라 하고 수영을 했다. 그 뒤 깨끗이 나았다는 의사의 말이 떨어지자마자 다시 트랙으로 돌아왔다.

모린 역시 심한 훈련을 마다하지 않고 달렸지만, 거의 부상을 입지 않았다. 잠깐 정강이 통증이 있었고 그다음에는 뒤꿈치 부상을 입었지만, 그렇다고 훈련을 빠지진 않았다. 모린이 부상을 피할 수 있었던 건 혼자서 천천히 평탄한 길을 오래 달리는 훈련을 수없이 반복한 덕분이었을 것이다.

모린은 훈련이 없는 날에도 날씨가 좋건 궂건 상관없이 혼자 뛰었다. 푹푹 찌는 더위에도 달렸고, 얼음장 같은 비가 내릴 때도 달렸다. 경기장에 가기 위해 차를 타고 먼 길을 가야 할 때는 답답함을 느낄 때가 많았다. 이 오랜 시간을 차 안에 갇혀 뛰지 못하다니. 이런 모린의 심정을 알아차린 사이 코치는 가까운 곳의 경기장에 갈 때는 차를 타지 말고 조깅하는 게 어떠냐고 권했다. 모린은 좋다고 대답하고 어머니에게 말했다.

"우리는 준비 운동 겸 조깅을 하기로 했어요."

"뭐라고!" 마거릿이 외쳤다. "거리가 16킬로미터인걸."

모린은 무엇을 위해 달리는지 분명히 알았다. 달리자는 제안이 나오면 한 번도 거절한 적이 없었다.

소녀들은 놀라우리만큼 참을성이 깊어졌다. 밴쿠버에서 열린 캐나다 여자 크로스컨트리 대회(클럽의 소녀들이 참가비를 모금해서 참가한 대회였다)에서, 브렌다는 경기 중에 다른 주자에게 떠밀려 넘어지고 말았다. 110명의 주자가 한꺼번에 쏟아져 나와 트랙은 혼잡 그 자체였다. 한 주자의 스파이크가 넘어진 브렌다의 다리를 밟았다. 브렌다의 다리에서 피가 흐르는 게 선명하게 보였다. 부코치가 더 이상 경기를 못 할 것이라고 판단해 브렌다를 코스에서 불러내려고 했다.

하지만 브렌다는 힘겹게 몸을 일으켜 다시 달려 나가며 부코치에게 "밴쿠버까지 와서 구경만 하다 갈 수는 없어요"라고 말했다. 브렌다는 경기가 끝난 뒤에야 의료진을 찾아가 찢어진 상처를 꿰맸다.

사이 코치의 훈련 방식이 열 살, 열한 살, 열두 살, 열세 살 아이들에게는 너무 심하다고 보는 사람도 있었지만, 이 모든 것은 사이 코치가 선택한 새로운 훈련법으로 아이들 특히 어린 소녀들을 가장 경쟁력 있게 훈련시키는 방법이었다. 사이 코치는 여자가 장거리 달리기를 하면 몸에 좋지 않다는 사람들의 오해를 뚫고 나가야 했다. 그는 노스요크 육상 클럽 어린 소녀들의 재능과 체력, 용기를 알았다. 그는 신문에 이 소녀들을 옹호하는 발언을 하고, 아마추어 체육 협회가 규정한 거리 제한과 최저 연령 제한의 한계를 돌파하려는 시도를 거듭했다. 경기 출전을 앞둔 소녀들에게 혹독한 훈련 일정을 소화하도록 했다. 그런데 그 과정에서 아이들은 부상을 입기도 했다.

사이 코치가 높은 기준의 훈련법을 고집하게 된 데는 토론토 지역에서 활동하는 경륜 있는 코치, 로이드 퍼시벌의 영향이 컸다. 그는 코치로서 돈밀스 육상 클럽과 훌륭한 달리기 선수(노스요크 육상 클럽의 소녀들과 경기장에서 자주 대결을 펼쳤던 선수) 로베르타 피코의 훈련을 맡고 있었다.

로이드가 모린의 활약을 접한 즈음, 그는 이미 오십 대였다. 모린은 여러 경기장에서 안경을 쓴 이 코치를 만나 인사를 한 적이 있었다. 노스요크와 돈밀스는 경기장에서 경쟁이 붙을 때가 많아, 코치들끼리도 선수들끼리도 인사를 주고받는 사이였다.

그런데 로이드는 일반적인 코치가 아니었다. 그는 스포츠 발전을 위해 활약하는 '피트니스 연구소' 창립자이자 이사였다. 그는 아주 오래전부터 여자 달리기를 공공연하게 옹호하고 아마추어 체육 협회의 규정을 날카롭게 비판했다. 브렌다와 모린이 14세 최저 연령 제한 때문에 이런저런 경기에 출전 금지를 당하자, 로이드는 목소리를 높였다. "아마추어 체육 협회의 나이 제한은 완전히 무지한 견해에서 나온 것이다." 그는 당시의 아마추어 체육 협회 관계자들이 품은 우려에 맞서서 이렇게 말했다. "의학적으로 볼 때, 기본적으로 몸이 허약한 아이가 아니라면 달리기가 어린이의 심장이나 내부 장기에 나쁜 영향을 준다는 것은 아무런 근거가 없다."

그는 어릴 적부터 스포츠와 훈련 기법에 관심을 쏟으며 중요한 발언을 해 온 훌륭한 인물이었다.

로이드는 십 대 때부터 복싱, 농구, 하키, 야구, 테니스, 육상 등 많은 스포츠를 했고 기량도 뛰어났다. 어찌나 기량이 특출했는지, 열여섯 살에 캐나다 오픈 주니어 테니스 대회 결승전까지 올랐다. 로이드는 이 결승전에서 우승을 확신했다. 상대는 미국 최고의 주니어 테니스 선수였다. 로이드는 상대보다 힘이 넘쳤고 빠른 데다 체력도 더 좋았다. 하지만 그는 결승전에서 지고 말았다. 로이드로서는 기가 막힐 일이었다. 경기가 끝난 뒤에 그는 상대의 코치에게 물었다. "어떻게 이런 일이 있을 수 있죠?" 그 코치는 대답했다. "코칭 덕분이지." 이 말은 그의 인생 경로를 바꿔 놓았다.

어른이 된 로이드는 다양한 스포츠, 특히 하키와 육상 선수들의 코치로 활약했다. 당시 육상계에는 선수의 기량을 최고로 만드는 통일된 방법론은커녕 그 비슷한 것도 없었다. 코치들이 아는 것은 이런저런 전통과 의견 들의 잡탕이었다. 선수들이 무얼 먹고, 어떻게 워밍업을 해야 하는지 전혀 관심이 없었다. 새로운 기법을 습득할 수 있는 체계적인 훈련에 대한 관심도 없었다. 로이드는 이 모든 영역에서 코치의 세밀한 조정이 필요하다고 보았다. 코치가 미세하게 조정하면 최고 기량의 선수를 키울 수 있다고 보았다.

로이드는 먼저 캐나다와 미국의 육상 코치들이 지금까지 써온 훈련 방법을 연구해야겠다고 마음먹었다. 그는 여러 코치들에게 설문지를 보내 선수를 어떻게 훈련시키는지 물었다. 예전에는 시행된 적이 없는 기발한 자료 수집 방법이었다. 로이드는 이런 정보를 모으고 공유하면 스포츠의 성장에 도움이 될 뿐 아니라, 캐나다 육상을 세계적인 수준으로 끌어올릴 거라고 생각했다.

로이드는 한 걸음 더 나아갔다. 첫 설문 조사를 한 때로부터 몇 년 뒤 시범 육상 선수 그룹을 꾸린 뒤, 여러 가지 식이 요법과 훈련 기법이 선수들의 기량에 어떤 영향을 미치는가에 대한 연구를 진행했다.

그가 선수들을 관찰해서 확인한 중요한 사실 중 하나가 선수들이 먹는 음식이 기량에 영향을 미친다는 것이었다. 그가 선수들에게는 권하는 음식은 비타민C 섭취를 위한 요구르트와 오렌지 그리고 철분 섭취를 위한 말린 무화과였다. 또 그는 캐나다 육상 수준을 최고로 끌어올리기 위해 두 가지 훈련 기법을 창안했다. 파르틀레크(또는 파틀렉. 속도를 변화시키며 하는 달리기. 스웨덴어로 '스피드 플레이'라는 뜻이다)와 인터벌 훈련이었다. 인터벌 훈련은 짧은 거리를 빠른 속도로 뛰고 나서 잠깐 쉬는 방식을 반복하는 훈련이다.

트랙에서 연습할 때 인터벌 훈련에 주력하는 사이 코치 훈련법은 로이드의 연구를 바탕으로 한 것이었다. 이보다 더 중요한 것은, 로이드가 캐나다 여성들의 잠재력을 알아보고 그들을 세계 무대의 강력한 경쟁자로 육성시킬 기회를 열어 주려고 했다는 점이다.

로이드가 이 연구를 시작했을 때, 아마추어 체육 협회는 달리기는 '남자만이 하는' 운동이라고 믿었다. 다른 말로 하면 달리기는 여자들이 해서는 안 되는 운동이었다. 이 문제에 도전하기 위해 로이드는 다양한 각도에서 여러 가지 시도를 했다. 왜 여자들이 달리기를 해야 하는가에 대해 글을 쓰고 여자들이 달릴 수 있는 클럽을 만들고 달리기 할 여자들을 선발하고, 여자들이 경기할 기회를 넓혀 주기 위해 직접 달리기 대회를 주최했다. 또 체육 협회가 여자들이 해도 되겠다고 믿는 달리기 종목 특히 장거리 달리기 종목을 늘리도록 유도하기 위해 여러 가지 행사를 기획했다. 사람들이 반대 의견을 내놓으면, 그는 시범 육상 그룹 연구에서 얻은 자료를 바탕으로 과학적인 근거를 제시했다.

로이드가 학생 육상 팀에 있던 로베르타 피코의 코치를 맡기로 결심했을 때가 1964년으로, 이때 이미 몇 차례나 코치직에서 은퇴한 이력이 있었다. 그는 스포츠 기량을 향상시킬 목적으로 『하키 잘 하는 법』, 『농구 잘 하는 법』, 『최고의 육상 선수가 되는 법』 등의 책까지 쓰면서 자신의 이론을 전국의 선수들을 대상으로 시범 지도한 경력이 있었다.

로베르타는 키가 크고 체력이 강한 데다 로이드의 코치까지 받은 덕에 무적의 기량을 뽐냈다.

사이 코치는 로이드의 코치 방법과 그가 수십 년 동안 진행해 온 연구 덕을 톡톡히 보았을 뿐 아니라, 기존 규정의 한계를 넘어서기 위해 로이드의 본보기를 따르며 선수들의 기량을 향상시켰다. 사이 코치의 훈련을 소화한 덕에, 브렌다와 모린은 빨리 달릴 수 있었다. 그러나 로베르타는 언제나 이들보다 더 빨리 달렸다.

로베르타는 열 살 때 이탈리아에서 캐나다로 이민을 왔다. 아버지가 먼저 캐나다 태평양 철도에 일자리를 얻자, 4년 뒤에 어머니와 함께 캐나다로 왔다. 로베르타 가족은 이탈리아 사람들이 모여 사는 동네에 정착했다. 로베르타는 언어 장벽 때문에 학교에서 아이들과 제대로 어울릴 수가 없었다.

이 전학생 소녀에게는 한 가지 재능이 있었다. 몸이 아주 빨랐다. 쉬는 시간이면 남학생들과 어울려 술래잡기를 했다. 이 놀이를 몇 번 해 본 뒤에 아이는 곧바로 자신이 달리기에 재능이 있고 가장 재미있는 게 달리기라는 걸 알게 되었다.

로베르타는 열다섯 살 때 돈밀스 육상 클럽에서 훈련을 시작했다. 로이드는 그를 혹독하게 훈련시켰다. 그런데 모린과 캐럴의 경우처럼, 달리기 덕분에 로베르타는 경기에서의 우승 말고도 좋은 기회를 누릴 수 있었다. 달리기 클럽에서 만난 아이들과 친구가 되었다. 대회에 참가하기 위해 여행할 때면 캐나다 전국에서 모인 선수들과 친구가 되었고, 여행을 하면서 캐나다 음식을 먹었다. 돈밀스 육상 클럽 회원들이 함께 여행을 할 때면 그의 곁에는 캐나다 팀원들이 있었다. 운동을 하는 친구들 속에 섞이면서, 그는 캐나다에 오고 나서 처음으로 자신이 이민자가 아니라 캐나다 사람이라는 느낌을 받았다.

달리기 덕분에 로베르타는 공동체를 찾게 되었지만, 그의 달리기가 집에서는 말썽거리 취급을 받았다. 부모는 로베르타가 달리는 걸 반가워하지 않았고, 훈련장까지 태워다 주지도 않았다. 그래서 훈련장에 가는 데만 한 시간 반이 걸렸다. 학교와 달리기 클럽에 갈 수 있는 시간 여유가 있다는 게 다였다. 하지만 로이드의 훈련 프로그램을 열심히 따라한 덕에 로베르타는 큰 보상을 받았다. 토론토뿐 아니라 캐나다에서 손꼽히는 강력한 주자로 빠르게 부상한 것이다. 로베르타는 집으로 가져간 메달과 트로피를 소중히 여겼다. 이 상들은 자신이 애쓴 노력의 결과일 뿐 아니라 달리기 세계에서 따뜻한 환영을 받고 있다는 증거였다.

· · · · ·

로베르타의 집에서 몇 킬로미터 거리에 있는 모린의 집, 모린이 날마다 잠드는 방 안에도 트로피가 잔뜩 세워져 있었다. 그 작은 방의 옅은 보라색 페인트가 칠해진 사방 벽에는 모린의 부모가 높직하게 매단 선반이 있었다. 이 높은 선반 위에는 여러 가지 모양의 받침대 위에 달리는 사람을 형상화한 작은 조형물(대부분 남자 형상이고 여자 형상은 얼마 없었다)이 얹혀 있는 트로피가 점점 더 늘어갔다. 이 트로피 받침대에는 대개 작은 금색 직사각형 명판에 경기를 한 연도와 장소가 새겨져 있었다.

이렇게 점점 늘어가는 트로피들은 달리기가 모린에게 얼마나 중요한 것이고, 그가 얼마나 훌륭한 기량을 발휘했는지를 한눈에 보여 주는 상징이었다. 모린은 캐나다 서부의 밴쿠버에서 동부의 오타와까지 캐나다 이곳저곳에서 열린 대회는 물론이고 미국 동부에서 열린 대회에서도 트로피를 탔다. 모린의 이름은 주말마다 거의 거르지 않고 지역 신문에 실렸고, 달리기에 쏟는 모린의 노력에 대한 이야기는 노스요크 육상 협회를 넘어 여러 달리기 커뮤니티로 퍼져 나갔다. 기사에서 모린은 "꼬마 모린"이나 "귀여운 꼬마 모린 월턴" 또는 "용감한 모린"이라고 불렸다. 같은 팀원들 사이에서는 "마이티(막강한) 모"로 통했는데, 모린은 이 별명을 가장 좋아했다.

모린은 훈련이 힘들긴 했지만, 훈련을 하면서 보람을 느꼈다. 앞으로도 아무런 제약 없이 자신의 기량을 키워 갈 수 있을 거라는 확신이 있었기 때문에, 모린은 훈련이 혹독해질수록 더더욱 보람을 느꼈다.

11

여자 달리기,
유년기에서 청소년기로

모린의 경력에 꽃이 필 즈음, 북미 전역에서도 여자 달리기가 꽃을 피웠다. 미국에서는 전국 각지 이 마을 저 마을에서 달리기 클럽이 들꽃처럼 돋아났다.

1966년에는 인디애나, 플로리다, 뉴욕 중부, 펜실베이니아를 비롯한 여러 곳에서 처음으로 여자 크로스컨트리 경기가 열렸다. 일부 지역에 여자 달리기 클럽은 있었지만 여자 육상 경기를 개최하는 곳은 드물었다. 하지만 상황이 바뀌기 시작했다. 뉴욕과 미시간주에서는 여자들이 일 년 내내 바쁘게 뛰어다닐 만큼 많은 육상 클럽과 육상 경기가 열렸다.

학교 근무가 끝난 뒤 시간을 쪼개 연습을 지휘하려는 의욕적인 코치들이 전국 곳곳에서 경기에 출전하고 싶어 하는 열정적

1부 · 리본

인 소녀들을 모집하기 시작했다.

이런 소녀들은 어렵지 않게 찾을 수 있었다.

딕 비스트는 1965년, 미시간주 디트로이트 남부의 한 체육관에서 일곱 살 전후의 여자아이들을 모아 실내 달리기를 시작했다. 여자아이들은 군이 등록 신청을 하고 클럽 가입 심사를 받을 필요가 없었다. 곧바로 체육관에 나오면 그만이었다.

그러나 일단 아이들이 체육관을 찾아오면, 비스트는 아이들이 계속 참석하게끔 확신을 심어 주기 위해 온갖 노력을 기울였다. 그는 자신이 개최한 소규모 달리기 대회에서 열네 살 소녀 재키 포드를 눈여겨보았다. 그리고 그의 집을 찾아가 문을 두드렸다.

재키가 문을 열자, 비스트는 다짜고짜 질문을 던졌다.

"미시간주에서 열리는 달리기 경기에 나가 보지 않을래?"

경기 출전을 마다할 리 없는 재키는 부모의 반대를 무릅쓰고 비스트의 제안을 받아들였다. 재키는 비스트의 훈련을 받으면서 '링컨파크 파케트 클럽'의 창립 멤버가 되었다. 재키의 눈에는 한 주가 지날 때마다 클럽 회원이 두 배로 느는 것 같았다. 이 클럽은 일곱 살부터 열여덟 살까지 소녀 육십 명의 클럽으로 성장했다.

비스트는 재키를 비롯한 팀원들을 진지하게 대했다. 재키는 이제껏 이런 대우를 받아 본 적이 없었다. 비스트는 엄격했고, 소녀들이 자발적으로 지칠 때까지 연습하도록 격려했다. 연습 중에 그는 "오늘 너희가 절대로 하고 싶지 않은 게 뭐지?"라고 외치곤 했다.

"전력 질주요." 꾀를 낼 줄 모르는 소녀들은 이렇게 대답하곤
했다.

비스트는 다시 외쳤다. "자, 출발선으로! 목숨이 달렸다고 생
각하고 최대한 빠른 속도로 1.6킬로미터 달려."

그는 연습 중에는 소녀들이 여성스럽거나 조신해 보이는지
아닌지 따위에는 전혀 신경 쓰지 않았다. 그는 소녀들에게 게걸
음 연습을 시켰다. 소녀들은 드문드문 바위가 박힌 흙길 언덕에
서 두 손과 두 다리로 몸무게를 지탱하고 배를 하늘로 향한 채
걸어야 했다. 다른 사람을 등에 업고 트랙에서 400미터를 왕복
하는 연습도 시켰다. 그리고 틈만 나면 "푸시 업 자세!"라고 소
리치곤 했다.

소녀들은 양손과 양발을 땅에 대고 등을 곧게 편 자세로 한
참 동안 버텨야 했다.

"누가 제일 먼저 포기하나 보자." 비스트는 소녀들이 가진 힘
을 모두 다 짜내기를 바랐다. 소녀들을 강하게 만들고 싶었다.

재키는 이곳에서 보내는 한순간 한순간이 모두 즐거웠다. 이
곳에선 누구도 자신을 인형처럼 대하지 않았다. 이곳 트랙에는
몸이 땀에 젖는 것쯤은 대수롭지 않게 여기고 뭔가를 이뤄내고
싶어 하는 어린 소녀들과 코치가 있었다. 집에는 이처럼 응원해
주는 사람들이 없었다. 재키는 숙모에게서 "다음에 어른이 되
면 그 메달들을 가지고 무얼 할 계획이냐?"라는 질문을 받기도
했다. 재키의 아버지는 딸에게 운동장을 쳇바퀴 돌듯 달리는

건 어리석은 짓이라고 말했다.

비스트는 자신의 지도 방식에 대해 시비를 거는 사람들이 나타날 거라는 걸 알았다. 그는 경기 때마다 소녀들에게 경기가 아무리 고통스럽더라도 결승선을 넘을 때만큼은 반드시 미소를 지으라고 말했다. 그는 파케트 클럽 소녀들에게 신문 기자들이 몰려들 때는 품위 있고 조신한 태도로 대답하라고 일러두었다. 그의 계획은 착착 맞아떨어졌다. 재키를 비롯한 파케트 클럽 소녀들이 전국 대회에서 우승을 하기 시작했다.

언론의 주목을 끌기 위해 겉모양에 더 많은 노력을 기울인 육상 클럽도 있었다. 텍사스주 애빌린에서는 비서 출신 마거릿 엘리슨이 '텍사스 육상 클럽'을 설립했다. 마거릿은 붉은 금발을 단장하고 대단한 자존심을 과시하며 달리기를 하는 여성이었다. 『스포츠 일러스트레이티드』 소속의 유명한 작가 길버트 로긴은 이 클럽을 찾아 텍사스까지 갔다.

로긴은 이렇게 썼다. "텍사스 육상 클럽이 유명해진 이유는 두 가지, 즉 여성 단원들의 운동 실력과 독특한 미모였다. 이들은 경기 때마다 화려한 유니폼과 공들인 화장, 우아한 머리 모양을 하고 나타났다. 모두들 한껏 부풀리거나 머리끝을 뒤집어 올린 머리 모양을 했는데, 이런 머리 모양은 공기 역학적으로 바람직하지 않은 것이거나 허드슨강 동쪽에서라면 '자격 박탈' 감일지도 모른다. 그러나 육상 경기에 등장한 이런 머리 모양은 일대 선풍을 일으켰다."

1964년 4월 20일 『스포츠 일러스트레이티드』 잡지 표지에는 이 클럽 소속 단원 세 명의 사진이 실렸다. 모두 풍성하게 부풀린 머리 모양을 하고 입술에는 반짝이는 붉은 립스틱을 바른 모습이었다. 이들은『스포츠 일러스트레이티드』역사상 최초로 표지 인물로 선정된 여자 육상 선수들이었다.

진짜 운동선수라기보다는 관능미를 뽐내는 모델 팀처럼 보이는 이 클럽이 전국적인 주목을 끌었다는 사실은 다른 여자 육상 선수들에게 깊은 마음의 상처를 입혔다.

이들은 이 기사를 읽고 크게 격분했다. 한 대목만 소개하겠다.

어떤 의미에서, 텍사스 육상 클럽은 미국 여자 육상의 존재를 알리는 데 크게 기여한다. 미국 아마추어 체육 협회 경기에서 이 클럽의 소속 단원이 1위를 차지했다고 해도 이만큼 전국적인 관심을 끌지는 못했을 것이다. (실제로 이들의 성적은 지난해 400미터 계주에서 3위, 200미터 낮은 허들에서는 6위, 200미터 달리기에서 6위로, 종합 12위에 그쳤다.) 미국 소녀들은 대체로 열 살이 넘으면 달리기에 흥미를 보이지 않는다. 달리기는 거칠고 과격한 운동이다. 미국 소년들은 대개 스포츠에 열중하는 소녀들에게 흥미를 보이지 않는다. 또 스포츠에 열중하는 여자들은 올리브 오일(만화 「뽀빠이」의 여자 주인공)이나 턱보트 애니 (1933년 미국 영화 「턱보트 애니Tugboat Annie」는 예인선을 운행하는 중년 부부의 생활을 다룬 코믹 영화인데, 예인선 선장 역을 맡은 여주인공 애니는 성미가 고약한 인물로 그려진다 - 옮긴이)랑 비슷하다는 통념을 따라간다. 하지만 텍사스 육상 클럽은 여자들도 아름다움을 유지하면서 10.9초에 100미터를 뜀 수 있다는 걸 보여 준다. 이처럼 유쾌한 파격 덕분에 이 단원들은 크게 호평을 받고 있다.

여자 선수들과 코치들은 분명히 알았겠지만, 전국적으로 여자 육상의 열기를 퍼뜨린 요인은 미모가 아니었다. 진지한 실력 대결이었다.

미국 전역에서 여자 육상 경기 참석자 수는 상승일로를 달렸다. 한 대회에 여자 선수가 십여 명 참가하는 정도가 아니었다. 캘리포니아에서 열린 지역 대회에는 300여 명의 여성이 참가했다. 몇 년 전과 비교하면 대단히 가파른 성장세였다. 세인트루이스의 '오자크 육상 클럽' 코치 밥 하이튼은 1966년을 기점으로 "여자 크로스컨트리는 유년기에서 청소년기로 넘어갔다"고 단언했다.

이러한 성장의 일환으로, 여자 육상 경기를 전문으로 다루는 잡지 『신더벨: 여자 육상 경기의 소식과 견해』가 탄생했다.

잡지의 표지는 문자를 구불구불하게 새겨 넣고 크림 느낌의 오렌지색으로 바탕을 채웠다. 이 잡지에서 소녀들은 출전할 경기에 대한 정보를 얻었고 코치들은 훈련 방법을 비교할 수 있었다. 또 연령과 성별, 능력을 불문하고 어떤 독자라도 변함없이 지속되는 불평등에 대한 항의와 반론을 잡지에 투고할 수 있었다.

항의와 반론을 담은 글은 대부분 미국 아마추어 체육 협회를 직접 겨냥했다. 이 조직은 미국 전역의 육상 경기를 조직하는 책임을 맡고 있는 비대한 조직으로 그 구성원은 대부분 남자였다.

1966년, 허브 스토크먼이라는 사람이 아마추어 체육 협회를 혹평하는 장문의 서한을 공개했다. 그는 '소녀 육상 그룹Girls Age Group Track and Field'의 회장이었다. 그 단체의 설립 취지는 나이 어린 소녀들이 참가할 수 있도록 경기 거리와 연령 제한과 관련된 규정을 정비하고 개선하는 것이었다. 그는 13세 이하 소녀들이 1.6킬로미터 경기에 참가할 수 있도록 허락해 줄 것을 권고했다. 그의 서한에는 몇몇 동료들과 격렬한 언쟁을 벌였던 회의 내용도 있었다.

"앨빈 로이드가 하와이에서 열린 위원회 회의장에서 일어나더니, 자기는 캘리포니아에서 개최되는 크로스컨트리 경기 결승선에 서 있다가 '입에 거품을 물고 쓰러지는' 어린 소녀들을 숱하게 보았으며, 이런 종류의 달리기는 어린 소녀들에게 좋지 않다고 말했다."

"앨빈 로이드는 대관절 누구인가?" 서한은 계속된다.

"그가 코치인가? 아니다. 어린 육상 선수의 부모인가? 아니다. 어린 운동선수의 생리학에 정통한 권위자인가? 아니다."

그런데도 아마추어 체육 협회는 앨빈의 의견을 받아들이고 허브를 쫓아냈다.

하지만 여자 달리기의 불모지였던 지역에서 클럽이 속속 생겨났다. 이 클럽들이 육상 대회를 개최하면 지역 신문은 그 대회를 취재했다. 사람들의 관심은 점점 더 높아졌고 달리기에 뛰어드는 여자들이 점점 더 늘어났으며 대회 규모는 점점 더 커졌다. 여자들은 더 빠른 속도로, 더 먼 거리를 뛰기 위해 서로 실력을 겨루었다. 경기 기록은 빠른 속도로 갱신되다가 벽에 부딪혔다. 여자들의 잠재력을 제한하는 장벽은 결코 달리기 속도가 아니었다. 여자들의 장거리 달리기를 가로막는 것은 오래전에 자의적으로 만들어진 규정이었다. 여자 선수들과 코치들은 이제껏 여자들에게 단 한 번도 허용되지 않았던 일들, 아니 여전히 허용되지 않는 일들을 하면서 그 경계를 시험하고 있었다. 그들은 새로운 장소와 새로운 경기 그리고 더 먼 거리를 달리기 위해 한 걸음 한 걸음 발을 내디뎠다. 마치 지상 관제소의 도움 없이 달 탐사선을 타고 우주를 날아가는 형국이었다.

그 소녀들 가운데 아무도 가 본 적 없는 달에 가장 가까이 다가간 한 소녀의 이름이 전국의 클럽들로 퍼져 나가기 시작했다.

"너희는 이 정도로 달리고 싶지 않아?" 딕 비스트는 재키 포드와 파케트 클럽 소녀들에게 묻곤 했다. "어린 모린 윌턴이 어제 4킬로미터를 달렸다던데. 너흰 오늘 어쩔 거야?"

12

모린, 장거리 선수의
희망을 보여 주다

토론토에서 가장 큰 공원 하이파크는 4월 초순이면 예쁜 모습으로 단장한다. 깔끔하게 손질된 보도 위로 새잎이 돋아난 나뭇가지들이 늘어진다. 그 아래를 지나다 보면 마치 짙은 녹색 터널 속을 거니는 듯한 느낌을 받는다. 겨울이 거의 끝나가지만, 차가운 바람은 아직도 새로 난 잎들을 헤치고 내달려 방대한 온타리오호를 남쪽으로 밀어낼 듯 휘몰아친다.

몇 주만 지나면 하이파크에서는 눈부신 장관이 펼쳐진다. 1959년에 캐나다 주재 일본 대사가 토론토에 벚나무 2,000그루를 선물했다. 이 벚나무들은 하이파크 한복판을 가로지르는 길에 뿌리를 내렸다. 벚나무들은 일 년 중 11개월 보름 동안은 다른 나무들과 똑같아 보인다. 충분한 양의 햇빛과 습도, 온도가 나뭇가지로 스며들면, 일 년에 딱 2주일 동안 벚나무 가지에서는 흰빛과 연분홍빛 벚꽃 수천 송이가 피어난다. 마치 불꽃놀이의 한 장면이 일시 정지된 듯한 장관이다.

이 장관은 대개 5월 첫 주쯤 펼쳐진다.

1967년 4월 15일, '토론토 봄 길 달리기 대회'가 시작될 시간에 사이 코치는 한 벚나무 옆에 서 있었다. 가지에 맺힌 우둘투둘 꽃눈이 작은 연록색 꽃망울을 품고 있었다.

캐나다 최고의 달리기 선수들이 기량을 뽐내는 다양한 경기가 펼쳐진 지난 주말에도 사이 코치는 이곳에 있었다. 그날 아침에는 남자 선수들이 16킬로미터 코스를 달렸다.

사이 코치는 모린을 여자 2.4킬로미터 경기 참가자로 등록했다.

경기 전략 면에서 보자면, 2.4킬로미터는 달리기에 아주 까다로운 거리다. 더 짧은 거리는 단거리 선수에게 유리하고 더 먼 거리는 지구력이 좋은 선수에게 유리한데, 2.4킬로미터는 그 사이의 어중간한 거리다.

단거리 선수는 함께 뛰는 모든 사람이 전력 질주하길 바란다. 자신이 모든 선수를 제치고 앞서 달려 우승자가 될 거라는 자신감이 있기 때문이다. 장거리 선수는 더 잔혹하다. 장거리 선수는 함께 뛰는 모든 사람이 경기 초반에 전력 질주를 해서 막바지에는 죽을 것 같은 고통을 느끼기를 바란다. 승자는 자신이 그 누구보다 더 거뜬히 고통을 견뎌 낼 수 있다는 걸 안다.

사이 코치는 나무 곁에 서서 출발선 지점을 훑어보았다. 이 지역에서 손꼽히는 장거리 선수 한 명이 있고 바로 그 옆에는 이 지역에서 손꼽히는 단거리 선수 한 명이 서 있었다. 그 두 사람 바로 옆에 모린이 서 있었다. 사이 코치는 모린이 제대로 해낼 수 있기를 바랐다.

이번 경기는 아슬아슬한 전략 테스트가 될 것이다.

· · · · · ·

같은 실수만 하지 않으면 된다. 같은 실수를 되풀이하지 말자. 모린은 속으로 생각했다.

소녀는 다리를 풀면서 공원 안쪽 풀밭 너머를 주시했다. 로베르타 피코가 몸을 푸는 모습이 보였다. 로베르타는 우아하고 자신감 넘치는 보폭이 돋보일 뿐 아니라, 그 다리가 영원히 달리도록 뒷받침하는 튼튼한 폐를 가졌다. 로베르타는 단거리 선수만큼 속도를 낼 수 있는 장거리 선수였다. 이런 막강한 능력을 겸비한 덕분에 로베르타는 처음부터 선두를 치고 나가 끝까지 선두를 빼앗기는 법이 거의 없었다. 예전에 치른 몇 차례의 경기에서, 모린은 로베르타보다 훨씬 뒤처져서 달리는 바람에 로베르타가 결승선을 넘는 것조차 보질 못했다.

모린은 '토론토 스트라이더스 클럽' 소속의 막강한 단거리 선수 캐시 그리피스도 눈여겨보았다. 캐시는 지구력보다 속도가 훨씬 중요한 400미터 경기와 800미터 경기를 아주 잘했다. 모린은 경기 초반에는 캐시를 따라갈 수 있었지만, 가슴이 터질 듯 고통스러운 급가속 구간에서는 충분히 속도를 낼 수 없었다.

모린은 두 사람을 이겨 본 적이 없었다.

이번에는 간격을 줄일 수 있을까? 로베르타가 무적의 속도로 결승선을 향해 총알처럼 날아가는 모습을 볼 수라도 있으려나? 못 할 것도 없지. 모린은 생각했다. 지난번 같은 실수를 하지만 않는다면 말이야.

2주 전의 일이었다. 10분 거리에 있는 다른 공원에서 토론토 지역의 '글래드스톤 애슬레틱 클럽'이 도로 달리기 대회를 열었다. 거리는 똑같이 2.4킬로미터였다. 그때도 캐시와 로베르타가 최강의 경쟁 상대였다. 출발 신호가 울리자, 로베르타는 모든 선수를 제치고 선두로 치고 나가면서 그 페이스를 계속 유지했다. 모린은 가슴이 아렸다. 모린은 캐시를 제치고 로베르타를 바짝 따라가려고 애를 썼다. 출발 직후에는 아주 빠른 속도로 달렸지만, 마지막에는 그 속도를 유지할 수 없었다. 로베르타는 7분 49초로 1위를 했고, 캐시가 7분 55초로 2위를 했다. 모린은 한참 뒤처져서 8분 5초로 3위를 했다. 3위만 해도 대단한 성과였다. 신문 기사에 이름이 실릴 정도였으니까. 하지만 모린은 자신이 더 잘 뛸 수 있다는 걸 알았다.

'토론토 봄 길 달리기 대회' 출발선에 선 모린에게는 계획이 있었다. 로베르타가 출발선에서부터 총알처럼 빠른 속도로 달려 나가고 캐시가 그 뒤를 쫓아 달린다면, 그들이 앞서 가게 내버려 둘 작정이었다. 소녀는 그들을 제치고 나갈 기회를 노리기로 했다. 로베르타와 캐시가 선두를 다투면서 진을 뺄 때 두 사람을 끈질기게 따라 뛸 작정이었다. 이번 재대결에서는 후반에 두 사람을 추월한다는 게 모린의 작전이었다.

• • • • •

신호총이 울리고, 두 소녀가 번개처럼 앞으로 달려 나갔다. 사이 코치의 눈에는 모린을 훌쩍 따돌리고 월등히 빠른 속도로 달리는 로베르타와 캐시의 모습이 들어왔다. 앞질러 달리는 두 선수와 모린 사이의 간격이 점점 벌어지기 시작했다. 10미터가 20미터가 되고 40미터가 되었다.

'모린이 왜 저러지? 피곤한 건가? 오늘은 영 컨디션이 안 좋은가 보네.'

소녀들이 모퉁이를 돌아 시야에서 사라졌다. 어떤 코치라도 자신의 선수가 처지는 걸 보면 자연히 전술 문제를 고민하게 된다. '다른 방식의 훈련이 필요한 걸까? 훈련 거리가 너무 길어서 그런가? 아니면 너무 짧아서? 과연 저 애가 저 막강한 경쟁자들과 같은 수준까지 발전할 수 있을까?'

6분쯤 지났을까, 사이 코치는 멀리서 비명이 울리는 걸 들었다. 선수들이 반환점을 돌아 다시 시야로 들어올 시간이 다가왔다. 사이 코치는 시계를 확인했다. 경기는 막바지로 치달았다. 코스를 따라 점점 다가오는 외침 소리로 미루어 보면 몇 초 안 남았다. 이번에도 역시 캐시와 로베르타가 각축을 벌이겠지.

"저 꼬마 좀 봐!" 누군가가 소리쳤다.

벚꽃 망울을 품은 나뭇가지가 늘어진 도로 위에 작고 유연한 소녀 하나가 나타났다. 모린과 로베르타가 어깨를 나란히 한 채 결승선을 향해 내달렸다.

모린은 미리 구상했던 계획을 완벽하게 실행에 옮겼다. 1.2킬로미터까지는 캐시와 로베르타가 선두를 다투며 속도를 올리도록 내버려 두었다. 그러다가 마음을 굳게 먹고 속도를 내기 시작했다. 1.6킬로미터를 지나면서 캐시를 추월했다. 두 눈을 로베르타의 짧고 검은 머리에 고정했다. 한 발 한 발 내디딜 때마다 점점 더 가까워졌다. 이제 모린의 눈에는 검은 머리 가닥은 더이상 보이지 않고 나무와 길 그리고 저만큼 결승선이 보였다.

마지막 직선 구간에 이르자 빠르게 회전하는 팔다리와 헐떡이는 숨소리, 젖산이 쌓여 경련을 일으키는 근육만이 도드라졌고, 놀란 군중들 사이에서는 환호성이 솟아올랐다. 모린이 캐나다의 육상 챔피언 로베르타 피코를 이렇게 따라잡다니 있을 수 없는 일이었다.

"저 꼬마가 이긴 거요?" 1.6킬로미터 표시 지점에 있던 심판이 가쁜 숨을 몰아쉬며 결승선으로 뛰어 들어오면서 물었다. "나는 그 애가 틀림없이 이길 거라고 생각했어요. 엄청나게 잘 달리던데요."

하지만 모린은 이기지 못했다. 로베르타와 기록 차이는 1.3초, 조금만 빨랐다면 모린이 이길 수 있었다.

기자들이 모여들어 이번 경기에 대한 생각을 물었을 때, 사이 코치는 모린이 졌다는 말을 입에 올리지 않았다. 그는 이번 경기를 패배로 보지 않았다. 이번 경기를 모린이 컨디션만 좋으면 놀라운 위력을 발휘할 수 있다는 증거로 보았다.

그는 기자들에게 "여자 마라톤 경기가 있었으면 좋겠다. 모린 의 지구력에는 한계가 없는 것 같다"라고 말했다.

벚꽃이 피려면 몇 주 더 지나야 했다.

토론토에서 처음 살았던 집에서 오빠 고드(왼쪽), 모린(가운데) 댄 (오른쪽)

모린이 도호 쉼터에 서 있다. 오두막은 한참 뒤에 지었다.

모린의 세 번째 생일

왼쪽부터 모린, 브렌다 마, 캐럴 해드럴

노랑색과 진홍색이 섞인 노스요크 육상 클럽 유니폼을 입은 모린

노스요크 육상 클럽의 소녀들은 아주 빠르게 북미에서 손꼽히는 육상 팀이 되었다.
왼쪽부터 조앤 로, 브렌다 마, 모린, 에바 반 바우, 데비 워랄

노스요크 팀 동료들이 캐나다 크로스컨트리 대회에 참가하기 위해 밴쿠버 행 비행기에 오르기 직전에 포즈를 취하고 있다.

노스요크 육상 클럽은 캐나다와 미국 크로스컨트리 대회에서 단체상을 받았다.
뒷줄 왼쪽부터 캐럴, 실라, 브렌다. 첫줄 왼쪽부터 모린, 조앤

모린이 자신보다 너덧 살 많은 고등학생 존 페너와 나란히 달린다.

딸의 달리기를 열심히 후원한 모린의 부모

월턴 가족이 보관하고 있는 동영상에서 캡처한 화면. 모린이 어느 경기에서 일등으로 결승선을 넘는다(위).
팀 동료 브렌다가 트로피를 안고 모린을 축하한다(아래).

여러 경기 모습이다. 맨 위 사진에서는 배번
55를 단 소녀가 모린이다. 가운데 출발선 사
진에서는 오른쪽에서 세 번째, 가장 낮은 자
세를 취하고 있는 소녀가 모린이다.

모린과 팀 동료들이 1966년 어느 경기에 참가해서 딴 상들을 앞에 놓고 포즈를 취하고 있다.

모린이 탄 상은 리본 몇 개만이 아니었다. 트로피가 빠르게 늘었다.

MIGHTY
MOE

2부　경기

13

마라톤이 뭐예요?

"너 마라톤 하고 싶니?" 사이 코치가 얼헤이그 트랙 옆 잔디밭을 가로질러 오더니 연습을 마친 모린에게 이렇게 물었다. 이틀 전에 치른 경기에서 모린이 조금만 더 분발했다면 로베르타 피코를 이길 수도 있었다. 모린은 아직도 그 사실이 믿기지 않았다. 자신이 캐나다에서 손꼽히는 최강의 여자 장거리 선수와 막상막하로 겨루어 거의 우승할 뻔했다니.

"마라톤이 뭔데요?" 소녀가 다리를 쭉 뻗어 스트레칭을 하면서 물었다.

"장거리 달리기지." 코치가 대답했다.

"거리가 얼마나 되는데요?" 모린이 태연하게 물었다. 소녀는 이미 한번에 24킬로미터씩 달리는 훈련을 해낸 경험이 있었다.

소녀는 오래 달리기라면 자신이 있었다.

"42.195킬로미터야." 코치가 말했다.

보통 사람들은 마라톤 경기의 실제 거리가 얼마라는 이야기를 처음 들으면 바로 움찔한다. "42킬로미터?" 믿을 수 없다는 듯, 자신이 제대로 들은 건지 확인하려고 되묻는다. "그 정도면 내가 보통 때 하루 운전하는 거리보다 먼데." 이런 말을 덧붙이기도 한다. 맞는 말이다. 고속도로에서 주위 사물이 희미하게 보일 정도로 빠른 속도로 운전을 해도 42킬로미터를 가려면 약 30분이 걸린다. 만약 모린이 얼헤이그에서 남쪽 방향으로 달리기 시작하면, 토론토를 지나 온타리오호까지 달려도 42킬로미터의 절반도 안 된다.

하지만 모린은 그 거리를 듣고도 움찔하지 않았다.

"할게요." 소녀는 전혀 부담을 느끼지 않는 듯한 말투로 대답했다.

모린의 경기 일정을 잡는 일은 늘 사이 코치가 맡아 왔다. 사이 코치는 매주 준비해야 할 경기 일정을 모린에게 알려 주었다. 비행기로 이동해야 하는 전국 각지의 경기를 모린에게 추천해 주기도 했고, 직접 자동차를 운전해 모린을 수백 킬로미터 떨어진 경기장까지 데려다주기도 했다. 때로는 하루에 두 번이나 경기를 뛰도록 모린의 경기 일정을 잡기도 했다. 남자 선수들과 겨루는 경기는 물론이고 훨씬 나이가 많은 올림픽 국가 대표 유망주들과 겨루는 경기에까지 모린을 내보냈다. 그런 코치에게서 마라톤을 하고 싶으냐는 질문을 받는 건 예사로운 일이었다.

물론 마라톤은 만만치 않은 거리다. 모린이 이제껏 달려 본 거리보다 더 먼 거리였다. 하지만 어차피 경기일 뿐이었다. 결승선이 정해져 있는 경기, 사이 코치가 꿈꿔 온 또 다른 도전일 뿐이었다. 모린은 마라톤 대회 이름조차 묻지 않았다. 그만큼 사이 코치를 신임했다. 자신이 그 경기에 출전할 자격이 되느냐고 물어볼 생각조차 하지 않았다.

모린은 마라톤을 대수롭지 않은 일로 여겼다.

· · · · ·

전해 내려오는 이야기에 따르면, 최초의 마라톤을 탄생시킨 배경은 바로 전쟁이었다.

약 2,500년 전, 다리우스 1세라는 남자가 부아를 끓였다.

그는 오늘날의 터키에서 중국에 이르는 방대한 페르시아 제국의 지배자로 막강한 권력을 휘두르는데도 여러 가지 문제 때문에 속을 끓였다. 자신이 왕가의 직계 후손이 아니라는 것에 애를 태우다 결국 직계 후손을 살해했다. 그러다 제국 외곽 지역에서 반란의 조짐을 읽고 군대를 보내 반란을 진압했다. 그러던 중에 에게해 건너편에 있는, 자신의 제국보다 훨씬 작은 그리스가 이 반란을 지원했다는 사실을 알고 대노했다.

다리우스는 그리스를 무너뜨리기로 결심했다.

그는 두 제국 사이의 좁은 해역을 가로질러 가서 그리스를 무

2부 · 경기

너뜨리라는 명령을 내리고 2만 명의 병사를 배에 태워 보냈다. 무시무시한 페르시아 병력이 그리스의 마라톤 도시 인근에 상륙했다. 병력은 페르시아가 훨씬 우세했다. 병사 수만 따져도 그리스의 거의 두 배에 달했다. 그리스 장군 밀티아데스는 다리우스 군대를 막고 그리스 땅을 지키려면 지원군이 꼭 필요하다고 판단했다. 밀티아데스 장군은 마라톤에서 남쪽으로 약 250킬로미터 떨어진 곳에 있는 전설적인 전사 스파르타 군대에 도움을 청하기로 결심했다. 장군은 그 메시지를 전달할 방법을 찾았다. 한시라도 빨리 전달하는 게 중요했다. 구릉이 많고 좁은 흙길을 가장 빨리 가는 방법이 뭘까? 사람이 두 발로 달려가는 수밖에 없었다.

고대 역사학자들은 그리스 사신 페이디피데스가 험악한 지형을 달려 24시간 안에 이 거리를 주파했다고 주장한다. 그야말로 엄청난 지구력이다. 하지만 그의 임무는 여기서 끝나지 않았다. 페이디피데스는 스파르타 사람들을 만난 뒤 그들이 지원군을 보내지 않을 거라는 걸 알아챘다. 그들은 종교 축제를 즐기느라 여념이 없었다. 결국 페이디피데스는 실망스러운 결과를 알리기 위해 서둘러 마라톤을 향해 발길을 돌렸다.

하지만 그리스 사신의 여정은 필요하지 않았다. 그리스군은 이미 훨씬 적은 숫자로 페르시아군을 격파했다. 밀티아데스는 병사 192명을 잃었지만, 다리우스는 병사 6,400명을 잃었다.

이제는 아테네에서 걱정하고 있는 지도자들에게 영광스러운 승전 소식을 전하러 갈 사람이 필요했다. 약 40킬로미터 거리였다. 이전 임무를 수행하느라 지쳐 있던 페이디피데스에게 다시 새 임무가 맡겨졌다.

그가 임무를 수행하느라 얼마나 오래 달렸는지는 정확히 알려져 있지 않다. 하지만 대단히 고통스러운 여정이었던 것만은 틀림없다. 가장 괜찮은 경로를 택했다 해도 구릉을 오르내리며 그늘 한 점 없는 거리를 달려야 했을 것이다. 날씨 또한 찌는 듯이 더웠을 것이다. 자꾸만 주저앉으려는 몸을 추스르기 위해 끊임없이 마음속 전쟁을 벌였을 것이다. 그는 뒤틀리는 듯한 통증과 마비가 반복되는 근육을 억지로 움직여 앞으로 나아갔다. 그에게는 역사의 흐름을 바꿀 메시지를 전해야 할 사명이 있었다. 전하는 이야기에 따르면, 그는 비틀거리면서 목적지인 아크로폴리스에 들어가 "네니케카멘Nenikehkamen!"이라는 단어 하나를 간신히 내뱉었다.

"우리가 이겼다!"라는 고대 그리스어였다.

그 말을 뱉은 후 그는 쓰러져 숨을 거뒀다. 이 최초의 마라톤은 한 사람의 목숨을 앗아 갔다.

역사적 사실 여부를 떠나서(한 사람이 짧은 기간 동안에 세 차례 질주로 540여 킬로미터를 달렸다는 건 있을 법한 이야기가 아니다), 페이디피데스의 이야기는 수 세기 동안 달리기 선수들의 상상력에 불을 붙였다. 1896년에 그리스는 최초의 근대 올림픽을 개최했다. 이때 달리기 종목의 하나로 마라톤 전투가 펼쳐졌던 곳에서 아테네의 파나티나이코 스타디움까지 달리는 경기를 채택해 페이디피데스의 전설적인 달리기를 재현했다. 이 경기에 출전했던 열일곱 명 가운데 결승선까지 완주한 사람은 아홉 명뿐이었다. 스피리돈 루이스라는 아테네 사람이 1위로 결승선을 넘으면서 순식간에 국민적 영웅이 되었다.

당시 아테네의 한 신문은 멜포메네라는 그리스 여성이 이 경주에 참가하려 했다고 보도했다. 시범 경기에서 그는 4시간 30분 만에 결승선을 돌파했다. 그가 완주할 능력이 있다는 걸 입증했음에도 불구하고, '출전 자격은 남자에게만 부여된다'는 이유로 그의 출전은 허용되지 않았다.

이 규칙은 75년이 넘도록 유지되었다.

마라톤은 세계 각지의 사람들을 유혹했다. 완주를 하고 나면 바에 앉아 포도주나 코냑으로 목을 축이며 자신의 특출한 능력을 과시할 수 있는 매력적인 도전이었다. 마라톤의 기원이 죽음과 전쟁, 그리스 신화에서 유래한다는 사실 역시 매력을 더해주었다. 그리스의 마라톤 코스(약 40킬로미터)를 모방한 마라톤 대회가 뉴욕에서, 보스턴에서, 파리에서, 세인트루이스에서 생겨났다. 1908년 런던 올림픽에서는 원저성에서 영국 왕비가 선수들의 출발 모습을 지켜보고 런던의 경기장에서 영국 왕이 결승선을 볼 수 있도록 코스가 수정되었다. 당시 왕과 왕비 사이의 거리가 42.195킬로미터였다. 이렇게 해서 이 거리가 새로운 마라톤 표준으로 자리 잡았다.

마라톤은 대단히 힘겨운 먼 거리인 데다 대개 대도시의 한적한 도로에서 치러졌고, 그 탓에 부정행위를 하는 주자들이 종종 있었다. 1896년 올림픽 마라톤에서는 3위로 완주한 주자가 일부 구간에서 차량을 이용한 것이 적발되어 실격 처리되었다. 1904년 세인트루이스 올림픽 때는 미국인 프레드 로츠가 금메달을 땄다가 약 17킬로미터를 차를 타고 이동한 것이 밝혀져 실격 처리되었다.

부정행위로 간주되지는 않았지만, 선수들은 남들보다 앞서기 위해 도움이 되는 식품이라면 무엇이든 섭취하려고 애를 썼다(한마디로 물을 제외한 거의 모든 것을 섭취했다. 당시에는 물이 운동에 방해가 된다고 알려져 있었다). 1904년 로츠가 실격했던 바로 그 경기에서 어떤 주자들은 에너지 비축에 도움이 될 거라고 생각해서 위스키를 마시고 쥐약을 먹기도 했다. 첫 올림픽 마라톤 우승자인 스피리돈 루이스는 결승선 몇 킬로미터 앞에서 오렌지 조각을 씹었고, 3위 선수는 와인을 마셨다.

마라톤은 달리기 선수들에게 아무도 밟지 않은 영역에 도전하라고 부추겼고, 선수들은 훈련과 수분 섭취, 달리기 속도 조절 등 완주를 해내는 이상적인 방법을 찾아갔다. 하지만 여전히 변함없이 유지되는 것이 한 가지 있었다. 시대가 변하고 마라톤의 인기가 확산되어 가는데도, 여자는 여전히 마라톤에서 배제되었다.

'개는 운전을 해서는 안 된다'는 공식적인 규정은 없다. 마찬가지로 '여자가 마라톤에 나가서는 안 된다'는 공식적인 언급도 거의 없었다. 1900년대 초반과 중반에는 많은 사람들이 여자가 마라톤을 한다는 건 개가 운전을 하는 것만큼이나 터무니없는 일이라고 여겼다.

여자 마라톤 참가를 반대하는 사람들은 신체 능력에 차이가 있기 때문에 여자는 남자가 하는 일을 똑같이 해서는 안 된다고 강조했다.

근대 올림픽 게임의 창시자인 부유한 프랑스인 피에르 쿠베르탱은 여자의 경기 참여에 대해서 이렇게 말했다. "쓸모없는 짓이고 시시하고 꼴사나운 일이고, 한 가지 분명히 덧붙이자면, 결코 적절치 않은 일이다."

1931년 일간지 『디트로이트 프리 프레스』에 실린 어느 기사에서, 엘리자베스 아덴이라는 유명한 미용사는 "여자는 남자가 하는 운동을 해서는 안 된다"고 말했다. 기사에는 "여성에게 적합한 운동은 대부분 누운 자세에서 하는 것이다"라는 구절과 불룩 튀어나온 근육과 격렬한 운동은 여성의 '미모'를 해친다는 내용도 있다.

미국에서 손꼽히는 근육질 몸매를 가진 찰스 아틀라스는 1936년에 더 심한 발언을 했다. 여성이 운동을 해야 하느냐는 질문에 그는 이렇게 답했다. "그러다간 금세 턱수염이 돋는다. 얼마나 흉하겠는가. 여성들에게 과격한 운동은 금물이다."

마라톤은 틀림없이 과격한 운동이고, 누워서 하는 운동과는 완전히 상반된다. 얼굴에 수염이 돋고 미모를 상실하고 불임이 될 수도 있다는 소문까지 나도는데, 대체 무엇 때문에 여자들이 위험을 무릅쓰고 마라톤을 하려는 거지?

14

여자가 마라톤을?
어림도 없다

만일 규정을 어길 작정이라면 떨기나무 수풀은 당신이 몸을 숨기기에 안성맞춤인 장소일 수 있다. 당신이 입은 헐렁한 회색 스웨터와 햇살처럼 밝은 금발을 제대로 가리려면 그 떨기나무 수풀은 키가 크고 무성해야 좋을 것이다. 게다가 나뭇가지에 가시가 돋아 있지 않다면 더할 나위 없이 좋을 것이다.

1963년 12월 14일, 메리 레퍼는 캘리포니아 컬버시티 '참전용사 기념 공원' 옆 도로에서 몸을 숨기기에 안성맞춤인 떨기나무 수풀을 발견했다. 키가 크고 깡마른 스무 살의 그는 말을 아주 사랑하는 수의과 학생이었다.

도로에는 60여 명의 남자들이 스트레칭을 하고 있었다. 메리는 친구이자 훈련 파트너인 린 카먼과 함께 떨기나무 수풀 뒤에 웅크린 채 누구의 눈에도 띄지 않기를 바라며 가슴을 졸였다. 두 사람은 북미 대륙의 여자 육상 선수 가운데 어느 누구도 해 본 적 없는 규칙 위반을 실행에 옮길 작정이었다. 두 사람은 곧 시작될 마라톤을 뛸 것이었다.

메리는 바짝 긴장이 되었다. 그는 그날 얼마나 먼 거리를 달릴 계획인지 부모에게도 알리지 않고 나온 터였다. 그의 부모는 딸이 달리기를 좋아한다는 걸 알고, 딸이 주말마다 달리기하러 가는 걸 예사롭게 여겼다. 하지만 42.195킬로미터를 달릴 거라고 말했다면? 아마 일이 틀어졌을지 모른다. 메리가 이렇게 걱정을 하는 데는 이유가 있었다. 메리는 경기 관계자들이 자신의 출전을 반기지 않을 거라는 걸 알았다. 경기를 지켜보는 관중들이 자신에게 모진 소리를 해 댈 거라는 것도 잘 알았다. 운동장 트랙을 달리던 고등학교 때부터 그리고 이 공원에서 110킬로미터 떨어진 샌버너디노 거리에서 장거리 달리기를 할 때도, 이미 겪은 일이었다. 자동차 창문 너머로 날아오는 악담과 지나가던 사람들이 눈이 둥그레져서 내뱉는 조롱은 이미 숱하게 겪어 온 일이었다.

사회는 그가 장거리 달리기를 하는 걸 달가워하지 않았다. 하지만 메리는 장거리를 달리는 게 좋았다. 장거리 달리기를 하고 나면 패기가 솟구치고 기분 좋은 피로감이 느껴지면서 원기가 충전되는 기분이었다. 시시비비를 따지는 주위 사람들은 결코 알지 못하는 것을 누군가의 몸은 정확히 알아챘다.

메리는 자신과 같은 생각을 가진 또 다른 여성을 발견했다.

그게 바로 린이었다. 린은 뛰어난 마라톤 선수 밥 카먼의 아내로, 마라톤에 관해 풍부한 지식이 있었다. 린 덕분에 메리는 페이스를 조절하며 달리는 법과 체계적인 훈련법, 스트레칭하는 법을 배울 수 있었다. 메리와 린은 매일 오후 다섯 시에 남자 달리기 그룹(이 그룹의 코치가 밥이었다)과 함께 달리기 연습을 했다. 연습에 참여하는 모든 이들이 서로를 응원해 주었다. 이 남자들은 린과 메리가 무얼 해낼 수 있는지 이해했다. 메리는 연습을 하면서 진정한 장거리 주자가 된다는 게 어떤 의미인지를 깨달았다.

1963년은 진정한 장거리 주자를 자처하는 사람이라면 누구나 마라톤을 해 보자는 생각을 품지 않을 수 없는 시절이었다. 북미 대륙 전역에서 새로운 마라톤 대회가 등장했다. 메리와 린은 마라톤에 도전하기로 결심했다. 여자의 참가를 제한하는 규정이 있건 없건 개의치 않기로 했다. 미국 5대 마라톤 대회 중 하나인 '웨스턴 헤미스피어 마라톤' 대회에서 출발 신호총이 발사되기 직전에 두 사람은 몸을 숨겼던 곳에서 뛰쳐나왔다. 그리고 남자 선수들을 따라 뛰기 시작했다.

린은 약 32킬로미터까지 뛰다가 포기했고, 혼자 남은 메리는 남은 10킬로미터를 꾸준히 뛰었다. 구경꾼들 사이에서 야유가 빗발치듯 쏟아졌다. 메리를 향해 무얼 하는 거냐고, 당장 그만두라고 소리쳤다. 그는 3시간 37분 7초에 결승선을 넘었다. 남자 다섯 명이 메리보다 늦게 결승선을 넘었다. 주최 측은 메리를 공식 완주자로 인정하지 않았지만, 호의적인 한 관계자가 메리의 완주 시간을 기록했다. 메리의 기록은 마라톤 거리가 42.195킬로미터로 표준화된 이후 최초로 남겨진 여성 완주 기록이었다. 아주 오래전인 1926년에, 바이얼릿 퍼시라는 영국 여성이 약 34킬로미터의 런던 마라톤을 완주한 기록이 있었다.

1896년부터 1963년까지, '마라톤'이라는 이름을 건 경기를 완주한 여성은 다섯 명이 안 되는 것으로 추정된다. 1964년에는 두 명 이상의 여성이 마라톤을 완주했다. 영국의 데일 그리그는 3시간 27분 45초에, 뉴질랜드의 밀드레드 샘프슨은 3시간 19분 33초에 결승선을 넘었다. 1966년, 미국의 보비 기브는 떨기나무 수풀 뒤에 숨어 있다가 출발해서 보스턴 마라톤을 완주했다.

사이 코치가 모린에게 마라톤을 뛰고 싶으냐고 물어봤던 1967년까지, 마라톤 공식 경기 완주 기록을 남긴 여성은 세계를 통틀어 열 명 미만인 것으로 추정된다. 그 열 명 가운데 캐나다 여성은 한 명도 없었다. 셀 수 없이 많은 여성이 마라톤을 할 기회조차 얻지 못했다. 마라톤을 하고 싶다는 생각을 가슴에 품었던 여성도 많았을 것이다. 그러나 그들이 가장 먼저 마주친 것은 단호하고도 신랄한 말이었다; **안 된다**.

어쩌면 여자들이 그 말을 처음 들은 건 서너 살 때일지도 모른다. 집 안뜰에서 짧은 다리로 얼마나 빨리 달릴 수 있나 시험해 본 뒤 자신이 달리기에 타고난 소질이 있다는 걸 느꼈던 그 시절부터 **여자는 빨리 달리면 안 돼**, 라는 말을 들었을지도 모른다. 어쩌면 운동장 트랙 옆을 지나가다 남자아이들이 여러 바퀴를 날아가듯 달리는 것을 보았을 때 **여자는 오래 달리기를 하면 안 돼**, 라는 말을 들었을지도 모른다. 부모에게 운동장 트랙에 와서 자신이 남자아이와 똑같이 달릴 수 있다는 걸 봐 달라고 부탁드렸다가 **여자는 남자와 함께 달리면 안 돼**, 라는 말을 들었을지도 모른다. 지역 체육 단체가 주최하는 도로 달리기 대회에 출전 신청을 했다가 **여자는 2.4킬로미터 넘는 장거리 달리기를 하면 안 돼**, 라는 말을 들었을지도 모른다.

반복 또 반복되면, 이 말은 감히 도전할 수 없는 사실로 굳어진다. **여자는 마라톤을 할 수 없다.**

여자가 마라톤을? 어림도 없는 일이다.

안 돼, 라는 말이 끊임없이 쏟아지는 상황에서, 여자가 마라톤을 하려고 시도했던 것 자체가 대단한 일이다. 여자들은 달리기가 건강에 좋은 운동이고 아무런 해가 되지 않는다는 것을 스스로 깨쳐야 했다. 언론과 권위자들과 미용 전문가들 사이에서는 달리기가 여자에겐 해롭다는 게 중론이었으니 말이다. 여자들은 자신이 해낼 수 있다는 걸 믿어 줄 누군가를, 자신에게 마라톤 훈련법과 페이스 조절법, 수분 섭취법을 가르쳐 줄 누군가를 찾아야 했다. 때때로 여자들은 몸을 숨기기에 알맞은 떨기나무 수풀을 찾아야 했다.

이것은 사용법을 전혀 모른 채 부싯돌과 부시만 가지고 불을 피우려고 시도할 때와 마찬가지로 아주 막막한 일이다. 여기에는 운이 따라야 한다. 부싯깃과 불쏘시개로 쓰기에 알맞은 재료를 찾아야 하고, 그 재료를 알맞은 순서로 배치해야 한다. 그런 다음 인내심을 가지고 부싯돌을 부시로 쳐서 불꽃을 만들어 내고 그 불꽃이 부싯깃으로 튀게 한 다음 입으로 바람을 불어 불길이 일게 해야 한다. 불길이 사그라지지 않게 조그만 나뭇가지를 하나씩 넣어 가며 조심스레 불길을 키운 다음에 장작을 넣어 불길이 활활 타오르게 해야 한다. 일단 불길을 충분히 키우고 나면 당신은 그 불을 다른 사람들과 공유할 수 있다. 다른 사람들이 당신이 지핀 불 곁으로 와서 불씨를 얻어 새로운 불을 피울 수 있다.

여러 곳에서 불길이 일어나면 불길을 완전히 잡기란 대단히 어렵다.

· · · · ·

열세 살 나이에 단번에 24킬로미터를 달린 경험은 있어도 페이디피데스나 메리 레퍼라는 이름은 들어 본 적이 없는 소녀라면, 게다가 주말마다 거의 빠짐없이 달리기 경기에 나가라고 권유하는 코치가 곁에 있는 소녀라면, 처음 마라톤 이야기를 들어도 "마라톤? 그쯤이야!" 하며 별로 어려운 일이라고 느끼지 않을 것이다.

하지만 사이 코치는 마라톤이 얼마나 어려운지 알았다.

사이 코치는 자신이 지도하는 소녀들이 목표를 이루는 순간을 지켜보는 게 너무나 좋았다. 그는 경기가 끝난 뒤 집으로 돌아오는 자동차 뒷좌석에 모린이 트로피를 안은 채 늘어져 있는 걸 지켜보는 순간이 너무나 좋았다. 그는 아이들이 달리는 코스 옆에 지켜 섰다가 더 빨리 달릴 수 있도록 격려하고 페이스를 조절하도록 조언하는 순간이 너무나 좋았다. 그는 자신이 지도하는 선수들이 최고의 기량을 발휘하기를 바랐다. 그는 소녀들이 못 하겠다고 단념하지 않기를 바랐다.

무르익은 꽃망울을 흐드러지게 매단 벚나무 가지 아래서 로베르타 피코의 뒤를 바짝 쫓아 결승선을 넘는 모린을 본 순간, 사이 코치는 모린이 최대의 기량을 발휘할 수 있는 게 장거리 달리기라는 걸 깨달았다. 바로 마라톤이었다.

그런데 모린을 마라톤에 출전시키기 위해서 사이 코치는 관료주의와 싸워야 했다.

캐나다 아마추어 체육 협회는 1909년 9월 6일에 설립되었다. 미국 아마추어 체육 협회와 마찬가지로 이 협회 역시 나라 전체의 스포츠를 육성하고 개선하는 것을 목표로 삼았다. 협회는 전국 각지에 지역 사무소를 개설해서 운동 경기 팀과 리그전을 조직했다. 하키, 야구, 육상 경기 등의 스포츠에서 토너먼트 대회와 결승전을 조직했다. 올림픽이 창립된 지 얼마 안 된 시점이었기에, 캐나다는 국제 무대에서 경쟁할 선수들을 육성하길 원했다. 캐나다 아마추어 체육 협회는 이 일을 담당하는 주축이 되고자 했다.

협회의 활동은 상당한 성과를 거두었다. 스포츠가 크게 융성했다. 어느 지역에 사는 사람이든 자신이 원하는 종목에서 팀을 찾아 연습을 하고 실력을 겨루는 일이 점점 더 쉬워졌다.

하지만 당시 세계 곳곳의 수많은 공식 조직들이 그랬듯이, 캐나다 아마추어 체육 협회 역시 스포츠를 만인에게 개방하지 않았다. 1900년대 초부터 20세기 중반까지, 이 협회는 대부분의 스포츠에 대해서 소수 그룹과 유색인의 출전을 막는 인종 차별적인 규정을 두었다.

캐나다 아마추어 체육 협회는 또한 특정 부문에 여자 진출을 막았다. 단 테니스나 크로케 경기에 나가는 건 허용하였다. 격렬하지 않고 사교적인 활동으로 여겨졌기 때문이었다. 그리고 여자는 캐나다 아마추어 체육 협회가 허용하는 육상 경기에서만 뛸 수 있었다. 그것은 단거리 육상뿐이었고, 나이 제한까지 있었다.

협회 책임자들은 스포츠 세계의 권력자였다. 그리고 그 자리에는 특혜가 따랐다. 올림픽이 열릴 때마다 협회 관계자들은 공짜로 해외여행을 할 수 있었다. 협회의 직위는 위신을 세울 수 있는 자리였다. 그런데 변화가 이들의 위신을 위협하기 시작했다.

캐나다 올림픽 대표 선수 애비 호프먼의 육상 코치 로이드 퍼시벌은 캐나다 아마추어 체육 협회 임직원들의 지나친 위신 추구가 빚어낼 위험성을 꿰뚫어 보았다. 그는 협회가 바뀌어야 한다고 생각했다. 협회가 너무 비대해지고 권한은 너무 강해지고 그저 그런 조직이 되었다고 생각했다. 협회는 선수들이 잠재력을 최고로 발휘하여 융성하는 것을 가로막는 존재였다.

사이 코치도 같은 생각이었다.

하지만 첩첩이 쌓인 서류와 회의와 규정에 파묻혀 굼뜨게 움직이는 관료 조직을 어떻게 바꾸겠는가?

어차피 변화를 요구하는 일부터 시작할 수밖에 없었다.

1967년 4월 중순, 모린이 로베르타를 상대로 막상막하의 달리기 실력을 과시한 경기가 끝난 직후, 사이 코치는 몇몇 지역의 달리기 클럽과 제휴하여 '캐나다 동부 백 주년 마라톤 대회'를 개최하기로 결정하고, 대회 날짜를 5월 6일로 정했다. 이 대회가 실현되려면 먼저 캐나다 아마추어 체육 협회의 승인이 떨어져야 했다.

협회의 승인을 받아내는 데 아무런 어려움이 없을 터였다. 대회 자문을 맡은 데이브 엘리스는 그 지역의 달리기 경주 기록 문서에 유례없는 실적을 추가해 온 사람이었다. 이 대회 달리기 코스는 얼헤이그에서 몇 킬로미터 거리에 있는 요크 대학교 주변 도로로 정해져 이미 측정과 승인을 마친 상태였다. 그리고 시간 기록과 간식 배급 업무를 맡을 자원봉사자도 충분히 확보했다.

사이 코치가 원하는 것은 딱 한 가지, 모린이 공식 출전 주자로 인정받는 것이었다.

캐나다 아마추어 체육 협회가 이 대회의 승인 여부를 검토하고 있을 때, 사이 코치는 모린의 출전을 허용해 달라는 요청서를 보냈다. 신문들은 이 정보를 입수하자 활기차게 움직였다. 4월 19일, 토론토의 한 지역 신문은 "마 코치와 체육 협회, 마라톤과 관련해서 신경전"이라는 기사를 냈다.

이 기사는 여자의 출전에 반대하는 전국 육상 협회 위원장 피트 비치의 말을 인용했다.

"만약 여자들이 이 대회에서 뛰게 되면, 캐나다 아마추어 체육 협회는 협회에 소속된 다른 모든 여자들을 책임져야 할 것이다. …… 몇 년 전이었다면, 장거리 달리기를 하는 여자는 괴짜로 여겨졌을 것이다. 여태껏 어느 누구도 생각하지 못한 일이 요즘 와서 벌어지고 있다."

그의 말뜻은 분명했다. **여자는 마라톤을 할 수 없다.**

윤전기가 신문 지면 가득 피트 비치의 말을 찍어 낸 바로 그날, 토론토 주민들이 아침 식사를 하며 그 기사를 읽던 바로 그 시각에, 매사추세츠주 보스턴에서는 또 다른 여성이 이 명제가 거짓임을 입증하기 위해 러닝화 끈을 묶고 있었다.

그 시각, 보스턴에서는 또 다른 불길이 솟구치기 직전이었다.

15

캐스린 스위처,
보스턴 마라톤에서 멱살을 잡히다

모린이 마라톤이라는 단어를 처음 들은 날로부터 몇 달 전인 1966년 12월, 시러큐스 대학교에서 저널리즘을 전공하는 스무 살 여학생이 마라톤을 하겠다고 결심을 굳혔다.

그의 이름은 캐스린 스위처였다. 마라톤을 하겠다고 결심한 그 순간, 그는 몹시 부아가 나 있었다.

그날 오후, 그가 살고 있는 뉴욕주 북부의 대학 도시에 심한 눈보라가 휘몰아쳐 도로마다 눈이 10센티미터 남짓 쌓여 있었다. 캐스린은 종일 이어지는 수업을 듣느라 너무 지쳐서 기숙사 방에 늘어져 있었다. 저녁 식사 전에 한두 시간 자려던 참이었다. 그런데 사람들과 어울리길 좋아하고 머리가 약간 벗겨진 우편배달원 어니 브리그스가 찾아오는 바람에 캐스린의 계획은 완전히 틀어졌다. 그는 거센 바람을 뚫고 자동차를 몰고 와서는 캐스린을 불러내 차에 타라고 독촉했다. 험상궂은 날씨에다 곧 해가 떨어질 시간인데 달리기를 하러 가자고 했다.

캐스린이 어물거리며 싫은 내색을 했지만, 어니는 조금도 흔들림이 없었다. **"가볍게 딱 10킬로미터만 뛰자!"**

캐스린은 이런저런 변명을 늘어놓았다. 하지만 어니가 한 시간 넘게 졸라 대는 바람에 결국 생각을 돌렸다.

어니와 캐스린은 특이한 한 쌍의 달리기 연습 팀이었다. 어니는 제2차 세계 대전 참전 용사 출신에 독실한 가톨릭 신자로, 들어 주는 사람만 있다면 언제까지라도 줄줄 늘어놓을 수 있는 백만 가지 이야깃거리가 있었다. 캐스린은 긴 다리와 곱슬곱슬한 갈색 머리가 돋보이는 버지니아주 비엔나 출신의 고집 센 신입생이었다. 이 두 사람은 대학 캠퍼스 주변의 구불구불한 시골 도로를 훨훨 내달렸다.

두 사람이 처음 만난 것은 몇 달 전이었다. 캐스린이 남자들이 연습하는 크로스컨트리 코스로 찾아가 자신도 함께 뛸 수 있는지 물었다. 어니는 대학교에 소속된 우편배달원이고, 한때 순위권에 들었던 마라톤 선수 출신으로 매일 오후 이 팀과 함께 훈련을 하던 때가 있었다. 하지만 이제는 무릎이 좋지 않고 오십 대에 접어든 나이라 팀의 매니저로 봉사하고 있었다. 그는 싹싹한 성격에 달리기하는 사람을 돕는 걸 자랑스러워했다. 그러던 중에 캐스린이 나타나자 어니는 그의 코치로 자처하고 나섰다.

캐스린의 운동 경력은 중학교 시절부터 시작되었다. 중학교 때 그는 응원단 활동을 해 볼 생각이었다. 응원단 활동을 특별히 좋아했던 건 아니지만, 인기 있는 활동이고 축구팀 주장의 눈길을 끌기에 좋을 것 같았다.

그런데 아버지가 캐스린의 계획에 제동을 걸었다.

"진짜 경기는 경기장에서 하는 거야." 아버지는 이렇게 말했다. "인생을 구경꾼으로 살면 되겠니. 직접 경기에 나가 뛰는 인생을 살아야지." 그 말을 듣고 캐스린은 정신이 번쩍 났다. 내가 직접 뛰어들어 하면 되는데 왜 응원만 하겠다고 한 거지? 캐스린은 학교 필드하키 팀에 들어가야겠다고 마음먹고 달리기를 시작했다. 필드하키는 아이스하키와 축구를 혼합한 것과 비슷한데, 축구장 크기의 잔디밭에 축구 골문 절반 크기의 골문을 놓고 하키 스틱과 단단한 작은 공을 이용해서 골을 넣는 경기다.

필드하키를 선택한 것은 우연히 내린 결정이었다. 캐스린은 필드하키 경기장에서 또래 소녀들과 공을 쫓아 밀치락달치락하다가 자신의 새로운 면모를 발견했다. 그는 유독 경쟁심이 강했다. 다른 여자아이들은 귀여운 선수용 치마를 입고 싶은 마음이나 부모의 권유에 떠밀려 필드하키를 했다. 하지만 캐스린은 **이기고 싶었다.** 그런데 필드하키에서 이기기 위해서는 달리기를 해야 했다. 먼 거리를 빠르게 달려야 했다.

날마다 1.6킬로미터씩 달리는 훈련이 캐스린의 가장 중요한 일과가 되었다. 덕분에 캐스린은 체력이 강해져 필드하키 우수 선수 대열에 들었고, 거의 모든 선수보다 빨리 달렸다. 게다가 강인한 정신력까지 갖게 되었고 무슨 일을 해도 자신감이 넘쳤다.

고등학교를 졸업할 무렵, 캐스린은 그 지역에서 몇 손가락 안에 드는 뛰어난 필드하키 선수가 되었다. 그러나 1960년대 후반, 대학에는 스포츠를 하는 여자를 위한 장학 제도가 없었다. 시러큐스에는 대학 간 여자 스포츠 경기도 없었다. 그러나 캐스린은 달리기를 포기해야 하는 상황만 아니라면 괜찮다고 생각했다. 그는 달리기를 할 때가 가장 행복했다. 이런 달리기 사랑 덕분에 그는 어니 브리그스를 만나게 되었다.

시러큐스 대학교에 입학한 뒤, 캐스린은 남자 크로스컨트리 팀의 수석 코치 사무실로 당당히 들어갔다. "저는 달리기를 잘합니다. 남자들과 함께 연습해도 될까요?"

코치는 그를 어니에게 보냈고, 그를 본 어니는 얼굴빛이 환하게 밝아졌다. 그는 나이도 들었고 무릎도 좋지 않아서, 이제는 더 이상 가젤처럼 쏜살같이 달리는 장학금을 받는 선수들과 어깨를 나란히 하고 달릴 수 없었다. 캐스린 역시 남자 팀과 함께 달릴 만큼 빠르지 않았다. 두 사람은 엇비슷한 속도로 함께 달릴 수 있었다. 캐스린과 어니는 완벽한 달리기 파트너였다.

· · · · ·

하지만 그건 눈도 어둠도 내리지 않고 캐스린의 위장이 비어 있지 않을 때의 이야기였다.

"전에 보스턴 마라톤에서 이런 일이 있었어……." 어니가 입을 열었다. 캐스린은 밀려오는 짜증을 속으로 삼켰다. 앞으로 닥칠 일이 뻔히 예상이 되어서였다. '또 시작이네.' 두 사람이 함께 뛰었던 수많은 연습 때마다 그는 같은 이야기를 수십 번 되풀이해 온 터였다.

두 사람은 학교 체육관에서 출발해서 펙힐로를 따라 10킬로미터 거리를 가볍게 뛰고 있었다. 이 도로는 두 사람에게 익숙한 길이었다. 하지만 중간 지점에 와 보니 눈이 거의 15센티미터나 쌓여 있었다. 살을 에는 듯 날씨가 추웠고 계속 나타나는 자동차를 피해 다녀야 했다. 휘몰아치는 눈발 때문에 운전자들이 경사로를 오르는 두 사람을 자칫 보지 못할 수도 있었다. 게다가 더 큰 문제가 있었다. 기숙사 식당이 문을 닫을 시간이 가까워져, 자칫하면 캐스린이 저녁 식사를 못하게 될 판이었다.

모든 게 짜증을 돋우는 상황이었지만, 캐스린은 이런 상황쯤은 거뜬히 견뎌 낼 수 있었다. 목적지까지 남은 몇 킬로미터를 더 뛰는 것쯤은 거뜬히 할 수 있었다.

하지만 캐스린이 도저히 견딜 수 없는 게 있었다. 바로 어니브리그스가 미국에서 가장 권위 있는 마라톤 대회라면서 왕년에 자신이 보스턴 마라톤에 나갔던 이야기를 **또다시** 늘어놓는 걸 듣는 일이었다. 보스턴 마라톤을 열다섯 번 완주했다는 이야기, 맹렬한 폭염 속에서 열린 어느 대회에서는 10위 기록을 냈다는 이야기, 이런 이야기, 저런 이야기…….

"어니 선생님, 보스턴 마라톤, 보스턴 마라톤, **말로만** 하지 말고 그까짓 것 그냥 뛰어 봅시다." 캐스린이 불쑥 끼어들었다.

발목까지 빠지는 눈길을 달리느라 짜증이 복받쳐 오른 캐스린은 지금껏 달려 본 거리보다 더 먼 거리를 달려 보자는 제안을 무심결에 내뱉었다. 멀어도 엄청나게 더 먼 거리를 달려 보자고. 순전히 어니에게 성질이 나서 내뱉은 말이었다.

"뭐? **여자**는 보스턴 마라톤을 뛸 수 없어." 어니가 바로 맞받아쳤다.

어니의 말은 사실이었다. 당시에 여자는 보스턴 마라톤에서 뛸 수 없었다. 여자는 2.4킬로미터가 넘는 장거리 달리기 경기에 나갈 수 없다고 못 박아 둔 미국 아마추어 체육 협회의 규정 때문이었다.

하지만 그 말은 어니가 그 협회의 규정을 알고 한 말이 아니었다. 자신이 생물학적으로 진실이라고 믿는 바를 입 밖에 낸 것뿐이었다.

여기서도 역시, 달리기를 좋아하는 또 한 명의 여성의 귀에 **할 수 없다**, 라는 말이 울렸다. 그런데 이번에는 깊이 신임해 온 동지이자 함께 훈련해 온 파트너의 입에서 나온 말이었다.

"마라톤에서는 오래 달릴수록 힘들어져," 그의 말이 이어졌다. "그렇게 먼 거리는 여자에겐 무리야. 여자는 그렇게 먼 거리를 달릴 수 없다니까."

사나운 눈보라를 뚫고 도로변을 달리던 캐스린은 화가 머리 끝까지 치밀어 올랐다. 도저히 참을 수가 없었다. 결코 그냥 넘길 수가 없었다.

캐스린은 말도 안 되는 소리라면서, 바로 그해 보스턴 마라톤에서 보비 기브라는 여자가 수풀 뒤에 몸을 숨기고 있다가 완주하지 않았느냐고 말했다. 그런데 이번에는 어니가 벌컥 화를 내면서 격한 목소리로 외쳤다. "이제껏 마라톤을 완주한 여자는 한 명도 없어!" 그는 막무가내로 믿지 못하겠다고 우겼다. "내 눈으로 보기 전에는 믿을 수 없어. 네가 할 수 있다는 것을 내 눈앞에서 직접 보여 준다면, 내가 책임지고 너를 보스턴 마라톤에 출전시켜 준다!"

캐스린은 기가 꺾이기는커녕 오히려 가슴이 두근거렸다. 어니가 도전장을 내밀었고, 캐스린에게는 새로운 목표가 생겼다. 그는 자신이 할 수 있다는 것을 어니 앞에서 입증해 보이기로 결심했다.

• • • • •

1967년 보스턴 마라톤 출전 신청서에는 성별을 구분하는 항목이 아예 없었다. 구태여 그런 항목을 만들 필요가 없었다. 그 신청서는 빈칸에 자신의 신상을 적어 넣는 건 당연히 남자의 손이라는 전제하에 만들어진 것이었다. 미국에서 가장 오랜 연륜을 가진 보스턴 마라톤 대회에 여자가 공식적으로 출전한 적은 이제껏 단 한 번도 없었다.

보스턴 마라톤을 개최하는 고루한 조직의 입장에서 보면, 이 경기는 여자가 할 수 있는 경기가 결코 아니었다. 보스턴 육상 협회는 1887년 보스턴의 부유한 신사들이 여가 시간을 이용해 스포츠를 하려고 만든 클럽이었다. 보스턴의 유명한 부촌인 백베이 지역에 클럽 회관을 짓고 체육관, 볼링장, 당구장, 터키탕 등의 시설을 갖추었다. 신사들은 최신식 운동 기구를 이용해 운동을 한 뒤, 세련된 재킷을 입고 식당에 모여 앉아 담배를 피웠다. 1889년, 마호가니 목재가 돋보이는 이곳 회관 식당에는 음식물을 신선하게 보관하기 위해 보스턴에 몇 개 없는 냉장고가 설치되었다. 그들은 여자를 회원으로 받지 않았다.

보스턴 육상 협회는 1897년에 미국 건국의 토대가 되는 역사적인 날을 기념하기 위해 보스턴 마라톤 대회를 만들었다. 보스턴 마라톤 개최일은 4월 19일로 정해졌다. 이날은 1775년 독립 전쟁의 불을 지펴 올린 렉싱턴 콩코드 전투 기념일이자 매사추세츠주가 공식적인 휴일로 지정한 애국자의 날이다.

보스턴 육상 협회를 이끌던 남자들의 입장에서는 이처럼 대단한 경기에 여자가 나서서는 안 되는 분명한 이유가 있었다. 무엇보다 여자는 위험할 정도로 먼 거리를 달릴 체력이 안 된다. 보스턴 마라톤은 보스턴 경계에서 한참 떨어진, 결코 보스턴 교외라고 볼 수 없는 한적한 마을 홉킨턴에서 시작해서 42.195킬로미터를 달려야 하는 대회다.

거리만 먼 게 아니다. 보스턴 마라톤은 코스가 험악하기로 유명하다. 처음 16킬로미터 구간은 수월하게 느껴진다. 구불거리는 2차선 도로를 달리다 보면 완만한 내리막과 미국 건국 이전에 세워진 뉴잉글랜드 지역의 교회 첨탑들과 빅토리아풍 주택들의 아름다운 정경이 펼쳐져 불안한 마음이 가라앉는다.

그러다가 뉴턴 외곽에 인접한 언덕을 만나게 된다. 오르막 내리막이 뒤섞인 이 대단히 위협적인 구간은 오랜 세월 수많은 우승 후보들의 희망을 짓밟아 왔다. 32킬로미터 인근 코스는 '심장 파열의 언덕'이라고 불릴 정도로 악명이 높은 구간이다.

주최 측은 마라톤 코스가 이렇게 험악하다는 점을 들어, 여자의 연약한 몸으로는 이 마라톤을 감당할 수 없다는 걸 진실로 받아들였다.

보스턴 육상 협회 임원진의 입장에서 보면, 여자가 보스턴 마라톤에 출전하면 안 되는 이유는 너무나 명백해서 굳이 거론할 필요가 없었다. 그러니 그걸 규정에 명시할 필요가 있을까?

1967년 초, 시러큐스 해리어스 달리기 클럽 소속의 스무 살 회원이 우편으로 보낸 신청 서류가 보스턴 마라톤 사무국에 도착했고, 다른 사람들이 보낸 서류와 함께 처리되었다. 신청서에 적힌 K. V. 스위처라는 이름은 별다른 주목을 끌지 않았다. 세계에서 가장 유명한 마라톤을 조직한 남자들은 이 신청서를 색다르다거나 특별하다고 보지 않았다. 그들은 이 신청서를 수백 장의 신청서 묶음 속에 집어넣었다. 신청서를 보낸 남자들은 몇 주 뒤에 71회 보스턴 마라톤 대회에 참석하게 될 것이다.

그리고 여자도 한 명 참석하게 될 것이다.

• • • • •

캐스린은 어니 코치, 남자 친구 톰 밀러와 함께 자동차에 몸을 실었다. 500여 킬로미터 떨어진 보스턴까지 달릴 것이다. 그는 이미 단번에 42킬로미터가 훨씬 넘는 거리를 달리는 훈련을 해 냈다. 어니는 눈보라를 뚫고 달렸던 그날 말도 안 되는 일이라고 펄쩍 뛰었지만, 자신이 그토록 자랑스러워하는 보스턴 마라톤에서 캐스린이 완주하도록 곁에서 도울 수 있다는 생각에 차츰 가슴이 부풀어 올랐다. 그는 우선 캐스린이 완주할 수 있는지 확인하기 위해 시범 경기를 해 보기로 마음먹었다. 두 사람은 1967년 초 몇 달 동안 달리는 거리를 점점 늘려갔고, 보스턴 마라톤을 몇 주 앞둔 어느 날은 실제로 42.195킬로미터 완주 훈련에 돌입했다. 캐스린은 완주를 하고 나서도 발에 물집이 심하게 잡힌 것 말고는 몸이 아주 거뜬했다. '장거리 훈련을 확실히 하기 위해' 예정했던 거리보다 8킬로미터를 더 뛰자고 했다. 그런데 어니 코치가 다리가 풀려 휘청거리기 시작했다. 캐스린은 어니의 팔을 잡고 그를 부축한 채로 마지막 몇 킬로미터를 달렸다. 이렇게 해서 50킬로미터 장거리 훈련은 두 사람 사이의 전설이 되었다.

캐스린은 수십 번 마라톤을 완주한 베테랑 선수도 녹초가 될 만한 거리를 거뜬히 달려 마라톤에 나갈 자격이 충분하다는 걸 입증했다.

하지만 캐스린은 남자 친구 톰이 완주를 할 수 있을지 확신이 서지 않았다. 남자 친구는 체격 좋고 잘생긴 육상 코치로 시러큐스에서 포환던지기, 원반던지기, 해머던지기 분야에서 활동하고 있었다. 톰은 막판에 가서야 자신도 완주할 수 있다는 것을 증명하겠다면서 캐스린을 따라 마라톤에 나가겠다고 결정했다. 그런데 훈련을 거의 하지 않았다.

드디어 애국자의 날, 733명의 주자가 홉킨턴 중앙로에 마련된 출발 지점에 옹기종기 모여 있었다. 캐스린은 살을 파고드는 추위를 막기 위해 두툼한 스웨터를 입고 주위의 시선을 끌지 않으려 애를 썼다. 그러던 중에 곁에서 밀쳐 대며 스트레칭을 하는 남자들이 주자 중에 여자가 있다는 사실에 약간 놀라면서도 기쁜 기색이라는 걸 알아챘다. 한 사람은 캐스린에게 함께 사진을 찍어도 되겠느냐고 물었고, 또 한 사람은 자기 아내를 달리기에 입문시킬 비결을 알려 줄 수 있느냐고 물었다. 그들은 캐스린의 출전을 반겼다.

마라톤 주자들이라면 누구나 그렇듯이 캐스린도 경기 초반에는 초조한 기분이었다. 하지만 보스턴 마라톤에 도전하는 최초의 여성이라는 압박감을 느끼진 않았다. 그 영예는 이미 바로 전해에 운동복 후드를 뒤집어써 얼굴을 숨기고 수풀 뒤에 숨었다가 몰래 보스턴 마라톤 코스로 뛰어 들어간 보비 기브의 몫으로 돌아갔다. 캐스린은 몸을 숨길 필요도 없이, 남자 주자들이 모인 곳에서 저만치 떨어진 옆길에 서 있었다. 준비 운동을 할 필요도 없었다. 그는 공식적인 출전자였다. 반드시 공식 신청서와 참가비 2달러를 내고 뛰어야 한다는 어니의 고집 덕분이었다. 그는 이렇게 말했다. "너는 미국 아마추어 체육 협회 회원이니까 규칙을 따라야 해."

캐스린은 미처 알아채지 못했지만, 135번 도로를 따라 출발 1.6킬로미터 지점을 질주할 때 보비 기브 역시 가까운 곳에서 뛰고 있었다. 그날 그는 수풀 뒤에 숨었다가 코스로 뛰어드는 두 번째 도전으로 두 번째 보스턴 마라톤을 뛰었다.

보비는 여전히 배번을 받지 못한 채 익명의 주자로 뛰었지만 (그 전해에 보스턴 육상 협회는 그의 경기 참가를 거부했다), 캐스린은 금방 눈에 띄었다. 그는 가슴과 등에 하얀 바탕에 검은색 굵은 글씨로 쓰인 '261' 배번을 달고 뛰었다. 배번을 달았다는 건 공식적인 출전자라는 뜻이었고, 가까이에서 달리는 남자들은 그걸 보고 의욕이 더욱 솟구치는 듯했다.

출발 직후부터 캐스린은 몸의 리듬에 자신을 맡기고, 처음 몇 킬로미터는 어니와 톰과 이야기를 나누면서 여유 있게 뛰었다. 모든 게 순조롭게 풀리는 것 같았다.

그런데 사진 기자들을 가득 태운 트럭과 대회 관계자들이 탄 버스가 왼쪽으로 느릿느릿 지나가면서 소동이 시작되었다. 기자들은 공식 배번을 단 여성이 코스를 달리는 걸 보고 눈이 휘둥그레졌다. 그러고는 사진 찍기 좋은 위치를 찾느라고 허둥댔다.

그런데 이 사진 기자들보다 더 충격을 받고 허둥대는 이가 있었다. 바로 대회 조직 위원, 조크 셈플이었다.

카메라가 찰칵거리는 동안, 조크 셈플은 화가 나서 울긋불긋해진 얼굴로 캐스린을 뒤쫓아 달렸다. 그러고는 캐스린이 입은 셔츠의 가슴판과 등판에 핀으로 고정된 배번을 움켜잡았다. 쉽게 떼어 낼 수가 없었다.

"그 번호 내놓고 당장 내 대회에서 꺼져!" 그가 고래고래 고함을 쳤다.

캐스린 옆에는 조크 셈플보다 훨씬 크고 힘이 센 톰이 달리고 있었다. 톰이 와락 달려들어 셈플을 옆으로 세게 밀쳐 냈다. 캐스린은 충격을 받아 머리가 멍했지만 계속 달렸다.

이 모든 과정이 트럭에 탄 사진 기자들의 카메라에 고스란히 잡혔다. 그들의 손에는 생생한 현장을 잡은 기삿거리가 있었다. 공식 배번을 단 여성이 자신을 코스에서 끌어내리려고 완력을 쓰는 대회 조직 위원의 방해를 무릅쓰고 결승선을 향해 달리고 있었다.

기자들은 이 이야기를 기사로 쓰려고 코스에서 멀어져 갔다.

캐스린은 계속 달렸다. 이제는 완주를 해야 할 더 큰 이유가 생겼다. 조크 셈플을 비롯해서 부아를 끓이는 남성들 앞에서 자신이 충분히 완주할 능력이 있다는 걸 증명해야 했다. 캐스린은 기필코 완주를 하자고 마음을 가다듬고 페이스를 되찾았다.

몇 시간 뒤, 그는 드디어 결승선을 넘었다. 하지만 환호하는 관중은 그곳에 없었다. 그가 보일스턴 거리에 도착했을 때는 이미 대부분의 관중이 자리를 떠나 집으로 돌아간 뒤였다.

캐스린은 완주 주자가 모두 그렇듯이 온몸이 땀에 절고 오한이 일었다. 그는 톰과 어니와 함께 자동차에 올라 집으로 출발했다. 그들이 보스턴을 떠나 고속도로를 타고 가던 그 시각에, 기자들은 맹렬히 타자기 자판을 두드렸다. 기사 마감이 임박한 시간이었다. 그들은 공식 배번을 단 한 여성이 세계에서 가장 유명한 마라톤을 처음으로 완주한 생생한 현장을 기사로 다듬어 내야 했다.

한 기자가 신문사 편집 팀에 기사 원고를 넘기고, 편집 팀은 이 기사를 인쇄 팀에 넘기고, 인쇄 팀은 그 뉴스를 신문 용지에 잉크로 찍어 낸다. 그 신문은 캐나다 노스요크 교외 주택가로 배달된다. 그곳에는 마라톤 출전을 목표로 여자 선수를 맹훈련시키는 달리기 코치가 살고 있었다.

16

열세 살 꼬마 모린,
42.195킬로미터에 도전하다

모린은 처음 뛰는 마라톤을 준비할 시간이 많지 않았다. "마라톤 할 때 너랑 같이 뛸 여자가 있으면 좋겠지?" 사이 코치가 얼헤이그 트랙에서 모린 곁으로 다가오며 물었다. 방금 연습을 마친 참이었다. 모린은 평소 달리는 거리보다 더 먼 거리를, 평소 페이스보다 더 느린 페이스로 달리는 연습을 해 왔다. 몇 주 안에 42.195킬로미터 마라톤 완주 준비를 마치려는 코치의 계획에 따라 바뀐 훈련이었다.

"좋죠." 모린이 대답했다. "그러면 아주 좋겠네요!"

그런다고 별 차이가 있을 것 같지는 같았다. 아무튼 코치에게는 또 다른 계획이 있는 듯했다. 사이 코치가 다른 여자와 함께 마라톤을 뛰는 게 도움이 될 거라고 생각한다면, 모린도 대환영이었다. 마라톤에서 함께 뛸 여자가 있다면 더 재미있겠다는 생각이 들긴 했다. 하지만 어떤 여자나 혹은 어떤 남자가 그 마라톤에 출전하건 말건 아무 상관이 없었다. 모린에게는 튼튼한 심장과 다리 근육이 있으니 충분히 완주할 수 있다는 자신감이 있었다. 이미 쉬지 않고 30킬로미터를 주파할 정도까지 실력이 향상된 상태였다. 힘이 넘치는 것 같았고, 이제껏 훈련해 온 장거리 달리기쯤은 식은 죽 먹기라는 느낌이 들었다.

모린은 자전거를 세워 둔 곳으로 걸어갔다. 사이 코치는 마라톤 대회 때 함께 출발할 '여자'가 누구인지 말하지 않았다. 그 여자가 이미 마라톤을 한 차례 뛴 경력이 있다는 이야기도 하지 않았다. 모린은 굳이 물어볼 생각을 하지 않고 그냥 자전거를 타고 집으로 향했다.

· · · · ·

캐스린이 살고 있는 오래된 삼층 목조 주택 현관에 있는 전화가 쉬지 않고 울려 댔다. 전국 각지의 기자들이 시러큐스 대학교 컴스톡가에 있는 낡은 주택으로 전화를 걸어 왔다. 그들은 보스턴 육상 협회에 반항했던 여성과 이야기를 나누고 싶어 했다. 뉴욕타임스 기자도 전화를 걸어왔고, AP통신 기자도 전화를 걸어 왔다. 자니 카슨의 「투나잇 쇼」는 미국에서 시청률이 높기로 손꼽히는 저녁 프로그램이었는데, 이 프로그램 담당자도 전화를 걸어왔다. 모두들 캐스린의 이야기를 듣고 싶어 했다.

"여보세요? 누구시죠?" 캐스린이 물었다. 이번에도 역시 기자일 거라고 짐작했다.

"안녕하세요. 제 이름은 스—." 발음이 뭉개져 이름 뒷부분을 알아들을 수가 없었다. 남자 목소리였다. 말투가 아주 빨랐고 흥분한 듯한 어조였다.

"죄송합니다만 누구시라고요? 이름이 뭐라고 하셨죠?" 캐스린이 물었다

남자는 이름을 반복했다. 음절과 음절을 빠르게 이어서 쏟아냈다. 이번에도 알아들을 수 없었다. 스 발음과 므 발음이 섞인 이름이었는데, "사일러스 마너"라고 한 것 같았다. 하지만 그럴 리 없었다. 그건 영문학 수업 시간에 공부했던 1860년대 소설의 제목이었다.

남자는 수화기에 대고 더 똑똑히 발음했다.

"제 이름은 사이 마입니다. 캐나다에서 전화한 겁니다. 저는 노스요크 육상 클럽 코치입니다."

캐스린은 이 사람이 어디서 자기 전화번호를 얻었는지 궁금했다. 하지만 캐나다라는 단어를 듣자 확 관심이 끌렸다. 국경너머로 여행하는 건 생각만 해도 신나는 일이었다. 어렸을 적부터 캐나다 쪽 나이아가라폭포가 미국 쪽 나이아가라폭포보다 훨씬 더 아름답다는 생각을 늘 해 왔다. 그즈음에도 이따금 캐스린은 톰과 함께 시러큐스에서 자동차로 서너 시간 거리의 국경까지 당일치기 여행을 하곤 했다.

사이 코치는 캐스린의 보스턴 마라톤 이야기를 들으려고 전

화한 게 아니었다. 그 이야기는 신문에서 읽어서 이미 훤하게 알았다. 그의 용건은 캐스린을 초청하려는 것이었다.

"5월 6일에 이곳 토론토에서 마라톤 대회가 있습니다. 혹시 이 마라톤에 출전할 생각 있으신가요?"

캐스린은 깜짝 놀랐다. 그때만 해도 그는 다른 마라톤(그것도 공식 마라톤 대회)에서 다시 뛴다는 건 꿈도 꾸지 않았다. 이미 미국 아마추어 체육 협회로부터 마라톤 출전을 허용하지 않는다는 내용의 편지를 받은 터였다.

미국 아마추어 체육 협회가 보낸 봉투에는 '속달 우편' 소인이 찍혀 있었다. 누군가가 그 편지를 한시라도 빨리 캐스린의 우편함으로 보내기 위해 거금을 들였다는 표시였다. 그 편지는 집으로 돌아온 지 이틀 만에 도착했다. 편지가 그렇게 빨리 도착하려면 캐스린이 보스턴 마라톤에 출전한 바로 그날, 누군가가 그 편지를 우편함에 넣었다는 뜻이었다.

이 편지는 캐스린, 톰 그리고 어니 코치의 이름을 거명하면서 세 사람 모두 미국 육상 협회에서 제적되었음을 밝히는 내용이었다. 세 사람은 앞으로 미국 아마추어 체육 협회가 개최하는 모든 경기에 출전할 수 없게 되었다.

캐스린은 속이 부글부글 끓었다. 당장 가지고 있던 협회 회원 카드를 태워 버렸다. 앞으로 보스턴 마라톤 대회를 주최한 조직과 연관된 일은 절대로 하지 않겠다고 마음먹었다.

그러던 와중에 캐나다에서 전화가 온 것이다.

시러큐스에서 자동차로 동쪽으로 달리면 온타리오호 근처까지는 다섯 시간 거리이다. 사이 코치는 주유 비용은 자신이 대겠다고 했다. 결코 적은 비용이 아니었다.

　캐스린은 반가운 마음으로 그러겠다고 대답했다. 마치 장난을 치고도 들통 나지 않은 아이처럼 신이 났다. 미국 아마추어 체육 협회에 대고 혀를 쏙 내민 것처럼 속이 후련했다. 내가 미국에서 마라톤을 하는 걸 막겠다고? 좋아. 그렇다면 캐나다에 가면 되지.

· · · · ·

그러나 캐나다 역시 캐스린의 마라톤 출전을 열렬히 환영하는 입장은 아니었다.

　모린이 노스요크의 조용한 거리를 달리며 훈련을 하고 캐스린이 시러큐스 대학교 뉴하우스 스쿨에서 학부 강의를 듣고 있을 때, 사이 코치는 캐나다 아마추어 체육 협회와 여러 차례 회합을 가졌다. 국경 남쪽에 있는 미국 아마추어 체육 협회는 이미 만일 여자가 마라톤 출전을 결심한다면 그 여자는 무조건 요시찰 인물 목록에 올린다는 입장을 분명히 밝혔다. 사이 코치는 캐나다 아마추어 체육 협회가 이들보다 관대한 태도를 보여 줬으면 하고 바랐다.

　캐나다 아마추어 체육 협회는 몇 가지 면에서 실제로 더 관대했다. 4월 셋째 주에 열린 최종 회의에서 협회 임원들은 사이 코치가 주최하는 마라톤에 두 여자가 참여할 길을 열어 주었다. 하지만 한 가지 단서를 붙였는데, 그게 참으로 고약했다. 협회는 모린과 캐스린을 공식 참가자로 인정하지 않겠다고 선언했다. 이들이 남자들과 같은 거리를 달리고 남자들과 같은 양의 땀을 흘리고 남자들과 같은 양의 에너지를 소비할 수 있다해도, 이들의 노력을 결코 기록에 남기지 않는다는 뜻이었다. 이들의 마라톤 참가를 공식적으로 인정한다면, 공식 프로그램 계획서에 모린과 캐스린의 이름을 넣어야 했다. 또 이들이 완주를 한다면 완주 시간을 문서에 기록해야 했다. 아마추어 체육 협회는 그 문서를 넘겨받아서 결과를 기록하고 심사를 하고 경기 기록을 남겨야 했다. 두 여자의 마라톤 참가를 공식적으로 인정한다는 것은 자신들이 수십 년 동안 실수를 해 왔음을 공식적으로 인정한다는 뜻이었고, 무엇보다도 여자가 마라톤을 뛸 수 있다는 사실에 동의한다는 뜻이었다. 협회 임원들은 이중 어떤 것도 원하지 않았다. 그래서 그들은 모린과 캐스린의 마라톤을 기록으로 남긴다는 것은 아예 생각조차 하지 않았다.

세계 곳곳에서 이와 비슷한 일이 여러 번 반복되어 왔다. 그리스의 멜포메네도, 미국 캘리포니아의 메리 레퍼도, 뉴질랜드의 밀드레드 샘프슨도 비슷한 대우를 받았다. 여자가 마라톤을 완주해도 마라톤 대회 주최 측은 규정 때문에 기록으로 남길 수 없다고 했지만, 그 규정은 사실 자신들이 만든 것이었다.

두 여자가 마라톤을 완주했다는 사실이 세상에 알려질 수 있는 통로는 딱 한 가지였다. 신문에 보도가 되는 것. 그러나 그들이 이룬 위업은 이렇게 세상에 알려진 뒤에도 출판물에 기록

될 때는 반드시 별표 표시가 따라붙었다. 거의 예외 없이 '비공식'이라는 단어가 경기 결과보다 먼저 등장했다. 예를 들어 밀드레드 샘프슨은 모든 출판물에서 항상 '비공식' 세계 기록 보유자로서 3시간 19분에 완주했다고 소개되었다. 사이 코치는 최소한 신문만큼은 두 여자의 마라톤 완주를 인정해 줄 거라고 믿었다. 신문이 이 사실을 인정하는 일이 점점 더 많아지면 이 기사를 읽고 자신도 마라톤을 할 수 있다는 걸 깨닫는 여자들이 점점 더 늘어날 거라고 생각했다. 사이 코치는 신문 기자들이 틀림없이 취재하러 오도록 만들기 위해 계획을 짰다.

사이 코치는 신문 기자들을 유인하기 위한 작전으로, 타자기로 분홍색 노스요크 육상 클럽 로고가 박힌 베이지색 종이에 편지를 썼다. 캐스린에게 보내는 편지였다.

"여자들의 비공식적인 마라톤 참가 사실을 널리 알리는 것은 캐나다 아마추어 체육 협회가 결코 원치 않는 일입니다. 하지만 당신이 이 마라톤에 참가할 마음을 굳혔다면, 제가 이 사실을 언론에 알리는 걸 허락해 주기 바랍니다. 언론의 선정주의에 편승하려는 목적이 아닙니다. 여자는 장거리 달리기를 할 수 없다는 이런 어리석은 생각을 깨트려야 한다는 것이 제 신념인데, 당신이 이 마라톤에 참가한다면 이런 메시지를 효과적으로 전파할 수 있을 거라고 생각합니다."

사이 코치는 그 메시지가 크고 선명하게 울려 퍼지기를 원했다. 그는 모린과 캐스린의 마라톤이 실재하는 것임을 세상에 알리기 위해 신중하게 작은 조각들을 맞춰 온 터였다. 이제 그의 앞에는 중요한 일이 남아 있었다. 바로 기자들이 그 현장을 취재하러 달려오게 만드는 것이었다. 지금 그에게 필요한 것은 불쏘시개였다.

얼마 전에 그가 모린에게 다가가서 처음 던진 질문은 마라톤을 뛰어 보겠느냐는 것이었고, 두 번째 질문은 이것이었다.

"세계 기록에 도전할 거지?"

"당연하죠!" 모린의 대답이었다.

· · · · ·

1967년 5월 5일 저녁 늦게, 캐스린과 톰, 어니 그리고 '시러큐스 해리어스 달리기 클럽'의 또 다른 회원이 탄 자동차가 온타리오 노스요크의 한적한 거리로 들어섰다. 이들은 차를 타고 오면서 이번 마라톤 이야기를 나누었다. 캐스린은 다시 마라톤을 뛸 기회가 생겼다는 생각에 약간 흥분이 되기도 했지만, 이 마라톤에 참가할 예정이라는 열세 살짜리 꼬마 소녀 때문에 자꾸만 마음이 쓰였다.

허벅지와 젖꼭지가 쓸려 벗겨지고 발톱에 멍이 들고 발바닥에 물집이 잡히는 건 장거리 달리기 선수들이 흔히 입는 부상이다. 캐스린은 실제로 이런 육체적 고통을 겪었던 만큼, 마라톤은 어린 소녀나 소년이 뛰기에는 버거운 운동이라고 생각했다.

모린을 직접 만나 본 적은 없지만 뭔지 모르게 마음이 언짢았다. 사이 코치가 꼬마 소녀를 훈련시킨다고 학대를 해 온 건 아닐까? 부모가 강압적으로 꼬마를 몰아세우고 있는 건 아닐까?

사이 코치는 자기 집 근처 길가에 서 있다가 이들을 맞이했다. 키가 작고 마른 데다 우스꽝스러운 모자와 안경을 쓴 코치의 모습이 캐스린의 눈에 들어왔다. 그의 몸에서는 속사포처럼 쏟아지는 말투만큼이나 에너지가 넘쳐나는 것처럼 보였다. 적어도 아직 어린 스타 선수를 이용해서 명성과 부를 쌓으려고 작정한 장사치나 유들유들한 모략꾼처럼 보이진 않았다.

캐스린이 보기에, 그는 괴짜라는 표현이 더 어울릴 것 같았다.

그즈음에 장거리 달리기에 관심이 있는 남자들은 대부분 괴짜처럼 보였다. 그들은 짧은 반바지를 입고 면 티셔츠나 러닝셔츠를 반바지 고무줄 안으로 집어넣은 차림으로 달렸다. 그들은 분명히 달랐다. 기이하기까지 했다. 그러나 장거리 달리기에 대한 열정만큼은 아주 대단해서 다른 사람들에게 이 경험을 접할 기회를 열어 주는 걸 굉장히 좋아했다. 캐스린과 모린도 이런 사람들의 초청을 받아 장거리 달리기를 시작한 경우였다. 하지만 스포츠 재킷을 입고 장거리 경기를 조직하는 담당자들은 이런 초청의 의도를 이해하지 못하는 것처럼 보였다.

캐스린은 사이 코치라는 사람이 자신이 만나 온 많은 장거리 달리기 선수들과 같은 부류라는 걸 알아보았다. 캐스린은 사이 코치가 마음에 들었다.

"이 근처에 저녁 먹기 좋은 식당이 있나요?"

캐스린이 물었다. 배가 무지 고팠다.

"시간이 늦어서 대부분 문을 닫았을 거예요." 사이 코치가 대답했다. 그러고는 미소를 지으며 말했다. "하지만 걱정 말아요. 중국 식당은 늘 열려 있어요."

갈 수 있는 곳이 중국 식당뿐이라는 말을 듣고 캐스린은 덜컥 겁이 났다. 중국 음식을 먹는 게 익숙하지 않았을 뿐 아니라, 경기 전날 밤에 배탈을 일으킬지 모를 음식을 먹고 싶지는 않았다. 하지만 선택의 여지가 없었다.

캐스린은 튀긴 새우와 밥을 주문했다. 캐스린은 식사 중에 내일 경기 때 출발 지점 주변에 몸을 숨기고 있다가 살짝 끼어들어 출발할 필요도 없고 자신이 여자인 걸 숨길 필요도 없다는 걸 알게 되었다. 내일은 날씨도 좋을 거라고 했다. 캐스린은 내일은 장거리 경기에 어울리는 고동색 반바지와 상의를 입어도 되겠다고 생각했다. 보스턴 마라톤 때는 그 위에 추리닝을 껴입어야 했지만, 이번에는 그럴 필요가 없을 터였다.

캐스린은 음식이 너무나 맛있었다.

• • • • •

저녁을 먹을 때 모린은 신경이 곤두서 있었다.

내일 있을 경기가 부담스러운 건 아니었다. 내일 자신이 달릴 속도와 거리에 대해서는 자신 있었다. 모린은 그것 말고 다른 모든 상황이 불안했다.

며칠째, 모린은 허리에 올가미가 채워져 있고 그 올가미가 시간이 갈수록 단단하게 조여 오는 듯한 느낌에 시달렸다. 모린은 신문 기사 스크랩을 통해 사이 코치와 아마추어 체육 협회 사이에 벌어진 논쟁에 대해 자세히 알았다. 사이 코치는 모린의 세계 기록 도전 시도에 대해서는 침묵을 지키라고 모린의 어머니에게 일러두었다. 연습을 마친 뒤에도 클럽의 어른들은 평소보다 더 초조한 모습이었다.

그러나 모린이 대회 준비 과정에서 가장 힘들었던 날은 어머니를 따라 병원에 간 금요일 저녁이었다. 모린은 의사를 굉장히 싫어했다. 갓난아기였을 때부터 그랬다. 소독제 냄새가 풍기는 깨끗한 진찰실과 금속 청진기를 목에 건 사람들을 볼 때마다 겁에 질렸다. 하지만 어머니는 꼭 의사를 만나야 한다고 고집했다. 모린이 의사 진찰을 받는 건 사이 코치가 세운 계획의 일환이었다. 사이 코치는 모린이 마라톤 완주를 할 만큼 건강하다는 걸 증명하는 기록이 필요하다고 생각했다. 그런데 사실 더 중요한 게 있었다. 사이 코치는 사람들이 모린의 신체적 능력 말고도 더 큰 의혹을 제기할 거라고 예측했고, 그래서 모린이 여자라는 의학 전문가의 소견을 문서로 받아 둬야 한다고 생각했다.

당시 열세 살 모린은 왜 의사를 만나야 하는지 이해할 수 없었다. 섬뜩한 분위기를 풍기는 의료 장비와 차트들 때문에 마음이 졸아든 채 진찰실에 앉아 있었다. 여러 해 전부터 모린을 보아 온 의사가 들어오더니 맥박을 짚어 보고는 몇 가지 질문을 했다. 그리고 진료 기록지에 뭔가를 적어 넣은 다음 모린을 돌려보냈다.

팽팽한 긴장감이 모린의 마음까지 조여 댔다.

대회 전날 밤, 모린의 생각은 소용돌이쳤다. 참가 자격이 인정되지 않으면 어쩌지? 아예 뛰는 것까지 금지당하면 어쩌지? 갈등이 있고 그 갈등의 중심에 자신이 있었다. 자신이 마라톤에 나가는 걸 원치 않는 사람들이 있다는 걸 알았다.

17

세계 기록을 내자!

드문드문 금이 간 아스팔트 도로변 잔디밭에 모린이 잔뜩 주눅이 든 모습으로 서 있었다. 어른들만 참가할 수 있는 행사에 몰래 들어가 어정거리는 아이 같았다. 캐나다와 미국의 신문은 모린의 마라톤 참가에 대해 보도할 때마다 꼬박꼬박 모린의 키를 거론했다. 기자들은 모린을 "꼬마"라고 불렀다. 모린은 열세 살인데도 키 142센티미터, 몸무게 36킬로그램으로 작은 몸집이었다. 몸집이 선수들을 비교하는 기준 그 자체라 하더라도, 모린이 또래 소년 소녀들과 경기를 할 때 기자들이 했던 말들은 이번 대회와 관련해서 모린을 둘러싸고 벌어지는 맹렬한 소용돌이에 비하면 아무것도 아니었다.

요크 대학교의 새로 지은 벽돌 건물 바로 북쪽에 면해 있고 모린의 집에서 10분 거리인 스틸스가에서 모린은 이렇게 마음이 좋아든 적은 처음이었다.

성인 남자 스물여덟 명이 스트레칭을 하고 조깅을 하고 이야기를 나누며 거리에 늘어서 있었다. 그들은 마치 폭풍에 흔들거리며 서 있는 가로수 같았다. 모린은 그 언저리에 선 채, 경기를 할까 말까 망설였다.

"이제 가야 해." 어머니가 딸에게 단호하게 말했다. "곧 경기가 시작될 거야."

모린은 위장에서부터 불안감이 스멀스멀 솟아올랐다. 경기를 앞둔 긴장감 때문이 아니었다. 남자들 가까이 다가갈 생각만으로도 가슴이 조여 왔다. 그중에는 모린이 아는 사람도 있었다. 평일 저녁마다 사이 코치와 함께 달렸던 사람들이었다. 모린이 알지 못하는 사람들도 면 티셔츠에 러닝용 양말을 신어서인지 모두 친절해 보였다. 하지만 자신이 고동색 반바지와 러닝셔츠 차림으로 다가가면 그들이 어떤 반응을 보일지 모린은 가슴이 조마조마했다.

저 사람들이 뭐라고 할까? 모린은 자꾸 발이 굳어졌다.

"이제 가야 해." 어머니가 말했다. "곧 출발이라고."

모린은 겹쳐 입었던 헐렁한 추리닝 바지를 벗고 선수들이 모인 곳으로 타박타박 걸어갔다. 남자들은 계속해서 스트레칭을 하고 서로 가까이 다가서서 농담을 주고받았고, 그들의 긴 팔다리는 도로를 따라 불어오는 돌풍에 떠밀린 것처럼 빠르게 회전했다. 그들은 이미 몸을 푼 뒤였다.

주춤주춤 그들 쪽으로 다가가면서 모린은 출입 제한이 있는 중요한 회의장에 들어선 느낌이 들었다. 마치 열면 안 되는 문을 무심코 열었다가 방 안에 있던 사람들이 한꺼번에 고개를 돌려 자신을 쳐다보고는 약속이라도 한 듯 입을 굳게 다무는 것을 본 듯한 기분이었다. 모린이 남자들 곁에 다가섰을 때, 갈색 머리를 찰랑이는 모린의 키는 남자들 가슴팍 높이에 닿을락 말락 했다. 남자들이 주춤주춤 물러서며 모린에게 자리를 내주었다. 몇몇 사람의 얼굴에는 당황스러운 빛이 뚜렷이 배여 있었다.

이 여자애가 엉뚱한 곳을 찾아온 거 아냐? 여자들이 모이는 곳은 따로 있을 텐데?

다른 여자들은 저만치 옆에 떨어져 있었다. 그곳에는 십여 명의 여자들이 자신이 뛸 경기를 기다리고 있었다. 여자 8킬로미터 달리기가 시작되는 시간은 주요 경기가 시작된 뒤로 정해져 있었다. 물론 이날의 주요 경기는 마라톤이었다.

마라톤 출발선에는 또 한 명의 여성이 서 있었다. 캐스린이었다. 하지만 모린은 캐스린이 서 있는 걸 알아차리지 못했다. 자기만의 생각에 빠져 불안감에 휩싸여 있었다. 다른 사람들이 어떻게 생각할까 걱정이었다. 이곳에 있는 사람들만이 아니라 세상 모든 사람들이 어떻게 생각할까? 모린은 잔뜩 위축되어 있었다. 자신감이 바닥이었다.

"주자들은 출발선에 서세요." 한 남자가 외쳤다.

사이 코치가 다가오더니 모린 옆에 자리를 잡았다. 그도 함께 뛸 예정이었다. 반바지에 티셔츠를 입고 늘 쓰는 검은 안경을 썼다.

"준비."

모든 주자가 일시에 숨을 골랐다. 모린의 근육이 죄였다. 소녀는 고개를 들어 정면을 주시했다. 왼쪽에는 벽돌 건물이 늘어서 있었고, 오른쪽에는 잡초가 무성한 풀밭과 농지가 펼쳐져 있었다. 도로는 차단되어 있지 않았지만, 토요일 오전 11시 59분인데도 자동차가 다니지 않았다. 남자들의 모습은 모린의 시야 초점 밖에서 뭉개져 있었다. 익숙한 느낌이 찾아왔다. 신호총이 발사되기를 기다리는 순간마다 침묵 속에 느껴지는 팽팽한 긴장감!

땅!

길에 늘어섰던 남자 스물여덟 명, 시러큐스에서 온 젊은 여자한 명, 그리고 열세 살 소녀가 서쪽을 향해 발을 내디뎠다.

그중에서 세계 기록을 내겠다고 마음먹고 달리는 사람은 단한 사람이었다.

・・・・・

이 페이스는 너무 너무 느리다. 1.6킬로미터를 달린 뒤에 모린이 한 생각이었다. 별로 힘이 들지 않아서 준비 운동을 하는 것같았다.

모린은 중간 그룹 남자들의 속도에 맞추어 뛰는 페이스에 익숙해졌다. 모린 옆에서 사이 코치가 달렸다. 사이 코치는 모린이 페이스를 유지하도록 도와주면서 결승선까지 나란히 달릴 계획이었다. 이 경기는 모린의 첫 마라톤이었다. 그리고 사이 코치의 첫 마라톤이기도 했다. 게다가 끝까지 모린과 나란히 뛸 자신도 있었다. 1.6킬로미터 지점까지 달려 보니 이 정도 속도라면 거뜬하다는 생각이 들었다.

7분 30초. 모린은 1.6킬로미터 간격으로 배치된 거리 표지판이 나올 때마다 정확히 이 페이스를 지켜야 했다. 마치 메트로놈처럼.

이건 초심자에게는 빠른 페이스였다. 하지만 모린은 수천 킬로미터의 훈련으로 근육이 단단히 붙은 다리가 허공을 가르는 듯한 느낌을 받았다. 이런 속도라면 영원히 달릴 수 있을 것 같았다. 이런 느낌은 난생처음이었다.

보통 달리기 경기 때는 출발 신호가 울리고 나도 긴장이 풀리는 일이 없다. 다리가 출발선을 박차고 총알처럼 뛰어 나간다. 긴장을 늦추기는커녕 근육에 불이 붙는다. 거친 숨을 몰아쉬기 시작한다. 말을 할 수도 없고 미소를 지을 수도 없고 손짓을 할 수도 없다.

그런데 처음 몇 킬로미터 구간에서 모린은 이 세 가지를 모두 할 수 있었다. 전에는 경기를 할 때 이렇게 편한 느낌을 받은 적이 없었다. 출발선을 벗어난 것만으로도, 초조감에서 벗어난 것만으로도 행복했다. 모린은 자신이 가장 좋아하는 일을 하고 있었다. 달리기를 하고 있었다. 달리기이긴 하지만, 너무나 느린 달리기였다. 모린에게만큼은 그랬다.

7분 30초. 7분 30초.

모린은 1.6킬로, 3.2킬로, 4.8킬로를 경쾌하게 뛰어가면서 마음속으로 쉬지 않고 이 시간을 되풀이해서 되뇌었다. 시계처럼 정확하게. 사실 모린은 시계가 필요하지 않았다. 모린은 1.6킬로미터 구간마다 지켜 서서 자신에게 페이스가 너무 빠르다고 말해 줄 사람이 필요치 않았다. 어떤 상황에서도 모린은 몇 발짝만 뛰어 보면 적절한 페이스로 뛰고 있는지 알 수 있었다.

연습할 때, 사이 코치는 모린에게 400미터를 75초에 뛰라고 말하곤 했다. 모린은 대부분 1초 차이로 그 시간을 놓쳤다. 모린은 자기 발이 얼마나 세게 땅을 차는지, 자기 폐와 코로 숨이 얼마나 빨리 들고 나는지, 아주 미세한 느낌만으로도 적절한 페이스를 찾을 수 있다는 자신감이 있었다.

6.4킬로미터: 7분 30초.

8킬로미터: 7분 30초.

이건 쉽고 재미있는 경주였다. 모린은 자기 집에서 아주 가까운 한적한 2차선 도로에서 코치와 나란히 달렸다. 그날은 5월의 토요일이었고, 모린은 곧 집으로 돌아갈 터였다.

"야호," 모린은 첫 번째 바퀴에서 간식 보급대 근처에 모인 관중을 향해 말했다. "기분 최고예요!"

• • • • •

'캐나다 동부 백 주년 기념 마라톤 대회'의 경주로는 딱 한마디로 요약할 수 있다.

단조롭다.

이 코스가 선택된 건 거리 때문이었다. 1967년, 그 당시에는 30명의 주자가 달릴 수 있는 코스를 확보하기 위해서 수십 킬로미터나 되는 도로에서 차량 통행을 차단하는 일은 있을 수 없었다. 그래서 주최 측은 자동차가 다니지 않는 도로를 선택할 수밖에 없었다. 5월 토요일 정오에 자동차가 없는 곳, 그게 딱 요크 대학교 주변이었다. 이 대학교 캠퍼스는 토론토 중심가에서 북서쪽 방면으로 드넓은 농경지와 성긴 풀밭 한가운데 있었다.

이 마라톤 코스는 약 8킬로미터 코스를 다섯 바퀴 뛰도록 구성되었다. 요크 대학교 캠퍼스를 사각형 모양으로 둘러싼 2차선 도로의 총거리가 딱 8킬로미터였다. 마라톤 주자들은 장거리 달리기가 주는 고됨과 단조로움을 잊게 해 줄 기분전환거리를 바라는데, 이 코스에서는 거의 똑같은 경관이 반복되었다. 왼쪽으로는 벽돌 건물이 계속 이어지고, 오른쪽으로는 초록색과 고동색, 베이지색을 띤 넓디넓은 평원이 펼쳐졌다. 주자들은 서너 시간 동안 글자 그대로 사각형 순환로에 갇힌 채 달려야 했다.

하지만 모린은 단조로운 경관이 전혀 거슬리지 않았다.

이번 달리기는 가장 친한 친구들과 부모님이 함께하는 주말 모임 같이 느껴졌다. 경관이야 어떻든 상관없었다. 자기를 돕는

2부 · 경기

사람들을 생각하노라면 눈 깜짝할 사이에 몇 킬로미터가 후루룩 지나갔다. 모린 곁에는 틈이 날 때마다 농담도 던지고 짧은 격려의 말도 해 주고 페이스 정보도 알려 주는 사이 코치가 있었다. 모린은 매 바퀴 마지막 턴을 하기 전 킬스트리트의 완만한 언덕을 치고 올라갈 때마다, 지난 3년 동안 자신을 응원해 준 모든 사람들이 그곳에 모여 작은 응원단을 꾸리고 자신을 응원하는 모습을 보았다. 모린이 달릴 수 있는 건 그 사람들 덕분이었다.

그곳에는 심 아저씨도 있었다. 그는 모린을 아이스크림 가게에 태워 가려고 오토바이를 세워 놓고 기다리는 대신 교통을 통제하는 일을 맡았다. 그의 아내 존과 사이 코치의 딸 브렌다와 보니도 있었다. 그들은 간식 보급대 깃발이 펄럭이는 작은 탁자 뒤에 서 있다가 매 바퀴를 달려 다가온 모린에게 물과 달콤한 오렌지 과즙 음료가 든 종이컵을 건네주었다. 주자들이 정해진 코스를 빠뜨리지 않고 달리는지 확인하는 임무를 맡은 진행 요원은 존 도바스턴이었는데, 그는 육상 클럽을 함께하는 친구 스티브의 아버지였다. 모린의 아버지 로저와 조앤의 아버지 조도 모퉁이에서 진행 요원으로 일했다.

모린의 어머니 마거릿은 하루 휴가를 내고 왔다. 그날만큼은 이튼스 백화점에서 가슴을 졸이다가 딸이 무사히 완주했는지 들으려고 전화기로 달려갈 수 없다는 생각에 내린 결정이었다.

모린은 정확히 페이스를 지키며 두 번째 바퀴, 세 번째 바퀴를 달리는 동안 출발선에서 느꼈던 긴장감에서 완전히 벗어났다. 경주하는 느낌이 거의 들지 않았다. 달리기와 관련해서 충만한 기쁨을 느끼게 해 준 모든 상황이 한꺼번에 펼쳐지는 축제의 현장에 와 있는 것만 같았다. 소녀는 활기하게 나아갈 때마다 차오르는 뿌듯함이 좋았고, 자신이 가장 아끼는 사람들이 보내는 따뜻한 응원이 좋았다.

7분 30초.

7분 30초.

한 겹 한 겹 벗겨지는 양파처럼, 바퀴를 거듭할 때마다 긴장감이 점점 옅어졌다. 이번 경기는 이제껏 해 왔던 경기와는 전혀 다른 느낌이었다. 예전과는 다르게, 자신을 뒤쫓아 달리는 여자는 한 사람도 없었다. 캐스린이 달리고 있었지만, 당시에 모린은 그 사실을 몰랐다. 캐스린은 처음부터 모린에게서 한참 뒤처져 있었다. 전력을 다해 추월해야 할 로베르타 피코도 없었다. 결승선까지 필사적으로 달릴 때 흔히 경험하는 근육 통증도 없었고, 허파가 터질 듯 숨이 차지도 않았다.

한 바퀴가 끝나는 지점에 도착하면 모린은 잠시 달리기를 멈추고 땅에 말뚝을 박고 질긴 천을 둘러 만든 막사 뒤에 웅크려 앉았다. 주자들을 위해 만든 작은 임시 화장실이었다. 모린은 경기 중에도 자연이 보내는 신호에 응답하여 볼일을 본 뒤 다시 전력 질주를 하는 상황이 참 재미있다고 생각했다.

친구들과 부모님이 보내는 응원 덕분에 그 긴 코스가 미끄러지듯 지나갔다. 경기가 아주 쉽게 느껴졌다. 모린은 사람들이 왜 그렇게 법석을 떨었는지 궁금해지기 시작했다. 왜 내가 경기 출발선에서 그렇게 안절부절못했지? 왜 내가 있어서는 안 될 자리에 있는 느낌을 받았지? 마라톤이 이렇게 쉽고 재미있는데 왜 누군가는 내가 마라톤을 하는 걸 막으려고 했지?

7분 30초.

몇 킬로미터만 더 달리면, 모린 윌턴은 마라톤을 완주한 최초의 캐나다 여성이 될 터였다. 지금의 페이스를 유지한다면, 그는 여자 마라톤 세계 최고 기록을 올리게 될 터였다. 역사는 흥미롭다. 역사적인 업적을 이루어 내는 사람들은 종종 바로 지금 자신이 하는 일이 역사적인 업적이라는 걸 알지 못한다. 모린도 그랬다.

. . . . .

하지만 마라톤은 결코 쉬운 일이 아니다. 마라톤은 수천 년 전에 있었던 전투 때문에 생겨난 것이고, 어찌 보면 전투와 다름없다. 마라톤 주자는 자기 몸과의 전투를 벌인다. 이제껏 제 몸이 해 본 적 없는 일을 해내라고 다그친다. 종종 몸이 반란을 일으키기도 한다.

사이 코치는 자기 몸의 반란을 보여 주고 싶지 않았다. 하지만 이런 달리기는 이제껏 해 온 그 어떤 달리기보다 자신의 몸에 큰 고통을 안겨 주었다. 근육이 끊어질 듯 아팠고, 발 이곳저곳이 쓸려 화끈거렸다. 24킬로미터까지는 모린과 함께 달렸지만, 앞으로 얼마나 더 버틸 수 있을지 자신이 없었다.

"나는 화장실에 가야겠다." 사이 코치는 모린에게 말했다. "너는 계속 달려. 곧 쫓아갈게."

모린은 미소를 지으며 날 듯이 달려갔다.

어떻게 저 애한테는 마라톤이 쉬워 보이지?

물론 사이 코치는 답을 알고 있었다. 모린은 자신의 지도를 받으면서 삼 년 동안 훈련을 해 왔다. 모린의 몸은 이런 정도의 거리를 거뜬히 달릴 준비가 되어 있었다. 열심히 훈련을 해 왔으니 이 달리기가 힘들다고 느껴지지 않을 것이다.

화장실로 들어갔을 때, 사이 코치는 모린을 따라갈 힘이 없다는 것을 깨달았다. 화장실에서 나와 보니 모린이 보이지 않았다. 그는 근육에 쥐가 난 상태로, 『오즈의 마법사』에 나오는 녹이 슬어 잘 움직이지 못하는 양철 나무꾼처럼 절뚝거리며 움직이기 시작했다. 32킬로미터 지점에서, 그는 도로변에 털썩 주저앉았다. 모린은 어디 있는지 보이지 않았다.

이 사람들은 왜 여기 와 있지? 그는 생각했다. **더 이상 못 달리겠다. 한 바퀴 더 달릴 힘이 없어. 더 달리다가는 죽을 거야.**

왼쪽 신발을 벗었다. 면양말이 땀과 점액으로 축축해져 있었다. 발바닥에 잡힌 커다란 물집이 몇 킬로미터 전에 터진 것 같았다. 시뻘겋게 달아오른 살갗이 한 걸음 뗄 때마다 화끈거렸다.

어쩌면 그는 "죽겠다는 소리는 절대 하지 마라"라는 걸 좌우명으로 삼아 왔을지도 모른다. 그런데 지금은 도로변에 널브러진 채 "죽겠다"라고 되뇌면서 이제껏 마라톤이 어떤 건지 몰랐다는 걸 절감했다. 사실 이렇게 먼 거리를 달려 본 적이 없었다.

물론 사이 코치는 마라톤에 관한 기본적인 사실을 알고 있었다. 하지만 그것은 일반 신문이나 사이 코치가 열심히 구독해 온 달리기 잡지들을 읽으면 누구나 알 수 있는 내용 정도였다. 마라톤은 워낙 먼 거리라 굉장히 힘들기 때문에 얼마가 걸리든 완주를 하는 것만으로도 영예로운 일이라는 걸 알고 있었다. 1967년 당시, 마라톤 완주의 영예를 안은 사람들은 그리 많지 않았다.

바로 그 점이 사이 코치를 매료시켰다. 그는 자신이 빠른 주자라고 생각하지 않았다. 자신을 '풋내기,' '햇병아리'라고 불렀다. 자신이 무능하다고 생각했고, 캐나다 남부 전역의 경기에서 우승한 친구들과 함께 있을 때는 자기만 외톨이가 된 기분이 들었다.

사이 코치는 자신의 인생에서 가장 힘든 달리기가 될 마지막한 바퀴를 남겨 두고 길가에 앉아 있었지만, 그렇다고 해서 참가자들 중에서 아주 많이 뒤처진 건 아니었다. 몇몇 사람들은 이미 달리기를 포기한 뒤였다. 간식 보급대와 풀밭에서의 편안한 휴식은 강렬한 유혹이었다. 남은 한 바퀴를 달리자는 생각을 자꾸만 밀어냈다.

도로 한쪽 구석에서 구경하던 조앤은 누군지 모르는 아버지뻘의 주자가 도로변 배수로에 쓰러지는 것을 보고 비명을 질렀다. 다리에 쥐가 난 것 같았다.

모린도 많은 사람들이 쓰러지는 걸 알아차리기 시작했다. 하지만 메트로놈 같은 모린의 페이스에는 전혀 흔들림이 없었다.

모린은 첫 바퀴를 16위로 간식 보급대 앞을 지나갔다. 두 바퀴를 채울 무렵엔 14위로 올라섰다. 주자들의 대열은 길게 늘어져 대부분 혼자 또는 두세 명씩 작은 무리를 지어 달렸다. 출발 직후에 욕심을 내서 전력 질주했던 주자들은 세 바퀴째에서 느려지기 시작했고, 자신의 몸이 전하는 현실을 직시하라는 뼈아픈 교훈을 들어야 했다.

모린이 네 바퀴째 출발 구역을 통과하자, 클럽의 동료들이 도로로 뛰어들어 모린과 함께 달렸다. 이들은 그곳에서부터 8킬로미터의 거리를 달리면서 네 명의 주자를 추월했다. 마지막 바퀴에 접어들자 모린은 8위로 올라섰다. 모린의 뒤 여기저기에서는, 튼튼한 몸과 남자라는 이유로 마라톤에 참가할 수 있었던 주자들이 절뚝거리고 있었다. 결코 해낼 수 없을 것처럼 보이던 소녀가 친구들에게 미소를 지으며 손을 흔들었다. 모린 앞에는 마지막 한 바퀴, 8킬로미터만 남아 있었다.

• • • • •

모린의 어머니 마거릿 월턴은 눈을 가늘게 뜨고 손목에 찬 시계를 들여다보았다. 신축성 있는 밴드에 청석돌이 박힌 기계식 블로바 시계였다. 시곗바늘이 마거릿의 초조한 속마음을 대변하듯 씰룩거리며 움직였다.

오늘은 모린이 늦게 달리네, 마거릿은 속으로 생각했다. 눈을 가늘게 뜨고 킬스트리트 남쪽을 바라보다가 다시 시계를 보았다. 마음이 불안했다. 그가 선 곳은 마지막 꺾이는 지점, 결승선을 정확히 1.6킬로미터 앞둔 곳이었다.

결승선 옆에 지켜 서 있다가 세계 기록을 선언하는 시간 기록원 옆을 지나 들어오는 딸을 품 안에 안아 주고 싶은 마음이 굴뚝같았지만, 그 대신에 꼭 해야 할 일이 있었다. 자신이 직접 나서서 모린에게 마지막 페이스가 어떤지, 세계 최고 기록이 가능한지 알려 주고 싶었다. 처음 뛰는 최장거리 경기의 마지막 구간을 버틸 수 있도록 딸에게 따뜻한 격려의 미소도 보내 주고 싶었다. 그게 엄마가 해야 할 일이라고 믿었다. 결승선 옆에서 지켜보기보다는, 가장 중요한 시기에 모린을 돕고 싶었다.

다섯 명의 남자가 기를 쓰고 달려 마거릿이 서 있는 곳을 지나갔다. 선두를 달리는 짐 비스티는 고통스러워 보였지만 단호한 기세로 달렸다. 몇 분 뒤에 지나간 대학생 또래의 짐 리아는 그곳을 지나간 어느 누구보다 힘이 넘쳐 보였다. 다른 사람들은 좀비처럼 움직였다. 달리기는커녕 발을 질질 끌고 있었다.

그런데 모린은 어디 있지? 모린은 어떤 모습일까?

마라톤 경기는 정오에 시작되었다. 모린은 3시 19분까지 결승선을 통과해야 했다. 그렇다면 3시 11분에는 마거릿 앞을 지나가야 했다.

시계 작은 바늘이 알아차리지 못하게 살며시 움직였다.

· · · · ·

7분 30초, 33.6킬로미터.

7분 30초, 35.2킬로미터.

모린은 시계를 차지 않았지만 자신이 페이스를 유지한다는 걸 느낄 수 있었다. 페이스를 놓칠 거라는 생각은 전혀 들지 않았다. 경기 진행 요원들과 클럽 동료들 그리고 부모님이 자주 큰 소리로 시간을 알려 주었는데, 32킬로미터 지점까지는 페이스를 유지한 게 분명했고 그 뒤로도 느려졌다는 느낌이 들지 않았다.

킬스트리트에서 북쪽을 향해서 작은 언덕을 올라가는 40킬로미터 지점 근처에서, 모린은 어머니를 보았다. 마거릿은 다시 시계를 확인하고 슬며시 고개를 들었다.

"너무 느려. 그 속도로는 성공 못 해!" 쌩하니 지나가는 모린에게 마거릿이 소리쳤다.

그 소리에 모린은 정신이 번쩍 났다. 그대로 내달리면서 고개를 돌려 소리쳤다. "너무 느리다니 무슨 소리예요?" 하지만 이미 멀어져서 대답을 들을 수 없었다. 모린은 당황스럽고 화가 났다.

이해가 되지 않았다. 자신은 1.6킬로, 1.6킬로를 어김없이 정확한 속도로 뛰었다고 생각했다.

머릿속에서 작은 목소리가 모린의 생각에 구멍을 냈다. **네가 잘못 생각한 거 아냐? 네가 너무 느리게 뛴 거 아냐?**

마라톤에서 40킬로미터 구간은 정신을 혼미하게 하는 지점이다. 이곳에서는 의지력이 약해지고 작은 목소리의 유혹에 넘어가기 쉽다. 작은 목소리가 그만하면 됐다고 이제 속도를 늦추라고 속삭인다. 잠깐 쉬어, 어차피 원하는 시간에 들어가지 못할 텐데 뭐.

하지만 이기고야 말겠다는 치열한 의욕에 찬 사람이라면 그 목소리를 무시하고 끝까지 노력한다.

모린은 변속 기어를 넣었다. 텅 빈 고속도로에서 운전자가 스포츠카의 속도를 높이듯 달리는 속도를 높이기 시작했다. 전에는 미끄러지듯 달렸다면 이제는 나는 듯이 달렸다. 다리를 내뻗는 속도가 점점 빨라져서 1.6킬로미터당 6분 페이스가 되었다. 세계 최고 기록을 내진 못하더라도 마라톤을 완주할 수 있다는 것만큼은 증명해야지.

소녀는 왼쪽으로 돌아 스틸스가로 접어들었다. 나무 말뚝에 붙은 작은 흰색 표지판에 '마라톤 결승점'이라고 쓰인 게 눈에 들어왔다. 모린의 머리카락이 더 높이 팔락이고, 모린의 팔꿈치가 바람을 가르며 목까지 솟구쳤다. 소녀는 전력을 다해 질주했다. 결승선을 400미터 앞둔 도로변에 서 있던 모린의 오빠 고드가 모린과 발을 맞추어 뛰면서 동생의 의욕을 북돋아 주었다.

결승선을 향해 나는 듯이 달려가던 그때, 모린이 모르는 두 가지 일이 다가오고 있었다. 하나는 그가 밀드레드 샘프슨이 낸 3시간 19분 기록을 깰 만큼 빠른 속도로 달렸다는 것이고, 다른 하나는 그가 캐나다 여성으로는 처음으로 마라톤을 완주했다는 것이었다.

모린이 알고 있는 건 오직 한 가지, 결승선이 몇 발짝 앞에 있고 이제 남은 힘을 죄다 끌어 모아 그 선을 넘을 거라는 것이었다. 모린은 힘차게 내달렸다. 그리고 서서히 속도를 줄이다가 멈춰 섰다. 그리고 깊게 숨을 몰아쉬었다.

"그 애가 기록을 깼나요?" 누군가가 소리쳤다.

"규정 위반 없이 완주를 한 게 확실한가요?"

MIGHTY
MOE

3부   기록

18

마이티 모, 완주 메달 대신
몽키스 포스터를 받다

1964년 10월 21일 오후, 일본 도쿄 국립 경기장은 안개에 뒤덮여 으스스했다. 짙고 자욱한 안개 속에서 35개국에서 온 예순 여덟 명의 남자들이 육상 트랙 위에 그어진 하얀 분필선 뒤에서 어깨와 다리를 풀고 있었다. 출발 신호가 울리자, 콘크리트와 철제로 지은 큰 볼 같은 경기장 안에 빼곡 들어찬 7만 5,000명의 관중들이 환호성을 올렸다. 주자들은 경기장 내부 트랙을 거의 두 바퀴나 달린 뒤에야 도심 도로로 이어지는 터널로 빠져나갔다. 지지대와 밧줄 뒤에 서너 겹을 이루고 선 수천 관중이 주자들이 달려가는 모습을 보고 환성을 질러 댔다. 전 세계가 숨을 죽이고 지켜보는 올림픽 마라톤의 현장이었다.

초록색 러닝셔츠에 고동색 반바지를 입은 한 남자가 뒤쪽에서 침착하게 속도를 높여 주자들의 무리에 합류했다. 경기 초반 5~6킬로미터 지점을 지켜보던 사람들은 그의 존재를 알아채지 못했을지도 모른다. 그는 6위로 달리고 있었다. 하지만 메트로놈처럼 정확한 속도로 내뻗는 한 걸음 한 걸음은 주위의 다른 주자보다 힘차 보였다. 그는 앞선 주자들과의 거리를 1센티미터씩 1센티미터씩, 한 걸음 한 걸음 좁혀 가다가 모두를 앞질렀다. 중간 지점에서 그는 2위 주자를 2초 차이로 앞섰다. 결승선 300미터 직전 지점에서는 4분 이상 앞서갔다. 4분이면 마라톤에서는 영겁의 시간이다. 저만치 뒤에서는 여러 주자들이 비틀거리며 도로를 벗어났다. 그들은 무릎을 꿇고 앉아 머리 위로 찬물을 부었다. 열 명의 주자가 완주를 포기했다.

초록색 러닝셔츠를 입은 남자는 먼발치에서 보면 비쩍 마르고 허약해 보였다. 하지만 거리가 좁혀질수록 그의 잘 발달한 근육의 윤곽이 점점 또렷이 두드러져 보였다. 비행기가 비행의 목적에 딱 알맞은 생김새로 되어 있는 것과 마찬가지로, 그는 달리기의 목적에 딱 알맞은 몸이었다. 그의 이름은 아베베 비킬라였다. 그가 달리는 것을 보면 마라톤이 아주 쉬워 보였다.

1932년 에티오피아 산악 지역에서 태어난 비킬라는 어려서부터 운동 실력이 돋보였다. 어른이 된 뒤, 그는 수도 아디스아바바로 가서 황실 호위대가 되었다. 호위대로 일하던 시절, 그는 멋진 유니폼을 입은 남자들과 마주쳤다. 그의 마음에서 작은 동경의 불길이 솟구쳤다. 그는 기필코 그 유니폼을 입고 싶었다.

비킬라는 유니폼을 입은 그 남자들이 1956년 멜버른 올림픽에 나갈 에티오피아 대표 선수들이라는 걸 나중에야 알았다. 그들은 육상 선수들이었다. 비킬라는 올림픽 대표 선수가 되어야 그 남자들과 똑같은 옷을 입을 수 있다면 올림픽에 도전하자고 마음먹었다. 그는 장거리 달리기에는 자신이 있었다. 그는 열심히 훈련을 해서 1960년 올림픽 대표 선수가 되어 로마로 갔다. 늘 신던 러닝화는 여행 중에 해져서 신을 수 없었고, 이탈리아 상점에서 구한 새 신발을 신고 뛰면 발에 심한 물집이 생겼다. 그래서 맨발로 경기를 했는데, 맨발로 뛰고도 우승을 했다. 그는 4년 뒤에 다시 올림픽에 출전하여 예전과 똑같이 타고난 재능을 뽐냈다. 우아하고 편안하게 달리는 모습은 4년 전과 다름이 없었지만, 한 가지 달라진 게 있었다. 맨발이 아니라 빛나는 흰색 퓨마 러닝화를 신고 있었다.

비킬라가 홀로 도쿄 국립 경기장 안으로 들어오자, 우렁찬 환호성이 그를 반겼다. 그가 입은 러닝셔츠는 땀과 물에 흠뻑 젖어 검은색에 가까워 보였다. 하지만 피로한 기색은 전혀 보이지 않았다. 그가 결승선에 설치된 가느다란 끈을 뚫고 들어오는 순간, 라디오 아나운서들이 놀란 목소리로 우렁우렁 해설을 해댔다. 도착하자마자 트랙 안쪽 잔디밭에서 스트레칭하며 몸을 푸는 비킬라를 찍으러 텔레비전 카메라들이 우르르 몰려들었다. 엄청난 관중이 올려다보는 가운데 점수 게시판에 비킬라의 기록이 찍혔다. 2시간 12분 11.2초.

아베베 비킬라는 마라톤 세계 기록을 갱신하면서 지구상에서 가장 유명한 선수 중 한 명이 되었다. 하얀 바탕 위에 검은 글씨로 된 배번 17번이 그의 가슴에서 빛났다.

• • • • •

잔디밭에 세워진 결승선 표지판 옆에 멈춰 섰을 때, 모린은 황량한 도로변에 서 있던 수십 명의 사람 사이에서 조그맣게 울리는 환호성을 알아듣지 못했다. 심장이 뛰는 속도와 거의 비슷한 속도로 머릿속에서 여러 가지 생각이 솟구쳐 올랐다.

해냈나? 내가 기록을 깼나?

모린은 도로 경계선 근처에 서 있는 노스요크 육상 클럽의 소녀들 쪽으로 걸어갔다.

"잘했어." 한 사람이 말했다.

"대단했어." 또 한 사람이 말했다. 모린은 누가 무슨 말을 하는지 알아들을 수 없었다. 그저 얼떨떨하고 답답해서 가슴이 터질 것만 같았다.

무슨 뜻으로 "잘했어"라고 한 거지? 경기 결과를 먼저 알려 줘야지.

그날 그곳에는 결승선을 넘는 주자들의 기록을 알려 주는 대형 시계가 설치되어 있지 않았다. 1967년에는 정확한 달리기 기록을 알려면 스톱워치를 쓰는 수밖에 없었지만, 모린은 커다란 스톱워치를 차고 달리는 걸 한사코 마다했다. 그래서 모린은 자신의 경기 결과를 알 도리가 없었다. 어머니가 너무 느리다고 말하는 걸 들었으니 자신이 느리게 뛴 거로구나, 라고만 알았다.

모린이 경기가 끝난 뒤에 느끼게 될 거라 예상했던 기분은 이런 게 아니었다. 모린은 자신이 모두를 실망시켰다고 생각했다. **40킬로미터 지점까지 그렇게 편안한 페이스로 달리지 않았다면 결과는 달라졌을 거야,** 모린은 생각했다. '사이 코치가 더 열심히 뛰라고 독촉했다면, 조금만 더 일찍 다리를 빠르게 놀려서 만족스러운 속도감과 통증을 느낄 수 있었다면, 그랬다면 지금 이렇게 가슴이 미어지진 않을 텐데. 가까운 친구들과 가족들이 지켜보는 앞에서 42.195킬로미터라는 장거리를 달리고도 목표를 달성하지 못하다니.'

맥이 풀린 채 클럽 동료들 쪽으로 걸어가는 모린의 가슴에 쭈글쭈글 주름 잡힌 종이 배번이 붙어 있었다. 모린의 배번은 17번이었다.

· · · · ·

기계식 시계는 장거리 주자의 몸과 비슷하다. 기계식 시계는 수백 개의 작은 부품으로 구성되어 있는데, 이 모든 부품이 조화롭게 움직여야만 모든 게 일정한 속도로 움직일 수 있다. 종이처럼 얇은 스프링 하나가 어긋나거나 톱니바퀴 사이의 윤활유가 부족하면, 시곗바늘이 1초보다 약간 느리거나 약간 빨리 움직이는 경우가 생길 수 있다. 이런 오차가 몇 시간, 며칠 또는 몇 달 동안 누적되면, 신축성 있는 밴드에 청석돌이 박힌 불로바 시계가 엉뚱한 시간을 표시하는 일이 벌어지기도 한다.

마거릿 월턴은 그 시계를 보고서 딸에게 잘못된 시간을 알려 준 것이다.

모린은 단순히 마라톤 세계 기록을 깬 게 아니었다. 세계 기록을 박살을 내 버렸다.

"네가 해냈어!" 실라가 미소를 지으며 모린을 향해 외쳤다. "진짜로 네가 해냈다고."

"내가 해냈다니 무슨 소리야?" 모린이 대꾸했다. "난 실패했어. 엄마가 나더러 너무 느리다고 하셨는걸."

"너희 엄마가 잘못 아신 거야. 정말이야. 네가 기록을 깼다고!"

모린의 마음속에서 소용돌이치던 좌절감이 혼란으로 바뀌었다. 곧이어 안도감이 찾아왔다. 동료들 표정이 환한 이유가 비로소 이해가 되었다. 주변 사람들이 박수를 치는 소리가 불쑥 모린의 귀를 파고들었다. 모린은 사람들이 웃고 있는 것을 알아보았다. '내가 실패한 게 아니구나.'

"그래서 내 기록은 얼마야?" 모린이 물었다.

모린이 대답을 기다리느라 미처 알아채지 못했지만, 그 사이에 키 큰 남자가 여자아이들이 선 쪽으로 터벅터벅 걸어왔다. 손에 기록장을 들고 정장 바지와 스웨터를 입고 있었다. 노스 요크 육상 클럽의 회원도, 회원의 부모도 아니었다. 모린은 경기 진행 요원(주자들의 경기 상황을 감시하기 위해 고용된 사람)이 아니면 캐나다 체육 협회 사람일 거라고 생각했다.

"규정 위반 없이 완주한 거 맞나?" 남자가 근엄한 말투로 물었다. 그리곤 방금 누군가에게 쪽지를 건네지 않았느냐고 학생을 다그치는 교사 같은 표정으로 모린을 내려다보았다.

모린은 정신이 멍해지며 작은 통증이 가슴을 때렸다.

다음 순간, 작은 통증이 분노로 바뀌었다. 이 남자가 이런 질문을 던지는 상황이 믿기지 않았다. 이건 질문이 아니었다. 분명히 '생트집'이었다. 모린이 부정행위를 했다고 생각하는 모양이었다.

모린은 3년 동안 훈련을 계속했다. 이제껏 수천 킬로미터를 달렸다. 먼지 날리는 얼헤이그 트랙에서, 노스요크 백 주년 경기장 안의 매끈하지만 단단한 시멘트 트랙에서, 볼티모어 시장이 지켜본 대회 때는 어느 묘지 옆 도로에서 그리고 벚나무에 금방 터질 듯한 꽃망울이 매달린 하이파크에서도 달렸다. 북미 대륙에서 경쟁이 치열하기로 소문난 젊은 여자들의 달리기 대회에 여러 차례 참가하여 메달과 트로피, 빛나는 파란 리본을 받았다. 물론 부정행위는 단 한 번도 한 적이 없었다.

멀리 떨어져서 보는 사람은 모린이 비쩍 마르고 작은 키에 허약해 보인다고 생각할 것이다. 가까이 다가가서 잘 단련되어 울뚝불뚝한 근육을 가진 모린의 모습을 보고 나서야, 사람들은 비행기가 비행의 목적에 알맞은 생김새로 되어 있는 것처럼, 모린 역시 육상 선수로서 최적의 신체를 가졌다는 걸 깨닫곤 한다.

모린은 그 남자의 눈을 똑바로 쳐다보았다. 배 속에서 불안감과 좌절감이 용트림을 쳤다. 자신이 곤경에 처했다는 생각이 들었다. '하지만 내가 곤경에 처할 이유가 있나? 내가 한 일이라곤 경기를 완주한 것뿐이다. 모든 코스를 달리는 동안 내 곁에는 사람들이 있었다!' 모린의 키보다 머리 하나가 더 커 보이는 이 남자가 모린의 가슴에 자신이 있어서는 안 되는 자리에 와 있다는 느낌을 또 다시 불어넣고 있었다.

"네, 선생님. 저는 부정행위 없이 뛰었습니다." 모린이 온순하게 대답했다 .

3시간 15분 22.8초. 종합 6위. 모린은 남자 스물세 명(중도 포기한 사람 일곱 명 포함)과 캐스린까지 따돌렸다. 이제껏 마라톤을 완주한 여성 가운데 가장 빠른 기록이었다. 모린은 토론토에서만이 아니라, 캐나다에서만이 아니라, 북미 대륙에서만이 아니라 세계에서 가장 빠른 시간에 마라톤을 완주한 여성이었다.

$$\cdot \, \cdot \, \cdot \, \cdot \, \cdot$$

아베베 비킬라는 남자 마라톤 세계 기록을 세우고 나서 한 시간여 뒤에 열린 올림픽 수상식에서 가장 높은 수상자 단에 올라섰다. 그의 머리가 경기장 안쪽에 있는 다른 모든 사람 머리 위로 훌쩍 솟아 있었다. 7만 5,000명이 넘는 사람들이 이글거리는 올림픽 성화를 배경으로 에티오피아 국기가 펄럭이며 올라가는 것을 지켜보았다. 비킬라의 목에 금메달이 걸려 있었다. 며칠 뒤에 그는 에티오피아 정부로부터 자동차를 상으로 받았다.

모린 월턴은 비킬라와 똑같은 위업을 이루고 나서 20분여 뒤에 경기장 결승선 옆에 서 있었다. 안간힘을 다해 뛰고 있는 사이 코치를 기다리는 중이었다. 한 의사가 다가와 모린의 맥박을 쟀다. 정상이었다. 근엄하게 굴던 경기 진행 요원은 다른 부모들로부터 모린이 코스를 빠짐없이 돌았다는 걸 확인받았는지, 더 이상 모린을 괴롭히지 않았다. 하지만 모린은 그가 생트집을 잡던 일을 머릿속에서 지울 수가 없었다. 벅찬 행복감도, 뿌듯한 성취감도 느낄 수 없었다. 어른들이 하는 말에 자꾸만 신경이 쓰였다. 메달 수여식도 없고, 수상자 단상도 없었다. 하지만 모린이 이룬 대단한 위업은 입에서 입으로 퍼져 나갔다.

고드 심은 사이 코치를 찾으러 급히 오토바이를 타고 코스를 거슬러 달렸다. 사이 코스는 힘든 기색이 역력했다. 뛰기는커녕 한 걸음 내디딜 때마다 절뚝거리며 고통을 견뎠다. "모린이 3시 15분에 들어갔어요." 고드가 감격에 찬 목소리로 말했다. "와우, 세계 기록을 냈군요!" 사이 코치가 말했다. "이 소식이 세계 구석구석까지 퍼지겠네요!" 그는 마지막 응급처치소에서 꿀차 한 잔을 마셨다. 모린의 소식과 따뜻한 차 덕분에 약간 기력을 회복한 그는 다시 전진하기 시작했다.

"얼른 가서 그 배짱 좋은 아이를 축하해 줘야죠." 그가 말했다.

그는 결승선을 넘고 나서 모린에게 온갖 축하의 말을 퍼부었다. 모린은 그가 바라던 걸 그대로 이루어 냈다. 그 아이는 여자 마라톤 세계 기록 보유자가 되었다.

하지만 사이 코치는 대회가 끝난 뒤 『토론토 스타』와의 인터뷰에서도 그리고 파란 잉크를 넣은 타자기로 직접 쓴 개인적인 설명에서도, 모린이 얼마나 대단한 성과를 냈는지 완전히 이해하지 못한 듯했다.

그가 쓴 글의 대부분은 42.195킬로미터를 완주하기 위한 자신의 투쟁을 묘사하는 내용이었다. 언젠가 그는 그날 있었던 일 중에서 "가장 놀라운 순간은 팀 합산 성적을 보고 제프 라이트와 밥 메하그와 내가 종합 팀 2위 수상자가 됐다는 걸 확인했을 때"였다고 말했다. 그는 신문 기자에게 모린 이야기를 할 때 "속도는 느리지만 장거리 달리기에서는 대단히 경이로운 선수"라고 말했다. 그것은 과소평가였다. 모린은 단순히 경이로운 선수를 넘어섰다. 세계 최고의 선수였다.

그런데 사이 코치는 모린의 능력을 알고 있었음에도 불구하고 그가 세계 기록을 깰 경우에 대비해 특별한 계획을 세워 두지 않았다. 사전 계획이 없었다니 이해가 되지 않는다. 그날 오후, 모린은 메달도 받지 못했고 수상자 단에도 오르지 못했다. 그 아이가 받은 것은 오직 하나, 자신이 가장 좋아하는 밴드 몽키스의 베이시스트 피터 토크를 그린 포스터였다. 같은 팀 동료인 캐럴 해드럴이 준 선물이었다.

모린이 기쁜 마음에 포스터를 움켜잡았을 때, 캐스린 스위처가 축하의 말을 하러 다가왔다. 캐스린은 모린보다 한 시간 이상 늦은 4시 28분 42초에 결승선을 넘었다. 2주 전에 보스턴 마라톤을 완주했을 때, 캐스린은 자신이 대단한 위업, 역사적인 위업을 이루었다는 것을 직감했다. 하지만 토론토 교외의 한적한 곳에서 펼쳐지는 이 조촐한 경기에서는 그런 느낌이 전혀 없었다. 캐스린은 모린에게 결과가 어떻게 되었느냐고 물었다. 뜻밖에도 모린은 몽키스 이야기에 푹 빠져 있었다. 소녀는 부정행위를 했다고 생트집을 잡고 이상한 표정을 짓던 어른들 생각을 떨쳐 낸 뒤였다.

이건 경기일 뿐이야, 모린은 생각했다. 곧 어머니의 차에 올라 집으로 가서 샤워를 했다. 모린의 가족은 호숫가의 오두막으로 떠났다.

· · · · ·

다음 주 월요일 새벽 한 시, 사이 코치의 전화가 울려 댔다. 런던의 기자였다. "모린 월턴이 열세 살이라고 들었습니다." 영국식 사투리가 두드러지는 목소리였다. "그런데 여자 마라톤 세계 기록을 냈다면서요?"

사이 코치는 일요일 아침부터 저녁까지 또 월요일 저녁 늦게까지 이런 전화를 받아야 했다. 토요일 오후 마라톤 대회 현장에는 기자 한 명과 사진 기자 한 명만 왔지만, 이들이 취재한 내용과 영상이 전 세계로 퍼져 나갔다. 노스요크의 한 신문은 "13세 토론토 소녀, 세계 기록 달성"이라는 제목의 기사를 냈다. 모린의 기록은 토론토의 스포츠 신문 1면 뉴스였다.

만 하루 동안 모린은 이런 상황을 까맣게 모르고 있었다. 모린 가족의 오두막에는 신문이 배달되지 않았고 전화도 없었다.

일요일 아침, 모린은 잠에서 깨어나자마자 오두막 나무 계단을 걸어 내려왔다. 그리고 호수로 뛰어들었다. 모린이 세상에서 가장 좋아하는 일이었다. 어제 있었던 경기는 까맣게 잊었다. 물속에 있으니 기분이 너무나 좋았다. 경기장에서 일어났던 일들과 부정행위를 했다는 샌트집은 아득히 멀리 있었다.

모린이 캐나다의 봄 햇살을 만끽하고 있을 때, 토론토의 기자들과 스포츠 관계자들은 모린이 한 일을 분석하고 비평하는 일에 돌입했다. 많은 사람들이 속임수를 써서 나온 결과일 거라고 추측했다. 사이 코치도 모린의 아버지 로저도 부정행위 없이 그 기록을 낸 거냐는 질문을 받았다. 사이 코치는 모린이 여자아이가 맞느냐는 질문까지 받았다. 그는 이런 질문이 제기될 것에 대비해 모린을 진찰한 의사에게서 **여자인 게 확실하다**, 라는 확인서를 받아 둔 것이다. 로저는 모린이 빠짐없이 코스를 돌았다는 걸 어떻게 믿을 수 있느냐는 질문을 받았을 때, 경기 진행 요원들이 꼼꼼히 지켜보면서 한 바퀴 한 바퀴 돌 때마다 기록을 했다는 사실을 밝혔다.

다른 남자들은 모린의 기록이 대단치 않은 거라며 무시했다. 그중 가장 영향력 있는 남자는 제프 다이슨이었다. 영국 출신의 유명한 육상 코치인 그는 캐나다의 올림픽 성공을 돕기 위해 대서양을 건너온 터였다. 그는 모린의 위업을 신문에서 보고 "코를 써서 땅콩을 언덕 위로 밀어 올리는 것과 똑같다"라면서 아무 가치 없는 헛수고라고 비웃었다.

이 마라톤 현장에 나와 있었던 육상 협회 관계자 켄 트위그는 기자들에게 "월턴의 기록은 대단한 게 아니다. 물론 어린 소녀가 마라톤을 완주했다는 건 칭찬받을 만한 일이다"라고 말했다. 그는 이 어린 소녀가 종합 6위였고, 많은 남자들보다 앞선 기록을 냈다는 점은 당연히 언급하지 않았다.

모린은 노스요크로 돌아갔고 사람들이 보내는 일체의 관심을 무시하고 지내려고 최선을 다했다. 하지만 날마다 새로운 기사가 나오던 때라 무시하기가 쉽지 않았다. 모린의 어머니는 신문에서 부정적인 내용의 기사는 물론이고 모린과 관련된 기사들을 죄다 모아 두었다.

많은 기사들이 모린이 대단한 일을 해냈다고 밝혔다. 토론토 신문 『미러』의 스포츠 면에 실린 한 칼럼에는 "그대로 받아들이자. 어떤 기관의 주장이건 어떤 개인의 주장이건, 그 어떤 주장도 이 노스요크 소녀가 올린 빛나는 실적을 지우진 못할 것이다"라는 글이 실렸다.

모린의 육상 클럽 회원들은 모린이 세운 기록을 축하하는 모임을 열었다. 마라톤이 끝나고 며칠 뒤, 고드 심이 사이 코치와 대회 주최 측에게 모린은 인정받을 자격이 충분하다고 주장하며 트로피 수상식을 준비했다.

좋은 말도 쌓이고 나쁜 말도 쌓였다. 모린은 로프에 매달린 채 화가 난 어른들 사이를 왔다 갔다 하는 신세가 된 것 같았다. 자기 입장도 제대로 밝히지 못하는 못난이가 된 기분이었다. 논란을 불러일으키는 사람이 되고 싶지 않았다. 그냥 달리기만 하고 싶었다.

모린은 마음을 느긋하게 먹기로 했다. 내가 한 일을 탐탁지 않게 여기는 사람들이 있고 그래서 다른 사람들이 나를 옹호하러 나서야 하는 상황이라면, 이제부터 나는 아무렇지도 않은 척하고 지내야겠다. 모린은 수줍어하는 성격이라 직접 나서서 문제를 키우는 일은 하고 싶지 않았다. 그는 얼른 이 모든 소동이 잠잠해지기를 바랐다.

마라톤의 후폭풍이 잦아들고 소동이 진정된 후에, 고드 심은 모린의 마라톤 기록을 적은 정교한 명판을 만들어 모린에게 주었다. 명판 위쪽에는 모린의 마라톤 신발을 본뜬 조각이 붙어 있었다. 또한 그는 손수 모린을 칭찬하는 시를 썼는데, 이 시에는 모린이 같은 팀 동료들과 응원하는 사람들로부터 받았던 단순하면서도 진심 어린 칭찬과 갈채가 녹아 있다.

주자 다섯이 들어왔다. 이제 모가 달려오는 게 보인다.

소녀가 마지막 1.6킬로를 달아나는 토끼처럼 전속력으로 질주한다.

소녀가 1.6킬로를 6분에 주파하는 놀라운 속도로

여섯 번째로 결승선을 넘는다.

막강한 모Mighty Moe.

19

달리기 기록을 갈아 치우며
정해진 규정에 금을 내다

마라톤이 끝나고 2주 뒤, 모린은 미시간주 디트로이트에서 아침을 맞았다. 낯선 곳이긴 했지만 익숙한 일과가 계속되었고, 그래서 편안했다. 모린의 일과는 낯선 집(누군가가 노스요크 육상 클럽 소녀들에게 묵으라고 빌려 준 다락, 지하실, 거실)에서 눈을 뜨고 옷을 입고 배불리 아침을 먹고, 사이 코치의 스테이션왜건을 타고 트랙에 가는 것이었다.

그날은 디트로이트 링컨파크 고등학교에서 육상 경기가 열릴 예정이었다. 캐나다와 미국 곳곳의 여러 학교에서 열리는 육상 경기에 참가해 온 지 3년째, 모린의 눈에는 건물이 모두 비슷비슷해 보였다. 링컨파크 고등학교에는 벽돌과 유리로 지은 2층짜리 본관이 있고 그 옆에 물결 모양 지붕을 얹은 단층짜리 별관이 기역 자로 연결되어 있었다. 하지만 이런 건물 모양은 모린의 눈으로 스며들자마자 기억에서 사라졌다. 장소는 달라져도 중요한 것은 경기였다. 모린의 관심은 트랙의 상태와 경쟁할 선수들, 동료들, 경기 거리 그리고 페이스에 쏠려 있었다. 지난 몇 주간 여러 가지 사건들을 겪은 터라, 모린에게는 이런 요소들이 특별히 큰 위안이 되었다.

링컨파크 경기는 예측 가능한 변수들의 조합이었다. 이 경기는 1,000미터 달리기였고 만만치 않은 경쟁자가 있었다. 미시간 주립 대학의 5종경기 챔피언 반 보스웰은 키가 185센티미터로 142센티미터인 모린보다 훨씬 크고 통통하게 살찐 대학부 선수였다. 모린은 마라톤 세계 기록 보유자이지만, 아직도 그 경기의 후유증이 남아 있었고, 여전히 계속되는 반갑지 않은 논란의 무게가 두 다리에 얹혀 있었다. 모린은 이미 훨씬 먼 장거리 경기에서 좋은 성적을 냈다. 1,000미터는 모린에게는 짧은 거리였다. 모린에게 딱 맞는 경기가 아니었다. 그런데도 경기가 시작되자, 모린은 늘 해 온 대로 최선을 다해 달렸다. 모린은 이 대회에서 2분 52초의 기록으로 1위를 했다.

그날 오후에 모린은 실라, 캐럴, 브렌다와 함께 3.2킬로미터 계주에 참가했다. 이들은 이 경기를 10분 7.9초에 주파하여 1위를 차지했고 미시간주 최고 기록을 냈다.

좋은 기록을 낸 건 이날만이 아니었다. 모린은 상승세를 타고 있었다. 그 뒤 몇 달 동안, 모린은 여러 경기에서 관중이 벌떡 일어서게 만드는 선전을 펼쳤다. 매년 봄 '칼턴플레이스 백 주년 기념 대회'가 열렸다. 노스요크 출신 소녀 주자들은 최근 2년 동안 참가했던 이 대회 모든 계주에서 1위를 차지했다. 그런데 사이 코치는 이번에는 계주 팀원 두 명을 신인 주자로 교체했다. 그리고 계주 팀의 성과에 큰 기대를 걸지 않았다. 출발하자마자 노스요크 팀이 뒤처졌다. 그러다 순식간에 꼴찌로 떨어졌다. 사이 코치가 예상했던 대로였다. 그는 내심으로 팀이 우승을 못 할 거라고 생각했다. 그런데 예상보다 더 나쁜 상황이 펼쳐졌다. 관중 한 명이 무심결에 첫 번째 주자의 발을 걸어 넘어뜨리는 바람에, 노스요크 팀은 첫 번째 배턴 터치 직전에 몇 초를 날려 버렸다. 배턴을 넘겨받은 두 번째 주자는 빠르게 거리를 좁혀 갔다. 두 번째와 세 번째 주자의 선전으로 노스요크 팀은 2위까지 올라섰다. 10미터 격차를 따라잡는 책임은 마지막 주자인 모린에게 넘어갔다. 도전에 나선 모린이 뿜어내는 열정적인 생기에 관중들은 놀라움에 겨워 박수갈채를 보냈다. 모린은 그날 벌써 두 번의 경기를 한 뒤였고, 사이 코치는 이 팀의 우승을 전혀 기대하지 않았다. 출발이 상당히 불안했지만 모린의 선전 덕분에 노스요크 팀이 1위를 차지했다. 역시 마이티 모였다.

6월에 모린은 또 다른 결전에 나갈 준비에 돌입했다. 세계적인 기록을 가진 장거리 육상 선수이자 노스요크에서 자주 선두를 다퉜던 로베르타 피코와의 결전이 다가오고 있었다. 그해 초에, 돈밀스 육상 클럽 코치 로이드 퍼시벌은 로베르타의 대단한 재능을 과시하기 위해 한 시간 동안 실내 트랙을 달리는 경기를 계획했다. 이 새로운 경기의 목표는 60분 동안 가장 먼 거리를 달리는 것이었다. 사이 코치는 그 아이디어를 마음에 담아 두었다. 그러다가 모린이 마라톤에서 성공한 것에 고무되어, 한 시간 달리기 경기를 직접 계획하고 모린과 대결할 상대로 로베르타를 초청했다.

경기가 열리는 토요일, 모린은 평소와는 달리 마음이 들떠 있었다. 한 시간 달리기 기록을 갱신하기를 바라는 사이 코치의 마음을 알고 있었고, 쟁쟁한 경쟁자와 대결하게 된다니 빨리 달리려는 의욕이 넘쳤다. 물론 늘 로베르타가 자신보다 기록이 좋았지만, 모린은 신이 나 있었다. 소녀는 강인했고 자신감도 넘쳤다. 이미 42.195킬로미터를 달려 본 뒤라서, 한 시간 달리기(트랙을 빙빙 도는 경기였지만)쯤은 별로 지루하지도 않을 것 같았다. 게다가 빨리 달릴 수 있으니 참으로 다행이었다. 이 경기에서 사이 코치는 모린에게 그 거리에 알맞은 페이스로 뛰라고 당부했다. 그렇다면 온 힘을 다해 체력의 한계를 느낄 때까지 빨리 달리는 게 모린이 할 일이었다.

모린이 노스뷰하이츠 고등학교 트랙에 도착했을 때, 그곳에는 이날 행사에 참가하기 위해 500여 명의 소년 소녀가 모여 있었다. 로이드 코치가 한 시간 달리기 경기를 신문에 홍보했던 것처럼, 사이 코치가 두 주자의 대결을 널리 홍보한 결과였다. 그런데 로베르타가 나타나지 않는 바람에, 모린은 대단히 실망했다. 돈밀스의 유명한 장거리 주자 로베르타는 그때 다른 경기를 하고 있었다. 대신에 그곳을 찾아온 것은 폭우였다.

토론토에는 여름 소나기가 잦았지만 보통은 금세 개었다. 그런데 이번 비의 기세는 수그러들지 않았다. 한 시간 달리기 경기가 시작되어 주자들이 서너 바퀴를 돌 즈음 석탄재와 점토로 된 트랙에는 발목 깊이의 웅덩이가 생기고 주자들은 절벅거리며 리듬을 찾아갔다.

모린의 노스요크 셔츠는 흠뻑 젖었고, 앞머리는 이마에 착 달라붙어 빗물이 눈으로 흘러들었다. 가장 끔찍한 건 러닝화였다. 러닝화에 물이 가득 차 한 걸음 디딜 때마다 찌걱찌걱 소리가 요란하게 울렸다. 다행히 모린의 운동화만 찌걱거린 건 아니었다. 시끄럽게 찌걱거리는 운동화의 불협화음이 트랙을 가득 채우고 있었다.

모린은 눈으로 흘러드는 빗방울을 닦아 내며 사이 코치가 당부한 페이스를 유지하며 달렸다. 사이 코치의 지시는 성과를 거두었다. 모린은 브렌다와 캐럴을 제치고 14.6킬로미터를 달렸다. 이 정도면 실외 트랙 경기로는 세계 최고라고 할 만한 기록이었다. (로베르타는 그해 초 로이드 코치가 주최한 한 시간 달리기 경기에서 약간 더 먼 거리를 달렸다. 하지만 그것은 실내 트랙에서 세운 기록이었다.) 사이 코치는 비 때문에 나머지 행사를 취소해야 했다. 모린이 우승한 경기를 끝으로 그날 행사는 마무리되었다.

이번에 모린은 논란의 여지가 없는 우승을 해냈다. 모린은 이제야 비로소 마음 편히 자부심을 만끽할 수 있었다. 자신의 우승에 감격했고 자신의 기록에 뿌듯함을 느꼈다. 물에 빠진 생쥐 꼴이었지만 마라톤에서 세계 기록을 낸 것보다 이 경기에서 이긴 게 훨씬 기분 좋았다. 마라톤 세계 기록은 트집쟁이들이 던진 진흙에 엉망이 되어 버렸다. '까짓 진흙 따위 가져와라, 언제라도 좋다.'

그 행사의 결론은 모린이 기록을 세웠다는 것이었다. 하지만 그건 사이 코치가 그렇게 알았던 것뿐이었다. 그들은 나중에야 이미 다른 경기에서 더 먼 거리를 달린 선수가 있다는 것을 알게 되었다.

새로운 기록을 세우지 못했다는 걸 알았지만, 모린은 자신이 열악한 조건을 견디며 뛰었다는 걸 알고 있었다. 당당하게 경기를 끝낼 수 있었다는 것만으로도 다행이었다.

7월에 센트럴 온타리오 육상 대회에 참가한 모린은 1.6킬로미터 경기에서 5분 25.5초로 1위를 했다. 캐나다 또래 연령대 최고 기록이었지만, 여자 달리기 거리에 제한을 둔 캐나다 아마추어 체육 협회의 규정 때문에 애석하게도 국제적인 인정은 받지 못했다.

모린은 계속 달렸다. 장거리를 달릴 때마다 기록을 깰 때마다, 모린은 여자가 어떤 거리를 달릴 수 있고 어떤 거리를 달릴 수 없다고 정해 놓은 규정이 시대에 뒤떨어진 나쁜 관행임을 증명했다. 그런 규정과 그 규정을 정한 사람들은 여자의 능력을 과소평가했다. 달리기 경기를 관할하는 조직들은 인정해야 할 것을 외면하고 있었다. 1960년대에는 딴 속셈이 있는 직원들만 그런 게 아니라 조직 전체가 그랬다.

고등학교에 다니는 모린의 오빠 댄과 친구 폴 만쿠소는 쉬는 시간에 학교 남쪽 문으로 빠져나왔다. '흡연실'이라고 불리는 곳에 모여 있는 또래 무리로 다가갔다. 몇 년 전에 잠깐 달리기 선수로 뛰었던 댄은 요즘엔 담배를 피웠다. 담배를 피우지 않는 폴은 그냥 댄을 따라 나온 터라 곁에서 서성거렸다. 쉬는 시간은 짧았고, 소년들은 대개 음악 이야기나 주말 계획을 잠깐 나눌 뿐 많은 이야기를 나누지 못했다.

어느 날, 작은 키에 비쩍 마른 어린 여학생이 소년들 곁을 지나갔다. 모린이었다.

"야, 쟤야." 누군가가 턱 끝으로 모린을 가리키며 말했다. "달리기 기록을 죄다 갈아 치운 애말야."

댄과 모린은 늘 친했다. 댄은 동생이 그 기록을 내기 위해 얼마나 열심히 노력해 왔는지 잘 알고 있었다. 그는 동생을 자랑스럽게 여기는 자상한 오빠였다. 하지만 댄은 아무 말도 하지 않고 가만히 있었다. 흡연실에 있던 소년들은 댄이 달리기 하는 여자아이의 오빠라는 걸 몰랐다. 고등학생 사이에 흔한 대응법인 감정을 감추고 태연한 척하기 작전을 밀어붙이면서, 댄은 소년들의 일시적인 관심이 별 의미 없는 잡담으로 흘러갔으면 좋겠다고 생각했다.

"쟤는 자기가 여자라는 건 알기나 할까?" 다른 아이가 거들었다. 소년들이 담배 연기를 내뿜으며 낄낄댔다.

댄은 머리카락이 붉고 피부가 희어 평소에도 곧잘 얼굴이 붉어졌다. 그런데 모린을 흉보는 말을 들었으니 어땠을까? 물에 붉은 물감을 푼 것 같은 낯빛이 되었다. 댄의 온몸에서 분노가 뿜어 나왔고, 울분에 겨운 얼굴은 선홍빛으로 빛났다.

댄을 지켜보는 폴은 겁이 덜컥 났다. '이러다 무슨 일 나겠는데? 분이 나서 가로등에 달려가 이마를 박는 거 아닐까? 그러다 머리가 터지면 어쩌지?'

기적적으로 댄은 울분을 참고 넘겼다.

그러나 온타리오의 한 고등학교에서 나돌던 이 어리석은 말은 조금씩 형태를 바꿔 가며 북미 전역에서 반복되었다. 거실에서, 신문 기사에서, 편지에서, 현관에서, 규제 기관의 회의에서……, 여자 달리기 선수들을 둘러싼 고약한 말들이 쏟아졌다. **남자 행세를 한다, 저러다간 가슴에 털이 날 거다, 난소를 못 쓰게 될 거다, 아기를 낳지 못할 거다.**

모린이 이 모든 이야기를 들은 건 아니지만, 한번 들은 이야기는 가슴속에 그대로 새겨졌다. 그 어느 때보다 달리기에 열중해 있었지만, 경기나 학교 일에 약간의 여유가 생길 때마다 자신의 운동복과 호리호리한 몸에 대해 떠들어 대는 이야기에 마음이 쓰였다. 모린은 십 대 초반이라 이미 자신의 몸과 마음에서 일어나는 변화에 민감했다. 주변 사람들의 이상한 눈빛과 속삭임은 자신이 별종이라는 느낌을 더 강하게 했다. 가끔은 제 몸이 자기 몸이 아니라, 비난과 평가의 대상인 것처럼 느껴지기도 했다.

그래서 모린은 자신이 통제할 수 있는 것에만 신경을 쓰기로 마음먹었다. 자신의 페이스와 자신의 노력과 자신의 투지를 키우는 데 정신을 집중했다. 육상 클럽 활동 시간을 생활의 중심에 놓았다. 육상 클럽은 자신을 그대로 드러낼 수 있는 소중한 공간이라는 느낌을 주었다. 그곳에서는 마음이 편안했다. 집 같았다.

모린은 전혀 알아채지 못했지만, 당시 클럽의 주춧돌에는 균열이 생겨나고 있었다.

2부

마이티 모,
42.195킬로미터에 또다시 도전하다

모린 또래의 아이들에게는 대개 학교가 생활의 중심이다. 학교는 우정을 쌓고 사회 진출에 필요한 역량을 쌓고 음악에 대한 취향을 기르고 주말에 해야 할 일들을 찾아내는 곳이었다. 모린에게도 역시 학교는 그런 곳이었다. 그런데 육상 클럽을 만난 뒤로는 상황이 달라졌다.

클럽에는 어른들이 있었고(물론 모린이 좋아하는 어른도 있고 싫어하는 어른도 있었다), 짝사랑도 있었고, 진한 우정도 있었고, 난처한 순간도 있었고, 열 살 아이를 십 대로 변모시키는 사건들도 일어났다.

여러 가지 이야기가 신화로 변해, 자동차 여행 중이나 휴식 시간에 새로운 회원들에게 전해졌다. 초창기 신화로는 반바지를 속에 겹쳐 입지 않은 걸 모르고 클럽에 온 존 페너가 추리닝 바지를 홀러덩 벗은 뒤 당당하게 팬티 바람으로 트랙을 달렸다는 이야기가 있었다. 조앤이 훈련 직전에 체육관에서 악취 폭탄을 터뜨린 이야기, 소녀들이 자동차가 주차되어 있는 쪽으로 눈 뭉치를 던지다가 큰 곤경에 처했던 이야기도 있었다. 사이 코치는 좀처럼 화를 내지 않는 사람인데 그날은 소방서장의 자동차가 눈 범벅이 된 것을 보자 아이들에게 당장 소방서장을 찾아가 사과하라고 했다. 알고 보니 소방서는 그 클럽을 후원해 주는 큰손이었다. 한번은 모린이 던진 농담을 듣고 조앤이 너무 웃다가 코로 우유를 내뿜었다. 그런데 한 번도 아니고 두 번도 아니고 세 번이나 내뿜었다.

하얀 액체가 탁자 위에 쏟아지는 걸 보고 조앤의 엄마가 소리쳤다. "저런, 너는 저기 나가서 개들이랑 먹어야겠다."

소녀들은 앞으로도 몇 년 동안은 그 이야기를 하며 웃을 터였다.

모린이 처음 공포 영화를 보러 갔을 때는 브렌다가 같이였다. 모린이 처음 쌍쌍 데이트를 했을 때는 조앤이 곁에 있었다. 크리스마스 즈음이면, 노스요크 육상 클럽은 '왕립 캐나다 재향 군인회 홀'에서 정식 무도회를 열었다. 클럽 회원들과 회원들의 부모 형제가 크리스마스 무도회에 모였다. 사이 코치는 회원들에게 상을 주었다. 사이 코치와 브렌다와 모린이 만든 것은 단순한 클럽이 아니라, 회원들과 그 가족들이 마음을 나눌 수 있는 끈끈한 공동체였다.

평상시에 모린이 친구들과 어울리는 시간은 반복 훈련 중이거나 경기 전이거나 늦은 밤 귀갓길 자동차 안에 있을 때뿐이었다. 그래서 더 오랜 시간 함께 지낼 수 있는 기회가 올 때마다 소녀들은 더없이 행복했다.

여름휴가 때마다 조앤과 모린은 서로의 오두막을 방문했다. 모린은 주말에 물놀이를 하고 2층 침대에서 함께 자자며 캐럴을 오두막에 초대했다. 가까운 버스 정류장으로 마중을 나갔던 모린은 캐럴을 만나자마자 와락 껴안고 신이 나서 콩콩 뛰어다녔다.

모린네 오두막 방문은 캐럴에게도 대단한 경험이었다. 캐럴은 모린 가족의 오두막 같은 곳을 가 본 적이 없었다. 경기가 열리는 곳으로 이동하는 게 유일한 여행이었다. 캐럴의 어머니는 형편이 넉넉지 않아 캐럴에게 운동복도 마련해 주지 못했고 자동차나 휴가, 휴가용 오두막은 엄두도 낼 수 없는 처지였다. 도시 밖에 나온 적이 없는 소녀가 드넓은 호숫가에서 시간을 보내러 온 것이다. 두 소녀는 모린의 오빠가 운전하는 보트에 매달려 수상 스키를 탔다.

천국, 여기가 바로 천국이야. 캐럴은 생각했다.

여름이면 클럽 팀 전체가 일주일간 여행을 떠났다. 사이 코치는 가족들이 모두 참가할 수 있도록 호숫가 근처에 훈련 캠프를 열었다. 모두 함께 야영을 했고 음식 준비는 부모들이 맡았다. 소녀들은 숲이나 호숫가 모래 위를 달리고 또 달렸다. 훈련 캠프와 여행과 연습에 함께 다니다 보니 부모들도 서로 가까워졌다.

사이 코치는 아침에 한 번 오후에 한 번, 하루 두 번씩 소녀들을 데리고 달리기 연습을 나갔다. 아침 훈련을 놓쳤을 때는 한낮에 했다. 소나무 냄새, 흙냄새, 호수 냄새가 가득한 상쾌한 공기를 마시며 달릴 때마다 모린은 이게 진짜 훈련이구나 하는 생각이 들었다. 자신을 사랑하는 사람들과 함께 있는 것도 좋았지만, 이곳은 마음 편히 훈련할 수 있어서 더 좋았다. 여름 캠프에서는 추리닝 바지를 입을 필요가 없었다.

하지만 일주일간의 캠프는 물가에서 마냥 쉬는 휴가가 아니었다. 숨이 턱턱 막히는 오후에 장거리 달리기를 하는 건 클럽의 훈련에 익숙한 소녀들에게도 힘든 일이었다. 실라의 아버지는 돌아오는 길에는 꼭 쉬면서 아이스케이크를 사 먹고 오라고 당부하곤 했다.

어느 날 아침이었다. 소녀들을 실은 자동차 몇 대가 조지아만의 와사가 해변을 따라 대열을 이룬 채 달리는데 갑자기 사이 코치의 스테이션왜건이 멈추어 섰다. 아이들은 그날의 첫 훈련지로 이동하는 중이었고, 모린은 사이 코치의 바로 뒤차에 있었다. 모린은 자동차 창문 너머로 사이 코치가 차에서 내려서 차 앞쪽에 모여 선 몇몇 사람들과 이야기를 나누는 걸 보았다.

무슨 일이 난 게 분명했다. 사이 코치의 스테이션왜건에 탄 아이들은 모두 차 안에 있었다. 사이 코치의 표정이 이상했다. 평상시처럼 쾌활하고 진지한 얼굴이 아니었다. 사이 코치가 자신의 차 앞에 선 사람들에게 무슨 말을 하자, 사람들은 그곳을 떠났다. 돌아가던 사람들이 멀어져 갔는데, 한 사람의 팔 안에

강아지 머리가 달랑달랑 늘어져 있는 게 보였다. 모린은 순식간에 상황 파악이 되었다. 강아지가 사이 코치의 차 앞으로 달려들어 목숨을 잃은 거였다.

소녀들을 태운 자동차들이 다시 출발해서 목적지에 도착했다. 아이들이 차에서 내리자 사이 코치는 달리기 훈련 지시를 내렸다. 아이들은 모래 속에 푹푹 발을 박으며 뛰어갔다. 아이들이 달리는 백사장 한쪽에는 검푸른 호수가, 다른 한쪽에는 모래 먼지를 뒤집어쓴 푸른 나무들이 펼쳐져 있었다. 하지만 모린은 아무것도 눈에 들어오지 않았다. 발은 움직이고 있었지만, 머릿속은 그 가여운 강아지의 고통과 죽음에 대한 생각으로 가득해 뻑뻑한 늪이 된 것만 같았다.

달리기 연습을 하고 음식을 먹고 아이들과 어울렸지만, 모린은 가여운 강아지의 얼굴이 자꾸만 떠올라 지울 수가 없었다. 목구멍이 꽉 막히고 이가 악물어지고 가슴에 깊이 팬 상처가 난 듯 답답해졌다. **달랑거리는 작은 머리.** 모린은 그 모습을 지울 수가 없었다.

조금 시간이 지난 뒤, 누군가가 아까 지나온 해변 방향으로 달려가자고 제안했다.

"난 안 가." 모린이 말했다. "절대로 안 갈 거야."

모린은 보통 때는 여자아이들 가운데서도 아주 밝고 쾌활한 아이였다. 더구나 이런 훈련 캠프 때는 더 쾌활한 모습을 보였다. 무얼 하자는 제안을 뿌리치는 아이가 아니었다. 코치가 얼마큼 달리라고 하면 그대로 따랐다. 코치가 어떤 페이스를 유지하라고 하면, 모린은 자신이 뛰는 속도를 신중히 살폈다. 코치가 경기를 추천하면 무조건 그 경기를 뛰었다. 그런 모린이 단호하게 거부하자, 동료들은 모린의 뜻을 존중했다. 아이들은 훈련 장소로 다른 곳을 택했다.

그래도 아무 소용이 없었다. 그 일주일 동안 모린은 기분이 완전히 엉망이었다. 쓸쓸한 기억에서 헤어날 수 없었고, 체한 듯 속이 늘 답답했다. 첫 마라톤을 생각할 때마다 드는 기분과 똑같은 기분이었다.

· · · · ·

모린이 열네 살이던 1968년 여름에 예상치 못한 초대장이 도착했다. 요크 대학교 주변에서 그 유명한 42.195킬로미터 경기를 했던 때로부터 1여 년 만의 일이었다. 그때 모린은 여자에 대한 장거리 제한 규정 때문에 하는 수 없이 8킬로미터 경기 참가자로 공식 등록을 해야 했고, 마라톤 참가 주자들의 의혹 어린 표정과 경기 감독관들의 얼토당토않은 발언을 견뎌야 했다. 그런데 초대장을 보낸 토론토 경찰 주최 육상 대회 관계자들은 모린에게 특별한 약속을 내놓았다. 그들은 모린을 포함해서 노스요크 육상 클럽의 모든 소녀들에게 마라톤에 **공식적**으로 참가하라고 권했다.

미국에서는 여자의 마라톤 참가가 금지되어 있었다. 그때도 여자는 여전히 3.2킬로미터 이상의 거리를 달리는 게 허용되지 않았다. 그런데 캐나다에서 열리는 경찰 주최 육상 대회는 여자의 마라톤 참가 공식 등록을 열렬히 환영했다. 이런 정도면 단순히 생색이 아니었다. 이전의 그 어떤 마라톤 대회와도 현격하게 달랐다. 무려 열다섯 명의 여성이 마라톤 참가 등록을 했다. 노스요크 육상 클럽에서는 모린 월턴, 캐럴 헤드럴, 브렌다 마 세 사람이 참가했다.

사이 코치는 클럽의 소녀들에게 마라톤 대비 훈련을 따로 시키지 않았다. 이들은 이미 일주일에 100킬로미터에서 150킬로미터씩을 달렸다. 코치는 훈련 시간을 군이 더 늘릴 필요는 없다고 판단했다. 이들의 다리는 이미 단련되어 있었다. 모린이 세계 기록을 내고 1년 만에, 여자 마라톤 세계 기록은 8분이나 단축되었다. 새 기록을 내려면 42.195킬로미터를 3시간 7분 26초 이내에 주파해야 했다. 코치는 소녀들의 실력만큼은 자신이 있었지만 이런 생각을 입 밖에 내지는 않았다. 이번에는 세계 기록을 내지 못할지도 모른다고 그는 생각했다. 습도도 높고 온도도 높은 7월 중순 날씨라 실력 발휘를 제대로 하지 못할 여지가 있었다. 아무리 빨라도 3시간 20분 이내 기록을 내지 못할 거라고 예상했다.

캐럴은 신이 났다. 작년 마라톤 때 모린이 페이스를 유지하도록 돕는 일을 할 때는 출전 주자로 선발되지 않은 게 몹시 아쉬웠다. 늘 모린을 지원하는 입장이었지만, 캐럴 역시 강력한 장거리 주자였다. 강철 같은 다리에 장거리를 완주할 수 있다는 자신감까지 있었다. 1년 만에 마라톤 참가 기회가 열리자마자, 캐럴은 당장 참가하겠다고 선언했다.

그런데 모린은 마라톤 이야기를 듣고도 시들한 표정이었다. 마라톤이라는 말만 들어도 배 속이 뒤틀리고 가슴이 죄어드는 듯했다. 마라톤을 생각하면 그 뒤에 불어닥친 후폭풍이 빠짐없이 떠올랐다. 부정행위를 했다고 생트집까지 잡힌 일을 생각하면! 모린은 이제껏 살아오면서 마라톤이 아니라 **그 어떤 일에서도 눈속임을 한 적이 없었다.** 모린은 애초에 그 우스꽝스러운 경기에 나간 게 잘못이었다고 후회하곤 했다.

하지만 모린은 두 번째 마라톤을 뛰기로 했다. 이번에 출발하는 곳은 토론토 북서쪽 작은 마을로 경치가 좋았다. 노스요크 육상 클럽 세 소녀는 공원에 설치된 천막 안에서 대기했다. 마지못해 참가하기로 결정했지만, 모린은 캐럴, 브렌다 그리고 관중 속의 십여 명의 동료들이 너무나 고마웠다. 이들 덕분에 지난번 마라톤 때 마음을 불편하게 했던 '**마라톤 하는 여자**'에게 집중되는 관심이 어느 정도 누그러진 것 같았다.

이 대회의 첫 번째 구간은 온타리오호를 향해 남쪽으로 이어진 길이었다. 캐럴을 포함한 몇몇 주자들이 모린을 앞서 달렸다. 모린은 비교적 쉬운 페이스로 몇 킬로미터를 달렸다. 사이 코치가 당부한 대로 달리는 중이었다. 그런데 이제껏 경기를 하는 중에 한 번도 마주친 적이 없는 어떤 힘이 모린을 힘들게 했다. 이곳에 있는 것 자체가 마음을 힘들게 했다. 그 힘은 모린의 페이스를 늦추지는 못했지만, 모린의 움직임 하나하나에 심한 싫증을 실어 놓았다.

코스에는 고속도로와 인접한 보도가 몇 킬로미터 포함되어 있었다. 캐럴은 달리면서 자신의 거리 감각이 완벽하지 않다고 느꼈다. 모린처럼 캐럴도 이 경기에 나오게 된 것은 사이 코치가 그러라고 해서였다. 캐럴은 자신이 해낼 수 있다는 걸 사이 코치가 안다고 믿었고, 마라톤이 다른 달리기와는 다르다고 생각하지 않았다. 하지만 고속도로 옆 코스를 달리다 보니 정말 멀다는 느낌이 들기 시작했다.

캐럴은 24킬로미터 지점을 지났다. 이제껏 달려 본 가장 먼 거리를 지난 셈이었다. 더워지기 시작했다. 하늘과 바닥이 동시에 열을 쏘아 댔다. 하늘에서는 직사광선이 내리쬐고 바닥에서는 콘크리트 보도가 열을 뿜어냈다.

캐럴은 물이 찰랑찰랑한 종이컵이 가득 놓인 탁자를 그냥 지나쳤다. 그곳이 수분을 보충하는 연료 충전소가 아니라, 시간을 잡아먹는 불필요한 휴게소라 여겼다. 그렇게 속도를 늦추지 않고 물 보급대를 차례차례 지나쳤다. 훈련 때 땀을 흘리면 몸에서 수분과 나트륨이 많이 빠져나간다는 이야기도, 그래서 소금과 물의 섭취가 중요하다는 이야기도 들은 적이 없었다. 탈수증과 근육 경련에 시달리며 계속 달렸다. 캐럴은 시간을 잡아먹는다는 생각 때문에 자기 몸의 세포들에게 꼭 필요한 두 가지를 공급하지 않은 채 제대로 움직이라고 독촉했다.

캐럴은 왼쪽으로 꺾어 온타리오호를 끼고 있는 레이크쇼어 대로로 진입했다. 이 길은 고속도로의 지루한 풍광을 걷어 내고 호수의 시원한 바람도 선사했지만 캐럴은 이걸 모르고 지나쳤다. 그곳은 약 29킬로미터 지점이었고, 캐럴은 움직이기를 거부하는 다리에 온 신경이 집중되어 있었다. 남은 거리는 12킬로미터였다. 12킬로미터면 트랙 종목 전체를 연습할 때 뛰는 거리다. 12킬로미터면 샌프란시스코 동쪽 끝에서 서쪽 끝까지의 거리보다 길다. 12킬로미터면…… 캐럴은 완전히 반란을 일으킨 이다리로는 뛸 수 있는 거리가 아니라는 걱정이 들기 시작했다.

"캐럴!"

고개를 돌려보니 사이 코치가 뒤에서 터벅터벅 뛰고 있었다. 캐럴은 머릿속 모든 것을 단번에 코치에게 털어놓았다.

"다리에 쥐가 났어요. 쥐가 나는 걸 어떻게 막죠? 끝까지 못뛸 것 같아요."

사이 코치는 함께 달리던 남자들에게 먼저 가라고 손짓을 하고는 캐럴의 페이스에 맞추어 속도를 줄였다.

"그냥 가세요." 캐럴이 말했다. 그러면 코치가 자기를 두고 달릴 거라고 생각했다. 하지만 코치는 페이스를 바꾸지 않았고 아무 말도 하지 않았다. 다른 팀원들도 그랬지만 캐럴은 대단한 노력꾼이었다. 캐럴이 더 이상 못 하겠으니 포기하겠다고 한 건처음이 아니었다. 장시간 연습을 다 마친 뒤에 잔디밭에 널브러져서는 "코치님, 전 이제 클럽에서 나갑니다!"라고 큰소리를 땅땅 치고는 다음 날이면 자석처럼 다시 제자리로 돌아오는 걸로 유명한 아이였다. 사이 코치는 소녀가 포기할 거라고 생각하지않았지만 마라톤이 평범한 경기가 아니라는 것도 알고 있었다.

결승선을 8킬로미터 앞두고 캐럴은 발가락을 요정처럼 위로 곧추세운 채 달렸다. 자세를 바꾸면 발에 쥐가 날까 겁이 나 자세를 바꿀 엄두를 내지 못했다. (캐럴의 다리는 이미 완전히 맥이 풀려 있었다.) 아주 우스운 자세로 뛰고 있었지만, 캐럴은 발이 바닥에 닿는 익숙한 리듬을 계속 고수했다. 멀고도 먼 거리를 달린 끝에, 캐럴과 사이 코치는 캐나다 국립 전시관 경기장에 도착했다. 그곳은 경기용 트랙 외에도 일반적인 마라톤 경기에는 찾아보기 힘든 아주 높은 관람석을 갖춘 대형 시설이었다. 캐럴이 경기장 입구로 들어갈 때 노스요크 육상 클럽 회원들이 기다리고 있었다.

캐럴은 크로스컨트리 경기를 좋아하지 않았다. 나무에 가려 결승선을 볼 수 없기 때문이었다. 드디어 40킬로미터를 지점을 지나자 결승선이 보였다. 트랙 한 바퀴만 돌면 완주였다.

경기장 안에서 누군가가 물을 권했지만, 캐럴은 단호히 거절했다. 그러자 그 남자가 캐럴에게 물병을 던졌다.

세상에! 캐럴은 몸을 돌려 그를 노려보았다. **다리는 삐걱거리고 발가락은 불에 덴 듯한데, 이제는 이런 일까지 당해야 돼?**

남은 90미터, 70미터, 50미터를 달려가는데 사이 코치가 갑자기 속도를 줄였다. 캐럴은 무슨 일인가 싶어 코치를 돌아보았다. 그리곤 곧 결승선을 넘었다. 캐럴이 혼자서 결승선을 넘게 하려는 코치의 배려였다.

3시간 30분 만에 결승선을 넘자마자, 캐럴의 눈앞에서 충격적인 일들이 펼쳐졌다. 첫째, 캐럴의 어머니와 두 여동생이 트랙 옆 잔디밭에 서 있었다. 어머니가 딸의 경기나 연습하는 곳에 온 것은 클럽 가입 후 2년 만에 처음이었다. 어머니가 무심해서가 아니었다. 혼자 몸으로 다섯 딸을 키우면서 자동차도 없이 직장에 다니는 처지에 딸들의 방과 후 활동에 가 보는 건 엄두도 낼 수 없는 일이었다.

둘째, 자신이 결승선을 넘은 최초의 여성이었다. 여자 마라톤 1위였다.

셋째, 한쪽 다리에 심한 경련과 통증이 이는 바람에 몸이 저절로 꺾였다. "괜찮아?" 동생이 물었다. 캐럴이 다른 쪽 다리를 향해 손을 뻗는 순간, 갑자기 그 다리에도 똑같이 극심한 통증이 일었다. 캐럴은 비명을 지르며 풀밭에 쓰러졌다. 의료진이 달려와 구급차로 옮긴 다음 쥐가 난 다리와 발을 주물러 주고 마실 물을 주었다. 근육 경련은 쉽게 가라앉지 않았다. 20분 뒤에야 근육 경련은 근육 통증으로 바뀌었다.

어머니를 만나러 성큼성큼 걸어가는 모습에는 당당함이 넘쳤다. 캐럴 해드럴은 이 대회뿐만 아니라 북미 대륙을 통틀어서 가장 빨리 마라톤 결승선을 넘은 여성이라는 **공식**(공식, 이 단어가 중요하다) 기록을 남겼다.

하지만 이런 구분은 캐럴에게 별 의미가 없었다. 사이 코치는 마지막 50미터를 남기고 속도를 낮추었을 때 불현듯 그 사실을 깨달았을 것이다. 모린을 위해 마라톤을 준비하던 때에도 그는 자신이 무얼 하고 있는지 불현듯 깨달았을 것이다. 그러나 그는 자신의 전략을 소녀들에게 알리지 않았다. 소녀들이 할 일은 달리는 것뿐이었다.

그렇게 그들은 달렸다. 모린은 2위로, 브렌다는 3위로 들어오며 노스요크 육상 클럽의 우세를 과시했다.

그날 저녁 수상식에서 어머니가 친구에게서 빌려 온 금색 드레스를 차려 입은 캐럴이 트로피를 받으러 무대에 오르자, 함께 뛰었던 이들이 모두 자리에서 일어나 박수를 쳤다. 캐럴은 사람들이 왜 기립 박수를 치는지 알 수 없었다. 그들 중에는 캐럴이 아는 사람도 있었지만, 모르는 사람이 많았다. 그들은 캐럴과 모린 두 사람이 이룬 업적이 그 대회에서뿐만 아니라 스포츠에서 여성의 미래에 중요한 의미를 가짐을 알았을 것이다. 하지만 그때 캐럴은 그 의미를 이해하지 못했고, 캐럴뿐 아니라 모린도 그때부터 50년 뒤까지도 그것을 이해하지 못했다.

. . . . .

여름이 끝날 무렵, 사이 코치는 소녀들에게 마라톤을 두 번 더 뛰게 했다.

모린의 다리는 멀쩡하게 잘 돌아갔지만, 정신적으로는 피로감과 허탈감, 권태감에 치어 갔다.

"이 경기는 정말 뛰고 싶지 않아요." 모린은 토론토 동쪽 호숫가에서 열린 하계 마라톤 때, 어머니에게 이렇게 말했다.

"그래? 그럼 그냥 끝내 버려."

모린이 한숨을 쉬었다. "알았어요."

모린은 1위를 했다. 하지만 전혀 즐겁지 않았다.

21

누군가를 꺾으려고 달리는 건 싫어

점점 심해지는 사람들의 생트집, 맹렬한 훈련. 마라톤처럼 오래도록 이어지는 피로감. 1968년 여름, 모린의 달리기 인생과 클럽을 지탱해 오던 주춧돌에 생긴 균열이 서서히 커지기 시작했다. 그해 가을에는 진도 6의 지진과 수개월에 걸친 여진으로 모든 것이 무너져 내렸다.

평화로운 어느 날, 여느 날처럼 연습하기 직전 지진처럼 느닷없이 충격적인 소식이 들려왔다.

사이 코치가 클럽을 떠날 거라는 소식이었다.

모린이 열 살 때부터 거의 5년 동안, 사이 코치는 모린의 달리기 인생을 쌓아 올린 건축가였다. 모린이 연습과 경기 중에 빨리 달리건 느리게 달리건, 그 다이얼을 조정한 건 사이 코치였다. 아니 그 다이얼을 디자인한 게 바로 사이 코치였다. 주말마다 그들이 찾아간 여행지는 모두 사이 코치가 고른 곳이었다. 그들이 참가한 경기 또한 모두 사이 코치가 고른 거였다. 그들은 부상과 질병을 무릅쓰고 연습을 했다. 그러라는 코치의 지시를 따른 거였다.

결과적으로 모린은 열정적으로 전념한 덕에 자신을 육상 선수로 알아보는 사람을 얻었고, 사이 코치는 모린의 장거리 주자로서 강점을 알아보고 그 역량을 테스트할 기회를 만들었다.

사이 코치는 30대 후반에야 달리기에 뛰어들었다. 하지만 일단 뛰어든 뒤에는 모든 것을 달리기에 양보했다, 주말도 딸들도 여가 시간도. 모린의 열정도 그의 열정과 막상막하였다. **경기에 나가려면 16킬로미터는 달려야지? 좋아요.** 모린은 연습을 하고 나면 쓰러지는 아이가 아니었다. 더하게 해 달라고 졸라 댔다. 사이 코치는 '노력하면 할 수 있다'는 모린의 신념을 높게 평가했다. 자신에게도 똑같은 신념이 있었기 때문이다.

클럽의 소녀 회원들은 저마다 사이 코치에게 깊이 의지했다. 특히 코치의 믿음과 꾸준한 지지야말로 모린의 달리기를 지탱해 온 보이지 않는 지지대였다.

그런데 갑자기 그 지지대가 감쪽같이 사라졌다.

사이 코치가 클럽을 떠난다는 발표를 하고 며칠이 지나고 몇 주가 지났지만, 모린은 구체적인 내용을 알 수가 없었다. 무슨 일인지 알 수가 없었다.

사이 코치는 오하이오주의 톨레도로 가서 체육학 대학원 과정을 밟을 예정이었다. 그러니 더 이상 클럽을 책임질 수 없었다. 처음엔 그가 주중에만 오하이오주로 출퇴근할 거라고 했다. 얼마 후 모린은 사이 코치가 캐나다를 완전히 떠날 거라는 소식을 들었다. 그의 가족도 혼란에 빠졌다는 소문이 돌았다. 찾을 수 없는 답을 파헤치면서 모린의 마음속에는 자잘한 소문들이 더 커지고 뒤섞였다.

사이 코치는 클럽이 자기 없이도 계속되기를 바랐다.

하지만 모린이 사이 코치 없이 버틸 수 있을까?

그때 여진이 시작되었다.

사이 코치와 함께 브렌다도 갑자기 떠났다. 인사할 틈도 없었다. 모린이 클럽에 들어오는 걸 환영해 주었고, 격려와 우정, 경쟁과 지지를 나누어 주던 두 사람이 갑자기 떠나 버렸다. 브렌다는 전에도 잠시 휴식기를 가진 적이 있었지만, 그때는 달리기가 없는 인생을 살고 싶다는 사춘기의 작은 반항이었다. 그리고 브렌다는 돌아왔다. 이번에는 돌아오지 않을 거라는 걸 모린은 알았다. 자신의 첫 리본, 자신의 첫 우승, 자신의 첫 국제 경기까지 모린이 늘 쫓아다녔던 친구가 사라졌다. 이별이기보다 차라리 한 편의 비극이었다.

여진은 멈추지 않았다. 캐럴도 떠났다. 캐럴의 떠남은 무릎 부상에서 시작되었다. 캐럴이 무릎 통증이 있다고 하자 사이 코치는 별거 아니라고 무시했다. "훈련을 죽도록 하면 나아." 그가 말했다. 캐럴은 통증을 무릅쓰고 절뚝거리며 투지와 기개로 트랙을 뛰어다녔다. 결국 캐럴은 무릎관절 반월판이 찢어져 병원에 갔다. 사이 코치가 캐럴을 위해 짜 놓은 훈련과 일정을 어김없이 따라 달린 덕에 연골이 너덜너덜 찢어져 버린 것이다. 캐럴이 회복해 갈 무렵 사이 코치는 클럽을 떠났다.

모린은 동료들의 부상을 한두 번 본 게 아니었다. 부상은 친구들을 데려갔다. 하지만 친구들은 결국 돌아왔다. 좋은 의도였는지는 몰라도 사이 코치는 부상 예방에 대한 지식이 부족했을 뿐 아니라 "죽겠다는 소리는 절대 하지 마라"라는 사고방식까지 더해져, 클럽의 소녀들이 심각한 부상 위험을 겪게 했다. 사이 코치는 여자도 달릴 수 있다는 걸 입증하기 위해 캐럴을 선발 주자로 내보냈다. 그리고 캐럴은 그 사실을 입증하고 또 입증하다가 결국 더 이상 입증할 수 없는 몸이 되고 말았다.

캐럴은 무릎 절개 수술을 받은 지 딱 3주일째, 절개했던 부위의 상처가 다 아물지도 않은 상태에서 경기에 참가했다. 사이 코치는 사라졌다고 해도, 그의 방식은 여전히 뿌리를 깊게 내리고 있었다. 그 경기를 한 뒤로 캐럴은 무릎 통증이 도졌고 절개 부위가 계속 욱신거렸다. 몇 주 동안 집에서 요양을 해야 할 판에, 얼헤이그 트랙을 다시 찾았다. 결국 한동안은 집에 갈 때 자동차 신세를 져야 했다. 연습이 끝나면 늦은 밤인데 한 시간 넘게 걸어서 집에 갈 상태가 아니었다. 얼마 안 있어 그는 클럽 활동을 더 이상 지속할 수 없는 지경이 되었다. 캐럴은 깊은 상처를 받고 아주 먼 곳으로 이사를 갔다.

모린은 캐럴을 다시는 보지 못했다.

자신을 지도해 주던 코치, 첫 달리기를 함께 달린 동료이자 친구, 그리고 존경하는 언니까지 모두 몇 주 만에 모린의 곁을 떠났다. 그들이 떠난 것도, 훈련도, 여행도, 경기도 모든 게 잘못된 것 같았다. 모린은 실의에 빠질 때마다 마음을 안정시키기 위해 자신이 좋아하는 것을 했다. 달리기를 하면서 평화를 찾았고 자유로움을 느꼈다. 이번에도 모린은 늘 의지했던 느낌이 되돌아오기를 기다리며 연습을 하고 경기를 하는 일상을 이어 갔다. 하지만 친구들과 코치의 부재가 남긴 상처는 여전히 아물지 않았다. 게다가 사이 코치의 떠남이 빚어낸 또 다른 파급 효과는 모린의 상처를 더욱 아리게 만들었다.

· · · · ·

피터 메이슨.

　클럽이 유지되려면 새 코치가 필요했다. 학부모, 클럽 회원, 그리고 자문 위원의 만장일치로 피터 메이슨에게 코치 직무가 맡겨졌다. 피터는 마른 체격에 안경을 썼고 건망증이 심한 교수처럼 행동했다. 그는 모린이 클럽 활동을 시작하고 얼마 뒤부터 사이 코치를 보조해 왔다. 피터는 캐나다에서 손꼽히는 육상 클럽을 이끌 자격이 충분했다. 리플턴로드 공립 학교에서 교사로 일한 경력이 있었고, 노스요크 공립 학교들을 대상으로 3년 연속 육상 대회를 조직하기도 했다. 게다가 노스요크 육상 클럽의 부코치였다. 피터는 사이 코치만큼 사교적이지는 않았다. 그리고 언론을 다루는 요령도 부족했다. 하지만 클럽 내에서 그의 입지는 탄탄했다.

실라는 노스요크 팀원 몇 명과 함께 실내 하프 마라톤 경기에 참가했던 날을 기억하고 있다. 사이 코치는 늘 팀원들에게 경기에서 전력을 쏟아 우승해야 한다고 말했지만, 이날만큼은 팀원들이 모두 보조를 맞추어 달리라고 지시했다. 이런 일이 거의 없었는데, 이날 사이 코치는 개인 주자의 기량이 아니라 클럽의 기량을 과시하는 걸 목적으로 삼은 것 같았다. 하지만 피터는 이 전략을 탐탁지 않게 여겼다. 그는 조용히 실라를 불러내 말했다. "앞으로 치고 나가서 끝까지 선두를 지켜." 사이 코치의 지시를 무시하라는 뜻이었다.

경기가 시작되자, 실라는 피터의 말을 따랐다. 처음부터 속도를 조절할 생각은 아예 하지 않고 전력 질주를 했다. 실라는 당연히 1위를 했고 새로운 기록까지 냈다.

실라는 하늘을 나는 듯이 기분이 좋았지만, 사이 코치가 어떤 반응을 보일지 몰라 몹시 불안했다. 코치의 전략을 믿고 따르는 게 모든 경기의 원칙이었다. 그런데 이번 경기에서 그 원칙을 무시한 것이다. 다행히도 사이 코치는 실라의 우승을 기뻐했고 전혀 섭섭한 내색을 하지 않았다. 실라는 안도의 한숨을 내쉬었다.

하지만 피터는 모린을 따로 불러내 전력을 다해 뛰라는 말을 하지 않았다. 모린이 경기에서 좋은 실적을 내도 피터는 개인적으로 격려의 말을 하거나 열광적으로 축하해 준 적이 없었다. 사이 코치는 모린과 우스갯소리도 많이 했는데, 피터는 전혀 그런 법이 없었다. 모린은 피터가 자신을 별로 좋아하지 않는다는 걸 확실히 느끼고 있었다.

처음 그런 인상을 받은 것은 피터의 자동차를 타고 경기장을 오간 뒤에 피터가 자신의 부모 앞에서 자신의 행동을 지적했을 때였다. 피터는 모린의 부모를 만나면 모린이 차 안에서 예절을 지키지 않았다고 말하곤 했다. 차 안에서 노래한 걸 가지고 그러나? 하지만 차 안에서 '벽장 안에 맥주병이 아흔아홉 개가 있어'라는 동요를 종알거리거나 라디오에서 나오는 비치보이스나 비틀스 노래를 흥얼거린 건 모린만이 아니었다. 왜 늘 자기만 이렇게 지적을 받는 건지 알 수가 없었다.

모린의 부모는 피터의 말을 듣고 몹시 걱정을 했다. 이들은 클럽의 다른 부모들과도 친하게 지냈는데, 부모들 대부분이 모린을 좋아하고 귀여워했다. 모린은 눈뭉치 사건 말고는 큰 말썽을 부린 적도 없었다. 더구나 피터는 모린의 부모와 특별히 가깝게 지내는 사이도 아니었다. 그들은 모린의 경기를 두고 한담을 나누거나 함께 전략을 짠 적도 없었다. 모린의 열정적인 보호자였던 마거릿은 딸의 어떤 행동이 그렇게 거슬렸느냐고 피터에게 대놓고 물어볼 수 없어 몹시 답답했다.

모린이 큰 충격을 받은 두 번째 계기가 있었다. 피터는 클럽의 다른 소녀들의 의욕을 돋울 때 모린을 경쟁 상대로 삼으라는 말을 자주 했다. 사이 코치는 소녀들이 서로를 이기려고 맹렬히 경쟁할 때 최고의 성과가 나온다고 믿었다. 그것은 "한 사람이 좋아지면 우리 모두가 좋아진다"라는 접근법이었고, 모린은 이런 접근법에 전혀 불만이 없었다. 그런데 피터는 편파적으로 행동했다. 그는 한 아이의 의욕을 돋우기 위해서 다른 아이를 끌어내리는 일을 서슴지 않았다. 피터의 방식은 모린이 경기에 임하는 방식과 완전히 딴판이었다. 하지만 그것보다도 더 큰 문제가 있었다. 모린에게 친구는 깊은 우정을 나누는 사이이자 치열한 경쟁을 펼치는 상대였다. 그런데 클럽 내부의 변화는 이 두 가지 (얼핏 상충되어 보이는) 특성이 조화를 이루던 모린의 내면을 뒤흔들어 댔다.

그런데 이 두 가지 특성이 특별히 모린에게만 두드러졌던 건 아니었다. 모린과 깊은 우정을 나누던 친구들 역시 경기 때는 서로 맹렬한 경쟁을 펼쳤다. 경기 때는 모린과 클럽 동료들의 성적을 측정하고 비교하는 시계가 똑딱거리고 있었다. 달리기는 단체 스포츠가 아니다. 결승선을 먼저 넘는 사람은 오직 한 사람이다. 아주 식상한 표현을 쓰자면, 우승을 하려면 친구들을 모두 따돌려야만 했다.

그러나 모린은 우승을 하고픈 자신의 충동이 다른 사람에게 패배를 안기려는 충동이라고 보지 않았다. 이 클럽은 처음부터 우정과 달리기가 공생할 수 있는 관계를 조성했다. 사이 코치는 "챔피언이 챔피언을 만든다"라고 말했다. 브렌다의 달리기는 모린의 마음에 달리기에 대한 열정을 움트게 했고 더 열심히 노력하겠다는 동기를 심어 주었다. 이런 협력과 경쟁의 분위기는 클럽에서 활동하는 다른 소녀들에게까지 전파되었다. 브렌다가 모린에게 자기 트로피를 선물했던 것처럼, 캐럴이 직접 마라톤에 나가고 싶다는 꿈을 이루지 못한 섭섭함을 감추고 첫 마라톤에 나간 모린을 응원하며 함께 달렸던 것처럼, 클럽의 여자아이들은 서로의 노력을 응원했다. 또한 그들은 단거리 전력 질주를 잘하는 재능, 결승선 직전에 급가속을 잘하는 재능, 모린처럼 지구력이 뛰어난 재능 등 서로의 독특한 재능을 인정하고 칭찬해 주는 사이였다.

그들은 상대를 꺾으려고 달렸고 또한 상대를 도우며 달렸다. 그들은 서로의 속도를 높여 주는 경쟁자였고 서로의 자부심을 부추겨 주는 동지였다. 모린은 동료들의 노력을 꺾고 승리를 거둔 게 아니라 동료들의 노력 덕분에 승리를 거둔 것이었다.

달리기 경기에 나간 사람은 다른 사람들 곁을 달리지만, 사실 달리기는 과거의 자신과 벌이는 경쟁이다. 하루 전의 자신, 한 달 전의 자신, 1년 전의 자신과 겨루는 싸움이다. 모린 눈에는 보이지 않았지만, 경기 출발선에 선 모린 옆에는 늘 과거의 모린이 서 있었다. 모린은 어제도 그저께도 *그끄저께*도 과거의 자신과 함께 달렸다. 모린은 과거의 자신이 어떤 모습인지, 무슨 생각을 하는지, 무슨 감정을 느끼는지, 얼마나 빨리 경기를 끝내는지 알고 있었다. 무엇이 자신을 흔들리게 하고 무엇이 자신을 강하게 만드는가를 잘 알고 있었다. 과거의 자신을 꺾으려면 무엇을 해야 하는지를 빠삭하게 알고 있었다.

달리기 실적이 좋아지는 것은 모린의 기량이 조금씩 나아지고 있다는 뜻, 모린이 과거의 자신을 조금씩 추월하고 있다는 뜻이다. 이건 단순히 은유적인 표현이 아니다. 달리기는 한마디로 과거의 자신을 이겨야 하는 운동이다.

모린은 친구들과 함께 오타와나 볼티모어나 하이파크의 경기 출발선에 여러 번 섰지만, 단 한 번도 친구들을 경쟁 상대라고 여기지 않았다. 친구들과 '함께' 경쟁을 하는 거라고, 친구들 덕에 힘을 얻는 거라고 생각했다. 이 아이들은 모두 자신과의 싸움에서 이기려고 안간힘을 썼다.

거의 5년 동안 내면에 굳게 자리 잡은 이 두 가지 기둥, 깊은 우정과 치열한 경쟁심 덕분에 모린은 노스요크 육상 클럽과 함께하는 달리기를 자기 인생에서 가장 큰 기쁨으로 여겼다. 모린의 마음속에는 달리기를 하는 순간순간 느꼈던 날카로운 집중과 천진난만한 기쁨, 선명한 기억이 깊이 새겨져 있었다. 버넷 언덕 오르막 훈련 때 밟던 젖은 나뭇잎과 화끈거리는 허벅지 근육의 기억, 조앤과 함께 스프링클러 사이를 뛰어가며 자지러지게 웃던 기억, 호텔 방에서 캐럴과 쇠고기 통조림 한 통과 빵을 나눠 먹던 기억, 사이 코치와 함께 완자탕을 먹던 기억, 한 시간 동안 발목까지 잠기는 물웅덩이를 절벅이며 달린 기억까지. 클럽은 모린이 본연의 모습을 발산하던 장소였다. 그러나 이제 그것은 과거의 일이 되어 버렸다. 이제는 그 소중한 기둥들이 무너져 내리면서, 모린이 그토록 치열하게 노력하며 지탱해 왔던 구조 전체가 흔들리고 있었다.

친구들은 떠났고 클럽 내부에서는 경쟁이 훨씬 노골적인 방향으로 흐르고 있었다. 다른 사람은 몰라도 모린에게만큼은 그랬다. 팀원들은 서로 상대방을 밟고 올라서야 하는 경쟁 관계가 되었다. 더 이상 같은 방향을 향해 달리고 있지 않았다. 서로 맞붙어서 싸우는 경쟁을 벌이고 있었다.

22

캐나다 국가 대표가 되었으나……

아침에 커피를 마시며 지역 신문의 스포츠 면을 훑어보는 사람들은 노스요크 육상 클럽 관련 소식을 읽어도 클럽의 변화가 회원 개인에게 어떤 영향을 끼쳤는지는 알지 못했다. 사이 마가 클럽을 떠났다는 소식이 신문에 실렸다. 그러나 기사는 횃불을 든 손(코치)이 교체된 것만 보았지 클럽 내부에서 일렁이던 불꽃이 사그라드는 변화는 보지 못했다. 그래서 조간신문을 뒤적이며 뉴스를 훑어보는 토론토 주민들의 눈에는 모린 윌턴이 그 어느 때보다 잘 달리고 있는 것처럼 비쳤다.

노스요크 육상 클럽에 대격변이 일어나고 몇 달 뒤인 12월에, 앨버타주 에드먼턴에서 엘리트 훈련 캠프가 열렸다. 이 캠프에 초청된 캐나다의 젊은 여성 여섯 명 가운데 한 명으로 모린이 선정되었다. 캐나다 육상 협회는 모린을 "훌륭한 선수가 될 수 있는 잠재력과 능력"을 가진 달리기 주자로 선정했다. 모린은 달리기를 시작하고 거의 5년 만에 캐나다에서 손꼽히는 달리기 주자라는 국가적인 인정을 받게 된 것이다. 첫 마라톤에서 여자 세계 기록을 깬 때로부터 거의 두 해가 지나면서, 스포츠계 내에서 열다섯 살 모린의 위상은 줄곧 상승세를 탔다.

하지만 이런 국가적인 인정이 무슨 소용이 있을까? 모린은 올림픽을 목표로 삼을 수 없었다. 아직도 여자가 달릴 수 있는 가장 먼 거리는 800미터였는데 모린은 미터 단위 경기가 아니라 킬로미터 단위 경기에서 기량을 발휘하고 있었다. 모린은 거리 제한이 엄격하지 않은 대회를 통해서 세계 무대에 진입할 채비를 하고 있었다.

봄이 되면서 모린에게 기회가 찾아왔다. 모린은 1969년 스코틀랜드에서 열리는 국제 크로스컨트리 대회 예선전 3.2킬로미터 경기에 참가했다. 그런데 강적들이 있었다. 오래전에 모린과 치열한 경쟁을 벌였던 로베르타 피코와 애비 호프먼과 다시 맞붙어야 했다. 애비는 1964년과 1968년, 두 번의 올림픽에서 여성 800미터 달리기에 출전해 두 번의 경기 모두 여유 있게 1위로 결승선을 넘은 올림픽 대표 선수였다. 모린은 예전 경기에서 로베르타와의 거리를 바싹 좁혔지만, 결승선에서 간발의 차로 1위를 놓친 적이 있었다.

모린과 조앤은 해외 달리기 대회를 생각하며 마음이 몹시 설렜다. 캐나다 동부에서는 여자 두 명에게만 이 국제 대회의 출전권이 주어진다고 하니, 두 사람은 예선전에서 1, 2위의 성적을 내서 출전권 두 장을 다 따내고 싶었다. 그러기 위해서는 지역 예선전에서 가장 기량이 뛰어난 경쟁자들과 맞붙어야 했다.

예선전 당일, 조앤은 자동차에 앉아 양손을 마주 잡고 마음을 졸이고 있었다. 늘 쾌활하게 재잘거리던 모린도 예선전에 대한 부담감 때문에 조용히 앉아 있었다. 이번 경기는 5년간 기울여 온 노력의 정점이 될 터였다.

초조감을 털어 내자. 다리 운동을 하자. 트랙 위 하얀 선 앞에 서자. 출발 자세를 잡자. 땅!

출발!

조앤은 출발하자마자 선두 무리 뒤로 처졌다. 사실 조앤은 출발 전부터 진땀이 흘렀다. 아침에 일어난 뒤부터 열이 나고 몸살기가 느껴졌다. 잘 알고 있는 병이었다. 조앤은 최근 몇 년 동안 감기를 달고 살았다. 지금 일어나는 몸의 반란은 놀라운 건 아니지만 못내 실망스러운 일이었다. "죽겠다는 소리는 절대로 하지 마라." 사이 코치가 항상 하던 말이었다. 사이 코치가 곁에 없는데도, 폐에 불이 붙었는데도, 달리는 다리보다 온몸이 쑤셔 대는데도, 조앤은 그 원칙이 통할 거라고 믿었다.

모린은 어처구니없이 길게 내닫는 애비 호프먼의 보폭에 시선을 고정했다. 모린의 다리가 세 번 땅을 차는 동안 애비의 다리는 한 번 땅을 차는 것 같았다. 애비의 보폭을 파악한 모린은 일정한 속도로 그를 뒤따라 달릴 수 있었다. 모린은 숨을 쉴 때마다 마음을 굳게 다져먹었다. 모린은 팔꿈치를 약간 구부리고 마치 몸통과 팔꿈치 사이에 베개를 끼고 있는 듯한 자세로 두 팔을 힘껏 저었다.

이렇게 힘겨운 달리기를 할 때는 모든 잡생각이 사라진다. 하지만 모린은 가끔씩 로베르타가 어쩌고 있는지 궁금했다. 모린의 기억 속에 로베르타는 자신 바로 앞에서 꾸준히 달리던 모습으로 새겨져 있었다. 그런데 로베르타는 지금 어디에 있을까? 모린은 금방이라도 로베르타의 긴 다리가 자기 옆에 나타날지도 모른다는 생각을 하며 꾸준히 속도를 높였다.

하지만 이번 경기에서 로베르타는 뒤처져 있었다. 모린은 몰랐지만 이 육상 스타는 1968년에 대학에 입학하면서 순위를 다투는 달리기를 그만두었다. 로베르타는 진로 상담가로부터 대학에 진학하는 쪽이 미래를 위해 더 안전한 길이라는 말을 듣고 몇 달 전 훈련을 중단했다가 경기에 나왔다. 스코틀랜드에서 열리는 국제 경기에 출전할 기회를 그냥 지나칠 수 없어 예선전에 나오긴 했지만, 아킬레스건 부상에서 완전히 회복하지 못한 상태라 제대로 경기를 할 수 없었다.

애비가 11분 52초 기록으로 가장 먼저 3.2킬로미터 경기 결승선을 넘었다. 모린은 14초 늦게 2위로 들어왔다. 로베르타는 모린보다 34초 늦게 5위로 들어왔고, 조앤은 고열을 견디며 6위로 들어왔다.

모린은 스코틀랜드에서 열리는 국제 크로스컨트리 대회에 출전할 캐나다 국가 대표 팀의 공식 일원이 되었다. 모린은 캐나다 대표 육상 선수로서 붉은색과 흰색이 섞인 캐나다 유니폼을 입고, 캐나다 최고의 육상 선수들과 함께 대서양을 가로질러 날아가 세계 최고의 육상 선수들과 겨루게 될 것이다.

· · · · ·

모린은 곱슬한 머리를 늘어뜨린 채 트렌치코트에 검은 가방을 들고 공항에서 비행기 탑승을 기다리고 있었다. 이제야 자신이 얼마나 대단한 일을 해냈는지 실감이 났다. 국가 대표 팀의 일원이 된 것은 마라톤에서 세계 기록을 세운 일보다 자랑스러웠다. 출국하는 딸의 모습을 남기려 카메라 셔터를 누르는 부모 앞에서 모린은 멋쩍게 미소를 지었다. 이제 모린은 육상을 시작한 초창기 시절의 "새우"도 아니고, 어린 나이에 마라톤을 했던 "꼬마 모린"도 아니었다. 모린은 이제 "마이티 모"이다. 곧 세계 무대에서 두각을 나타낼 날이 다가오고 있었다.

모린은 노스요크 육상 클럽 팀원 중 유일하게 그 비행기에 올랐다. 비행기가 캐나다의 동해안을 지나 대서양 위를 날아가는 동안, 모린은 아득히 저 아래 지상에서 녹색, 노란색, 파란색의 융단이 아름다운 모습으로 펼쳐지는 걸 지켜보았다. 눈을 감았다 깨어 보니 어느새 아침이 되어 스코틀랜드 상공이었다. 습하고 차가운 공기가 코트 안으로 스며들었다. 봄이라고는 하지만, 나무에는 아직 새순이 돋지 않았다. 모린은 노천 시장에 가서 모직 스웨터를 샀다. 모린은 남자들이 12킬로미터 경기를 하는 모습을 멀찍이서 카메라에 담았다. 모린의 카메라에 담긴 영상은 채도가 낮은 운동복을 입은 남자들이 굽이굽이 요철이 심한 오르막 풀밭을 달려가는 모습이었다.

　모린이 달릴 차례가 다가왔다. 소녀는 붉은색과 흰색이 섞인 반바지와 러닝셔츠를 입고 그 위에 붉은색과 흰색이 섞인 캐나다 공식 운동복을 껴입었다. 어깨까지 내려오는 긴 머리를 뒤로 넘겨 잘끈 묶었다. 소녀는 군데군데 급한 경사가 있는 언덕길을 따라 4킬로미터 코스를 달렸다. 끔찍한 날씨였다. 비 오는 진창 속을 절벅이며 달리면 걸쭉한 진흙이 다리를 뒤덮었다. 많은 선수가 추월했지만 그다지 신경이 쓰이지 않았다. 31위로 결승선을 넘었다. 모린은 캐나다 대표 선수로 뛴 것만으로도 큰 영광이고 해외 출전을 위해 여행을 한 것만으로도 대단한 행복이라고 생각했다.

· · · · ·

모린은 진취적인 동력을 잃은 상태였다. 예전에 사이 마는 항상 또 다른 경기 출전을 계획하고, 또 다른 훈련 일정을 잡고, 또 다른 계획을 준비해 두었다. 하지만 이제 그는 모린 곁을 떠났다.

　스코틀랜드에서 돌아온 모린은 한 바퀴를 달릴 작정으로 얼헤이그 트랙에 섰다. 다리를 풀고 팔을 크게 돌린 다음 몸을 앞으로 기울인 채 작은 돌멩이에 발가락 끝을 단단히 디뎠다. 그리고…… 그뿐이었다. 소녀의 가슴에서는 아무런 느낌이 솟아나지 않았다.

예전에는 트랙에 설 때마다 가슴에 충만한 기쁨이 솟구쳐 올랐다. 클럽 사람들과 모여 함께 달릴 때마다 자신감이 넘치고 집중력이 솟구치고 가슴이 조마조마해지면서 흥이 났다. 시합은 모린의 경쟁심에 불을 붙였다. 클럽에서 만난 재능 넘치는 친구들 덕분에 모린은 더 열심히 훈련을 해야겠다고 마음먹었다. 하지만 최근 6개월 사이에 모린은 클럽과의 관계가 느슨해지기 시작했다. 이런 변화는 처음에는 쉽게 감지할 수 없었다. 모린은 지난가을 사이 코치가 떠나고 연이은 여러 사건으로 많은 상실감을 느꼈다. 그러나 회복할 수 있을 거라고 믿었다. 충분히 시간을 두고 기다리면 자신이 소중히 여겼던 클럽의 장점들이 다시 돌아올 거라고 믿었다. 그래서 모린은 달리기를 계속하며 과거 자신의 모습을 그대로 유지하려고 애를 썼다. 소녀는 경쟁자들의 능력에 놀라워하며 감탄했다. 경기에서 승리한 친구들과 동료들에게 축하 인사를 전했다. 그리고 훈련과 경주에 다시 전념했다.

하지만 이 스포츠는 더 이상 모린에게 예전과 같은 보상을 베풀어 주지 않았다. 욱신거리던 근육이 조금씩 나아지는 듯하다가 결국 부상으로 굳어지는 것처럼, 달리기와 클럽에 대한 모린의 감정은 초기의 슬픔보다 훨씬 더 깊어졌다. 모린의 우정과 경쟁의식(오랫동안 조화를 이루어 왔던 모린의 내면의 두 기둥)은 노스요크 육상 클럽이라는 응원군을 잃어버렸다. 달리기에 대한 모린의 애정의 원천은 달리기라는 행동이 아니라 달리기와 관련된 감정이었다. 모린이 가장 큰 열정을 기울였던 달리기가 이제 공허한 신체 활동이 되어 버렸다. 달리기는 모린의 모든 시간을 삼키고, 스트레스를 안기고, 클럽 밖의 또래와의 관계를 소원하게 만든 원천으로 변해 버렸다. 모린은 달리기를 하고 싶었을 뿐이다. 그런데 인생의 지저분하고 복잡하고 부당한 것들이 모린의 길을 가로막았다. 부정행위를 했을 거라는 생트집과 언론과 이웃이 퍼붓던 비판, 모린을 통해 자신의 주장을 입증하려고 한 코치와 우정보다 경쟁을 중요하게 여겼던 또 다른 코치까지.

모린의 어머니 마거릿은 모린보다 먼저 이 모든 걸 알아채고 있었다.

모린이 팀원들이 뛰는 것을 지켜보고 있을 때 마거릿이 모린의 곁을 서성이었다. 마거릿은 딸의 얼굴을 보고 걸음을 멈췄다.

모린은 피로감을 느꼈다. 그것은 밤새 자동차를 타고 이동한 뒤 곧바로 경기를 할 때 느끼는 그런 종류가 아니었다. 5년 동안 엄청난 압박감 속에서 쉬지 않고 달리기를 해 오면서 누적된 피로감이었다.

"즐겁게 하고 있는 거야?" 마거릿이 물었다.

"아뇨." 모린은 시들한 표정으로 말했다.

"이제 그만둘 때가 된 거 같네."

모린은 어머니의 말에 반대할 이유가 떠오르지 않았다.

1969년 여름, 모린과 모린의 어머니는 달리기 연습을 그만두었다. 그리고 다시는 돌아오지 않았다.

23

마이티 모, 무대 뒤로 사라지다

경기에서 결승선을 넘은 직후 잠시 동안 여러 가지 일이 일어난다. 코스를 완주하려고 기를 쓴 탓에 체력이 바닥이 난다. 헐떡이며 깊은 호흡을 몇 번 하고 나면 어깨에서 힘이 빠지고 엉덩이 근육이 이완되고 심장 박동이 느려진다. 두뇌를 가득 채웠던 전략이 가뭇없이 사라진다. 고강도 활동이 중단되자 엔도르핀이 신경계로 쏟아지는 게 느껴진다. 몸이 해야 할 일을 마치자 두뇌가 다시 돌아가기 시작한다. 방금 일어난 모든 일들을 곰곰이 따져보기 시작한다. 눈 깜박할 사이에 모든 것이 지나간다.

모린이 달리기를 그만두자, 똑같은 해방감이 찾아왔다.

지난 5년은 완벽을 추구하는 데만 매달려 왔던 세월이었다.

모린은 그동안 더 많은 리본, 더 많은 트로피, 더 빠른 순위, 더 많은 대회, 새로운 도시, 더 먼 거리 달리기, 더 나은 기록 확보를 위해 전력을 기울여 왔다. 한 가지 목표를 이루고 나면 곧바로 새로운 목표를 향해 뛰라는 권유를 받았다. 때로는 하루에 두 가지 목표를 이루라고 권유받았고, 때로는 자신이 목표를 이루는 걸 사람들이 원하지 않을 때도 똑같은 권유를 받았다.

여성의 평등한 달리기를 가로막는 거대한 성문을 부수기 위해서는 강력한 망치가 필요했다. 모린 같은 사람이 필요했다. 망치질을 하다 상처를 입더라도, 그 망치질이 아무런 효력이 없는 것처럼 보이더라도, 성문을 향해 몇 번이고 되풀이해서 망치질을 해 대는 사람이 필요했다. 하지만 모린은 성문이 열리는 것을 보지 못했다.

모린은 그 도전에서 물러나면서부터 신문 스포츠 면에는 아예 눈길을 돌리지 않았다. 클럽에서 계속 활동하는 소녀들과도 연락을 하지 않았고, 주말에 어떤 경기가 있었고 누가 어떤 기록을 냈는지 알아볼 생각도 전혀 하지 않았다. 달리기와 관련된 모린의 일상은 감쪽같이 증발해 버렸다. 모린은 달리기를 완전히 외면하고 살았다.

그런데 어떤 면에서 보면 달리기가 모린을 외면했던 것 같다. 어떤 신문도 모린이 달리기를 그만두었다는 기사를 싣지 않았다. 어떤 기자도 모린의 집을 찾아와서 세계 기록 보유자가 국가 대표로 최고의 기량을 보일 시점에 갑자기 달리기를 그만둔 이유가 무엇이냐고 묻지 않았다. 노스요크 육상 클럽의 소녀들이 대회에 참여하러 미시간주에 갔을 때, 미시간주의 한 팀이 모린은 왜 오지 않았느냐고 물었다. 그 팀은 모린을 따라잡기 위해 고된 훈련을 해 온 팀이었다. 노스요크 소녀들은 그 팀이 아닌 다른 팀에게 모린이 달리기를 그만두었다고 말했다. 모린의 이름은 더 이상 사람들 입에 오르내리지 않았다.

달리기라는 스포츠와의 결별이 어찌나 철저했던지, 모린은 자신의 인생을 달리기를 하던 인생과 달리기를 그만둔 인생으로 딱 잘라 바라볼 정도였다.

달리기를 그만둔 뒤에 모린에게는 무슨 일이 있었을까.

모린은 달리기에 관한 말을 아예 입에 담지 않았다.

모린은 달리기에 관한 생각조차 하지 않았다.

모린에게 갑자기 많은 시간이 생겼다. 소녀는 많고 많은 시간을 혼자 보냈다. 날마다 한가로운 오후를 보냈다. 주말이면 낮잠을 잘 수 있었고, 어디로 서둘러 가야 할 일이 없으니 집에서 책을 읽거나 음악을 들을 수 있었다.

그렇게 모린은 또래 아이들이 하는 일을 하며 지냈다. 학교 합창단에서 노래를 불렀고, 학교 연극에서 작은 배역도 맡았다. 고드 오빠의 밴드 '스펙트럼스'가 차고에서 연습하는 것도 구경했다. 모린은 오빠가 하는 공연의 단골 관객이 되었다.

하지만 모린의 부모는 깊은 상심에 빠졌다. 두 사람은 모린의 능력을 깊이 신뢰했다. 그토록 좋아하던 일을 외면하고 지내는 딸을 지켜보며 가슴을 졸였다. 모린이 활동하던 공동체는 이미 그들의 공동체이기도 했다. 그러나 그들은 클럽 활동에서 오는 압박감과 클럽 내부의 변화가 딸에게 어떤 영향을 미쳤는지도 이해했다. 무엇보다도 그들은 딸이 행복하게 살아가길 바랐다.

모린의 삶이 바뀐 후 모린 부모의 삶도 변했다. 딸을 대회에 보내느라 감당해 왔던 재정 부담을 덜게 되면서, 마거릿은 이튼스 백화점 일을 그만두고 맥클린헌터 출판사의 비서로 일자리를 옮겼다. 덕분에 마거릿은 평일 정규 근무 시간에만 일을 하고 몇 년 만에 주말 이틀을 온전히 쉴 수 있었다.

모린이 클럽을 그만둔 덕에 누리게 된 가장 구체적인 혜택은 오두막에서 보내는 시간이 훨씬 늘어난 것이었다. 예전처럼 경기가 끝난 뒤의 일요일이나 마거릿이 직장을 쉬는 일요일에 잠깐 짬을 내서 들르는 게 아니라, 주말 내내 원하는 만큼 오두막에서 지낼 수 있었다. 경기가 얼마 남지 않았다는 압박감이 없으니, 수영과 산책 그리고 자연을 즐기며 지내는 시간이 더더욱 즐겁게 느껴졌다.

·····

2년이 지나 모린의 고등학교 졸업식 날이 되었다. 소녀는 하얀 가운에 구두를 신고 졸업식 무대를 당당하게 걸어간다. 졸업 사진에서 모린은 맨 앞줄에 서 있다. 소녀의 얼굴을 모르는 사람이라면 사진 속 많은 사람들 중에서 모린을 골라내기 어려울 것이다.

다음에 무슨 일이 일어날지를 짐작하기에는 너무나 많은 불

확실성이 존재한다. 모린은 동물과 자연 그리고 음악을 사랑한다. 그러나 이것만으로는 성인에게 필요한 실용적인 미래를 이룰 수 없다. 모린은 한때는 대단한 열정이 있었지만, 지금은 가뭇없이 사라지고 없다. 모린이 생각하는 대부분의 직업은 평범함의 혼탁한 혼합물처럼 느껴진다.

"뭘 하고 싶어?" 그의 어머니가 묻는다.

"모르겠어." 모린이 말한다.

늘 머리가 현실적으로 돌아가는 마거릿이 의견을 낸다. "그럼, 신문을 보고 어떤 일자리가 좋을지 알아보자."

그들은 구인 광고 목록을 훑어보고, 한 가지 직업이 계속 등장한다는 걸 발견한다. 바로 법률 사무원이다. 모린은 그 직업에 진출하기로 마음먹는다. 그리고 필요한 교육을 제공하는 커뮤니티 칼리지의 강좌에 수강 신청을 한다. 그런데 막상 가서는 그 강좌를 너무나 싫어한다. 자신이 신청한 강좌에 털끝만큼도 관심이 없다. 1년도 못 되어 수강을 포기한다.

모린은 어느 출판사에 말단 사원으로 취직해서 잘못 등록된 구독자 주소를 수정하는 일을 한다. 함께 일하는 동료들은 그가 어떤 사람이고 어떤 일을 했는지 전혀 알지 못한다. 물론 본인이 직접 그런 말을 하지도 않는다.

모린은 어느 날 밤 할머니를 모시고 영화 「엑소시스트」를 보러 갔다가 영화가 끝나기 전에 상영관을 빠져나온다. 무서운 영상이 계속 머릿속을 맴돈다며 울상을 짓는다. 극장을 떠날 때 할머니가 말한다. "어쨌든 고맙다, 얘야."

모린은 여름에 일주일 일정의 수상 스키 점프 캠프에 등록한다. 땅에 발을 디디고 있을 때나 그냥 수상 스키를 할 때는 안정감과 자신감을 느낀다. 하지만 보트의 추진력에 끌려가다 경사로를 타고 올라 허공을 가르며 날아가는 스키 점프를 보니 무서움과 불안감에 가슴이 졸아든다. 모린은 자신이 어떤 일을 해서는 안 되는지 빨리 깨닫는다. '저 경사로에 오르기만 해도 나는 혼이 나갈 거야.' 모린은 침착함을 유지하려고 노력한다. 하지만 경사로에서 휘청거리고 떨어지고 미끄러지면서 나흘을 보내고 나서는 이 스포츠가 천성적으로 맞지 않는다는 생각을 받아들이기로 한다. **이건 내 취향이 아니야.**

모린은 캠프가 끝나기 전에 짐을 싸서 집으로 간다. 사람들에게는 이렇게 말한다. "더 하다가는 죽을 것 같아서 그만두었어요."

모린은 예전의 삶 이야기를 하지 않고 살고 있지만, 주위에 몇몇 사람은 모린의 과거를 알고 있다. 이들 역시 공공연히 이야기를 꺼내지는 않지만, 과거를 공유하는 탓에 친근감이 든다. 모린은 조앤과 자주 연락을 주고받는다. 조앤 역시 클럽을 그만두었다.

친구들과 함께 자동차를 타고 영화관으로 가는 길에, 조앤은 몸에 심한 경련이 일어나 견디기 힘든 고통에 비명을 질렀다. 처음 겪는 일이 아니었다. 몇 달째 가시지 않는 요통 때문에 고통을 겪고 있었다. 조앤은 통증이 심할 때면 자기도 모르게 허리를 접고 몸을 점점 더 작게 웅크렸다. 작은 몸을 잔뜩 웅크린 모습이 마치 돌돌 말린 고사리 같았다. 조앤은 열여섯 살에 척추 질환자가 되었다. 이번에는 수술을 피할 수 없었다. 두 개 이상의 척추뼈를 융합하는 척추 융합 수술을 받았다. 건강 때문에 클럽도 그만두어야 했다. 몸이 무너지면서 올림픽의 꿈도 무너졌다. 과도한 훈련이 문제였다. 조앤은 앞으로는 절대로 달리기를 하지 않겠다고 맹세했다.

캐럴, 실라, 브렌다는 모린의 삶에서 완전히 사라졌다.

실라 역시 클럽을 그만두었는데, 모린은 그 사실을 모르고 있었다. 4.8킬로미터 기록 보유자인 실라는 고등학교 때 미술과 음악에 관심을 갖기 시작했다. 훈련을 약간 느슨하게 하고 연습도 대충하기 시작했다. 피터 메이슨 코치는 실라를 불러 살이 너무 쪘다고, 아이스크림을 많이 먹지 말라고 말했다. 그 잔소리를 듣고도 별로 서운하지 않았다. 이미 경쟁적인 달리기에 싫증이 난 터였다.

이 클럽은 심장이 멎어 버렸다. 대부분의 소녀들이 대학에 가기 한참 전에 클럽을 그만두었다.

뒷날, 오하이오주에서 새로운 인생을 살고 있던 사이 마는 자신의 훈련 방법이 너무 과격했을지도 모르겠다고 말했다. "그걸 생각하면 마음이 좋지 않다. 앞으로 살날이 많으니 건강을 지켜야 한다는 걸 더 강조했다면 좋았을 텐데. 하지만 나도 그렇고 다른 코치들도 그렇고 코치들은 좋은 성적을 얻기를 원한다. 요즘 나는 누구에게나 이렇게 말한다. 운동은 건강에도 도움이 되고 인생에도 도움이 되는 방향으로 해야 한다고. 하지만 당시에는 그걸 몰랐다."

. . . . .

이제 폴 이야기를 해 보자. 폴 만쿠소는 어릴 때부터 신문 스포츠 면을 꼼꼼히 읽어 와, 모린의 모든 경기 기록을 잘 알고 있었다. 폴은 모린의 오빠 댄과 절친한 친구인 데다 스펙트럼스의 열성적인 팬이었다. 모린은 8학년 때 폴을 만난다. 폴은 전부터 모린의 집에 자주 들렀고 오두막에도 찾아왔다. 댄의 대학 졸업 파티 때 모린과 폴은 예전과는 다른 감정을 느낀다. 이 파티에서 폴은 단순히 오빠의 친구가 아니라 부드러운 목소리로 말하는 자상한 사람으로 모린의 마음에 새겨진다. 그는 달리기 주자였던 시절의 모린과 달리기를 떠난 시절의 모린, 둘 다를 알고 있고 또 모린을 좋아한다.

졸업 파티 다음 날, 폴은 소년들을 위한 여름 캠프로 일하러 가고, 모린과 댄은 하루 날을 잡아 여름 캠프를 찾아가 폴을 만난다. 폴과 모린은 여름 내내 편지를 주고받는다. 드디어 데이트를 시작한다. 모린은 스물한 살 때 폴과 결혼한다. 모린의 결혼식에서 조앤은 흥겹게 춤을 춘다. 조앤은 공중제비를 넘고 파트너와 함께 빠르게 회전하면서 명랑함과 활달함과 운동 기량을 발산한다.

모린과 폴은 오두막에서 신혼을 즐긴다. 두 사람은 동물 보호소에서 골든레트리버와 푸들을 입양한다. 이 두 마리 개, 샌디와 브랜디 덕분에 이들의 집에는 생기가 돈다.

폴과 모린이 일하러 간 사이에 샌디와 브랜디는 사이좋게 집을 지킨다. 모린은 대형 은행의 창구 직원으로 취직한다. 이 은행은 사람들이 많이 찾는 상점가에 있다. 모린은 이곳에서 15년 동안 일한다. 이곳에서 수표를 입금하거나 예금을 찾으러 온 수십만 명의 고객들과 대화를 나눈다. 하지만 단 한 사람도 모린이 누구인지 알아채지 못한다. 고객들은 자기 앞에 있는 사람이 캐나다에서 마라톤을 뛴 최초의 여성이라는 걸 알아채지 못한 채 창구를 떠난다. 이 사람이 열세 살 어린 나이에 마라톤 세계 기록을 세운 사람이라는 걸 고객들은 전혀 모른다.

모린과 폴은 모린 부모의 오두막이 있는 호숫가 근처에 오두막을 사들인다. 얼마 후 노스요크에 침실 두 개짜리 집을 사들인다. 나중에는 교외의 집을 팔아 더 큰 집을 마련한다.

모린은 서른여섯 살에 첫딸 캐럴린을 낳고 세 살 터울로 아들 앤서니를 낳는다. 모린은 직장에 나가지 않고 집에서 아이들과 함께 지낸다. 이제는 모린이 달리기를 하며 산 기간보다 달리기를 하지 않고 산 기간이 더 길다. 그 5년의 세월은 희미한 기억으로 남아 있다. 올림픽 기간에는 육상 경기를 보는 데 심취해 지내지만, 그때 말고는 스포츠에 전혀 관심이 없다. 모린은 친구들이나, 이웃들, 자식들에게 달리기 이야기를 하지 않는다. 폴역시 아내가 옛일을 자랑하는 걸 좋아하지 않는다는 걸 알기에 달리기 이야기를 하지 않는다.

모린은 은행에 다닐 때 절친한 친구를 사귄다. 참으로 아끼는 친구다. 다른 친구들도 그의 삶에 밀려들었다가 빠져나가곤 한다. 어릴 적 모린은 중요한 일에 앞장서고 있다는 열정과 끈질기게 이어지는 논쟁 덕분에 클럽의 친구들과 끈끈한 연대감을 나눴다. 하지만 이제는 클럽에서 맺었던 우정만큼 뜨거운 우정이 솟아나지 않는다.

모린의 오빠들이 세상을 뜬다. 처음에는 댄이, 다음에는 고드가 사망한다. 사망 원인은 서로 다르지만 두 사람 모두 너무 이른 나이에 죽음을 맞았다. 모린은 아버지까지 여읜다.

삶의 의미를 캐묻던 모린은 자연과 아이들 그리고 반려견을 사랑하며 그 속에서 의미를 찾는다. 하지만 바깥 세상에 섞여 있을 때는 자신이 괴짜라는 느낌을 받는다. 자신이 대다수 사람들의 관심사와 동떨어진 문제에 관심을 가지는 것 역시 괴짜라서 그렇다고 생각한다.

달리기는 모린의 머릿속 깊은 구석에 처박혀 표면에 떠오르는 일이 거의 없다. 간혹 떠오른다고 해도, 자신이 달리기를 한 그 시간이 자기 혼자만의 경험을 넘어서는 중요한 시간이라는 걸 알아채지 못한다. 모린은 여러 차례 경기를 했고, 여러 개의 책꽂이를 가득 채울 만큼 많은 트로피와 리본을 탔다. 하지만 자신이 특별한 일을 했다는 걸 알지 못한다. 그가 이룬 승리는 논란을 불러일으켰고 결국엔 잊히고 말았다.

그래서 모린은 자신을 다룬 기사들을 모아둔 수많은 스크랩북과 트로피를 상자에 넣어 지하실에 치워 두었다. 세월이 흐르면서 금색의 작은 트로피들이 받침대에서 떨어져 나갔다. 1등,

2등, 3등을 해서 받은 수십 개의 트로피가 겹겹이 쌓인 상자 속으로 스며든 세월의 무게에 짓눌려 부서져 내렸다. 모린의 인생 속 5년의 시간은 부서지고 구겨진 채로 보이지 않는 곳에 버려져 있었다.

24

여자들 점점 많이,
점점 빨리, 점점 강하게

긴 세월 동안, 모린은 지하실에서 뭉그러져 가는 전리품 상자들을 버릴까 망설인 게 한두 번이 아니었다. 리본과 명판, 조형물들이 뭉그러진 판지 안쪽에서 뒤죽박죽 섞이고 부서진 채 지하실 한쪽을 차지하고 있었다.

40년 동안 모린은 지하실에 숨겨진 트로피들과 비슷한 삶을 살았다. 이 왕년의 스타는 어둠 속에 숨은 채 되도록 대중의 관심에서 멀어지려고 애를 썼다. 여자 마라톤 세계 기록을 낸 경력 따위가 뭐라고? 전혀 대수롭지 않은 일이라고 여겼다. 그따위 경력을 대단하다고 볼 사람은 아무도 없다고 생각했다. 수십 년 동안, 모린은 1967년 5월 6일에 자신이 낸 세계 기록이 물거품이 되어 가뭇없이 사라졌다고 생각하며 지냈다.

하지만 그건 착각이었다.

$$\cdots\cdots$$

모린이 세계 기록을 깼을 때 그 가치를 알아차린 사람이 있었다. 서독의 에른스트 판 아켄 박사였다. 네덜란드 국경 가까이 사는 판 아켄 박사는 약간은 괴짜 과학자 같았다. 이마가 넓고 툭 튀어나온 데다 정수리에는 빗질을 해도 가라앉을 것 같지 않은 짧은 머리털이 브이 자 모양으로 나 있었다. 하지만 판 아켄 박사는 흰색 실험복이 아니라 추리닝을 즐겨 입었다.

판 아켄 박사는 달리기를 무척 좋아했고 자신의 고향인 발드니엘에서 '올림픽 스포츠 클럽'을 이끌고 있었다. 그는 장거리 주자들의 속도를 높일 수 있는 가장 효과적인 방법은 더 멀리 그리고 더 천천히 달리는 것이라고 믿었다.

"육상 선수로서 속도를 높이고 싶다면 장거리를 달려야 한다. 자신이 뛰어야 할 경기의 거리보다 몇 배 먼 거리를 달려야 한다." 그는 이렇게 충고했다.

이것은 혁신적인 이론이었다. 당시에 세계 최고의 육상 선수들은 인터벌 훈련에 집중했다. 인터벌 훈련은 폭발적인 속도의 단거리 달리기와 중간 휴식을 여러 차례 반복하는 훈련 방식이다. 많은 주자들이 그렇게 먼 거리를 달리면 몸에 부담이 되지 않을까 걱정했다. 하지만 판 아켄 박사는 이 이론을 고수하면서 자신이 이끄는 클럽의 선수들을 이 방법으로 훈련시켰다. 이 선수들은 곧 세계 전역을 누비며 우승을 따내기 시작했다.

그러나 판 아켄 박사는 여기서 멈추지 않았다. 그는 장거리를 천천히 달리는 자신의 훈련법에 따라 훈련을 하면, 여자도 달리기 실력이 늘어 마라톤 완주는 물론이고 남자 못지않게 빠른 속도로 마라톤 완주를 해낼 수 있다고 굳게 믿었다.

캐나다의 열세 살 소녀 모린 윌턴이 여자 마라톤 세계 기록을 냈다는 놀라운 소식이 서독에 전해졌다. 기자들은 탐탁지 않은 어조로 기사를 썼지만, 판 아켄 박사는 이 소녀가 이룬 업적을 무조건 신뢰했다. 그는 열세 살 소녀의 업적에 대한 보도 내용을 믿었을 뿐 아니라, 기자들 앞에서 이 소녀의 업적을 옹호하는 발언을 했다. 그러나 많은 기자들이 이 소녀의 기록이 대서양을 건너면서 잘못 전달된 과장된 업적일 거라고 생각했다. 그는 모린의 기록을 옹호하는 입장을 표명한 것 때문에 비웃음을 샀고 '근본을 알 수 없는 이상한 박사'라고 업신여김을 당했다. 참다못한 판 아켄 박사는 여자들이 빠른 속도로 마라톤을 뛸 수 있다는, 어느 누구도 반박할 수 없는 증거를 제시하기로 결심했다. 그는 마라톤 대회를 조직하고 여자들의 출전을 권했다.

1967년 9월 16일, 발드니엘의 한 거리에 수십 명의 남성과 두 명의 여성이 모여 있었다. 한 여성은 중거리 달리기 선수이자 두 아이의 어머니인 스물일곱 살의 아니 페데였고, 다른 한 명은 열아홉 살의 모니카 보어스였다. 독일 아마추어 체육 협회는 이 경기 계획에 격분했다. 협회는 결국 한 발 물러나 남자 주자 출발 시간 30분 뒤에 여자 주자가 출발해야 한다는 단서를 달아 여성 출전을 승인했다.

　모린이 세계 기록을 내고 4개월 만에, 아니 페데는 판 아켄 박사가 개최한 마라톤에서 3시간 7분 26초 만에 결승선을 넘었다. 그는 8분 차이로 모린의 기록을 깨면서 마라톤 신기록 보유자가 되었으며, 여자가 마라톤 완주는 물론 좋은 성적을 낼 수 있다는 걸 독일인들 앞에 입증했다.

　이 괴짜 과학자가 자신의 이론을 입증해 내자 독일의 운동선수들과 관계자들은 여자 참가 제한 규정 폐지를 고려하기 시작했다. 1971년, 독일의 마라톤 대회 관계자들은 공식적으로 여자의 마라톤 참가를 허용했다. 그로부터 2년 뒤, 판 아켄 박사는 세계 최초의 여자 마라톤 대회를 열었다.

· · · · ·

1971년 12월 5일에 여자 마라톤 기록이 갱신되었는데, 그 주인공은 미국의 장거리 스타 셰릴 브리지스였다. 그 기록 갱신이 있기 2년 전에 모린은 셰릴과 같은 코스를 달린 적이 있었다. 셰릴과 모린은 1969년 국제 크로스컨트리 대회 때 스코틀랜드의 질퍽질퍽한 언덕길을 달렸다. 눈부신 금발이 돋보이는 스물한 살의 셰릴은 인디애나폴리스 출신으로 미국 대표로 출전해 4위를 했고, 당시 열다섯 살의 모린은 캐나다 대표로 31위를 했다.

　1947년생인 셰릴은 고등학교 시절, 조깅을 하면 건강하게 살을 뺄 수 있다는 기사를 보고 트랙에서 달리기 시작했다. "남학생들이 빤히 볼 수 있는 트랙에서 여학생이 혼자서 달리기를 하다니?" 셰릴이 뛰는 걸 본 한 교직원이 학교 이사회에 문제 제기를 했다. 이사회는 셰릴이 부적절한 행동을 했다고 판단했다.

하지만 셰릴은 달리기를 포기하지 않았다. 미국 아마추어 체육 협회에 소속된 지역 육상 클럽에 들어갔고, 얼마 지나지 않아 자신이 장거리에 타고난 재능이 있다는 것을 알았다. 셰릴은 이 클럽 소속으로 전국 곳곳의 대회를 다니며 전국적인 명성을 얻었다. 그는 인디애나 주립 대학에 진학했다. 이 대학은 '특별한 재능'을 가진 학생들에게 장학금을 주었는데, 셰릴에게도 달리기 실력을 인정해 장학금을 주었다. 셰릴은 미국에서 운동 특기생 장학금을 받은 최초의 여성이 되었다.

그런데 그 대학에는 여자 크로스컨트리 팀이 없어 셰릴은 고등학교 남학생들이 뛰는 대회에 나가야 했다. 대회 관계자들은 남학생들이 출발하고 5초 뒤에 출발해야 한다는 단서를 달고 셰릴의 출전을 허락했다. 경기 중에 셰릴은 많은 남학생들을 앞질러 갔고, 그때마다 '기품 있는 숙녀처럼' 보이려고 애를 썼다.

셰릴은 대학을 졸업하고 캘리포니아로 이사했다. 그는 몇몇 여성들이 보스턴 마라톤 등 각지의 마라톤 대회에 몰래 숨어들어 뛰었다는 소식에 자극을 받아 마라톤에 도전했다. 그는 1970년에 첫 마라톤에 나가 3시간 15분에 완주했다. 하지만 거기서 멈추지 않았다. 일주일에 100~120킬로미터를 달리면서 훈련을 계속하던 중에 여성 출전을 제한하는 규정을 없앤 마라톤이 있다는 걸 알게 되었다. 바로 '웨스턴 헤미스피어 마라톤'

이었다. 바로 8년 전, 메리 레퍼가 북미 여성 최초로 완주한 마라톤이었다.

셰릴은 경기 초반에는 1.6킬로미터당 6분 6초의 속도로 느긋한 마음으로 달리고 있었다. 그런데 느닷없이 한 남자가 셰릴에게 달려들었다. 이 남자는 곧 자신을 앞지를 만한 속도로 달리는 여자를 보고 성질이 나서 여자를 코스에서 밀어내려고 완력을 썼다. 다른 주자들이 제지를 해야 할 정도였다. 셰릴은 속도를 높였고, 2시간 49분 40초에 결승선을 넘었다. 그는 2시간 50분 이내의 기록을 낸 최초의 여자 신기록 보유자가 되었다. 셰릴의 이름은 신기록을 낸 여자 인명부에 모린의 이름에서 몇 줄 떨어진 곳에 새겨졌다.

⋅ ⋅ ⋅ ⋅ ⋅

이처럼 여자들이 달리는 속도는 점점 더 빨라졌다. 그런데 그뿐이 아니었다. 갈수록 많은 여자들이 마라톤에 출전했다.

이런 진전은 상당 부분 캐스린 스위처의 분노와 깊은 연관이 있었다. 그는 보스턴 마라톤 때 코스에서 거의 밀려날 뻔한 위기를 겪은 뒤 미국 아마추어 체육 협회의 출전 금지 통보를 받았다. 그는 토론토에 가서 모린과 함께 마라톤을 뛰었고, 사이 코치가 그 대회에 초청해 준 것을 고맙게 생각했다. 하지만 그의 발목을 잡고 있는 미국 체육계의 문제는 그대로 남아 있었다.

캐스린은 마라톤을 비롯한 장거리 달리기에서 여성의 동등한 출전권을 따내는 일에 헌신했다. 그의 끈질긴 요청은 결국 응답을 받았다.

1972년 보스턴 마라톤은 사상 처음으로 공식적으로 여성의 출전을 허용했다. 캐스린은 3분 29초 51로 여자 부문 3위를 따냈다. 그 뒤 그는 '뉴욕 로드 러너스'라는 새로운 육상 협회에서 일을 시작했다. 이 협회의 카리스마 있는 지도자 프레드 레보우는 장거리 달리기에서 여성의 평등한 기회를 확산시키겠다는 캐스린의 결심을 뒷받침해 주었다.

1972년 가을, 미국 아마추어 체육 협회는 공식적으로 여성이 마라톤에 참가할 수 있다는 결정을 내렸다. 그런데 단서가 있었다. 여성은 남성 출발 시간 10분 후에 출발해야 했다. 관계자들의 논리는 "분리하되 평등한" 경기를 유지하자는 것이었다.

여성 달리기 주자들은 이 결정을 받아들이지 않고 시위를 벌였다. 1972년 287명이 참가한 '제3회 뉴욕시 마라톤 대회'의 출발선에는 참가 신청을 한 여성 여섯 명이 모두 모여 항의의 뜻으로 바닥에 앉아 있었다. 이들의 행동을 찍은 영상이 전 세계 신문을 통해 퍼져 나갔다. 이 영상이 밑거름이 된 덕에, 미국 아마추어 체육 협회는 규정을 바꾸어 여성과 남성의 동시 출발을 허용했다.

1977년, 과체중에다 흡연자였다가 달리기 주자로 변신한 짐 픽스가 재미삼아 장거리 달리기가 건강에 좋다는 내용으로 『달리기 완전 정복』이라는 책을 냈다. 이 책은 엄청난 베스트셀러가 되었고 달리기 열풍이 전국을 휩쓸었다. 수천 명의 사람들이 추리닝을 입고 운동화 끈을 조인 뒤 달리기를 하러 집 밖으로 나섰다. 사람들은 이때를 최초의 "러닝 붐"이라고 불렀다. 캐스린 스위처는 여성이 러닝 붐에서 제외되지 않게 하기로 마음 먹었다.

짐 픽스의 책이 베스트셀러가 된 바로 그해, 캐스린은 '에이번 인터내셔널 러닝 서킷'을 설립했다. 그리고 세계에서 손꼽히는 화장품 대기업의 후원을 받아 미국 전역의 일곱 개 도시를 순회하며 여성만 출전할 수 있는 여덟 개 종목의 대회를 개최했다. 마지막 대회는 여자 마라톤의 개척자인 에른스트 판 아켄 박사의 업적을 기리기 위해 서독의 작은 마을 발드니엘에서 열렸다.

판 아켄 박사는 여자도 마라톤을 뛸 수 있다는 걸 입증하기 위해 자신이 지도하는 여자 선수들을 독려했던 바로 그 사람이고, 이 박사에게 영감을 불어넣은 건 바로 노스요크 출신의 열세 살 소녀였다.

· · · · ·

1984년, 마침내 올림픽 대회 경기 종목에 여자 마라톤이 추가되었다. 남자 마라톤 종목이 생긴 때로부터 88년 만에 일어난 일이었다.

1984년 8월 초순 어느 따뜻한 날 아침, 로스앤젤레스 대경기장 안에 7만 7,000명의 사람들이 빽빽이 앉아 마라톤 결승전을 관전하고 있었다. 회색 러닝셔츠에 흰색 모자 차림의 한 여성이 출입구 터널을 지나 고동색 트랙으로 전속력으로 달려 나오자 경기장에는 우렁찬 함성이 울려 퍼졌다. 메인주 케이프엘리자베스 출신의 스물일곱 살 존 베노이트(지금의 이름은 베노이트 새뮤얼슨이다)가 여자 마라톤을 보러 온 역대 최대 관중 앞에서 전력 질주를 하며 경기장 안을 한 바퀴 돌았다. 보든 대학 시절 육상 선수로 이름을 날렸던 베노이트가 여자 마라톤에서 첫 금메달을 땄다. 모린이 세계 기록을 세운 지 17년 만이었다.

이 경기는 전 세계에 생중계되었다. 미국 방송에서는 캐스린 스위처가 경기 해설을 도왔다. 북미 대륙의 대부분의 집 거실에서 어린 소녀들이 이 경기를 보며 꿈을 품었다. 이들은 언젠가는 자신도 아름다운 모습으로 다리를 쭉쭉 내뻗으며 관중으로 가득 찬 경기장 안으로 달려 들어와 수천 명의 박수를 받을 수 있다는 증거를 두 눈으로 확인했다.

그로부터 19년 후인 2003년, 영국의 장거리 스타 폴라 래드클리프가 모린의 완주 기록보다 1시간 빠른 2시간 15분 25초로 런던 마라톤을 완주했다. 2019년 가을까지도 폴라의 세계 신기록은 여전히 유지되어, 세계 곳곳에서 경쟁력 있는 여성 주자들의 도전을 기다리고 있다.

다행스럽게도 이제는 더 이상 여성들이 여성의 능력을 입증할 기록을 낼 필요가 없다. 왜냐하면 수백만의 여성이 앞선 달리기 혁명가들이 이룬 업적에 자극을 받아 장거리 달리기의 길을 선택했기 때문이다.

40년 동안, 모린 월턴은 자신이 이 혁명가들 중 하나라는 것

을 알지 못한 채 지냈다. 그걸 알지 못하고 지낸 건 세상도 마찬
가지였다.

25

마이티 모를 찾다

기자들은 놀라운 이야기를 발견했다는 것을 깨닫는 순간 바로 감이 온다. 그것은 일종의 내면의 나침반 같은 것이다. 잠시 좌우로 흔들리다가 어느 한 지점에 딱 멈춰서는 나침반. 일반 나침반은 지구의 자기장에 이끌려 정확한 방향을 가리키지만, 라디오 다큐멘터리 제작자 존 치프먼은 캐나다에서 발행된 작은 달리기 잡지 『아이런iRun』의 뒷부분에 실린 짧은 한 단락만 가지고도 방향을 잡아냈다.

2009년 5월 10일 일요일, 토론토 서쪽에 맞닿은 작은 마을 미시소가에서 연례 마라톤 대회가 열렸다. 1,400명의 참가자들이 출전을 준비하고 있었다. 대회 주최 측은 참가자들에게 배번호, 안전핀, 쿠폰북 그리고 달리기 잡지 『아이런』을 나누어 주었다. 삼십 대 후반에 접어든 치프먼은 매주 정기적으로 수십 킬로미터씩 달리기를 해 왔다. 마른 몸집에 일부러 멋을 부린 듯 단정치 못한 인상을 풍겼지만 당시 치프먼은 생애 최고의 체형을 유지하고 있었다. 경기를 앞두고, 그는 3시간 10분 이내에 완주하겠다는 계획에 푹 빠져 있었다.

치프먼은 남는 시간을 때울 생각으로, 어쩌면 경기 직전에 몸속에서 끓어오르는 초조함을 잊으려는 생각으로 그 잡지를 획획 넘겨 보았다. 그러다가 잡지 후반부의 '아이런 인덱스'라는 항목이 눈에 들어왔다. 여러 단락으로 깔끔하게 인쇄된 그 항목에는 캐나다 사람들이 달성한 주목할 만한 달리기 업적이 나열되어 있었다. 대부분은 아는 내용이었다. 그중에는 테리 폭스도 있었다. 그는 1980년에 암으로 다리 하나를 잃었다. 한쪽 다리를 의족에 의지한 몸으로 캐나다 횡단 달리기 여정을 시작해 전국적인 호응을 이끌어내고 암 치료법 개발 기금 수백만 달러를 모금한 인물이다. 또 캐나다 원주민 오논다가족 출신으로 1907년 보스턴 마라톤에서 우승한 톰 롱보트도 있었다. 전설적인 선수들의 활약상을 차례차례 훑어보던 치프먼의 눈이 한 이름에 딱 꽂혔다.

'모린 윌턴'

치프먼은 오래전에 달리기를 시작해 수십 개의 경기를 완주했다. 열광적인 달리기 팬이었다. 최근에는 캐나다 방송 협회에서 달리기 칼럼의 제작을 맡았고, 최근 반세기 동안 활동해 온 캐나다의 유명한 장거리 주자들을 인터뷰한 경력이 있었다.

그런데 모린 월턴은 처음 보는 이름이었다. 그는 다음 문장을 읽고 깜짝 놀랐다. "1967년 열세 살의 토론토 토박이가 여자 마라톤 세계 기록을 세웠다."

치프먼의 마음속에서 여러 가지 궁금증이 솟구치기 시작했다. 달리기와 관련한 건 뭐든 꿰뚫고 있는 자신이 어째서 이 기록과 이 소녀 이야기를 놓쳤을까? 1960년대에는 여자들에게는 장거리 달리기가 장려되지도 허용되지도 않았다고 알고 있는데, 이 소녀는 어떻게 이런 기록을 낸 걸까? 무엇보다도 대체 그에게는 무슨 일이 일어난 걸까? 그는 지금 어디에 있을까?

치프먼의 마음속에 나침반이 있었다면, 그 나침반이 제 방향을 찾은 것은 바로 그 순간이었다. 그는 모린 월턴을 찾아야 했다.

하지만 쉬운 일이 아니었다.

5월 10일 일요일, 치프먼은 3시간 8분 59초라는 생애 최고의 기록으로 미시소가 마라톤을 완주했다. 그 뒤 그는 업무에 복귀해서 42년 전에 일어난 이야기의 열쇠를 찾기 시작했다.

그는 토론토의 두 일간지 『토론토 스타』와 『토론토 글로브 앤드 메일』의 기록 보관소부터 찾아갔다. 어렵지 않게 "마이티 모"라 불렸던 노스요크 출신 십 대 초반 꼬마 소녀가 달리기로 돌풍을 일으켰다는 옛이야기를 찾아냈다. 사이 마에 대한 내용도 알게 되었다. 사이 마가 자신이 훈련시킨 재능 있는 소녀들과 함께 여자 장거리 달리기에 대한 부당한 제약을 걷어내는 선도적인 활동을 펼쳤다는 것을 알았다. 사이 마는 치프먼의 머릿속에 위대한 인물로 새겨졌다.

치프먼이 읽은 내용 중에 가장 놀라운 대목은 모린이 세계 기록을 세웠던 바로 그날, 캐스린 스위처가 동등한 권리를 위한 싸움을 벌인 날로부터 딱 2주 만에 그 마라톤을 다시 뛰었다는 것이었다. 어느 누구도 알지 못했던 타임캡슐을 파낸 것 같은 기분이었다. 전 세계가 잊고 있던 역사였다. 그리고 그 역사의 한가운데 있던 그 여자는 마땅히 받아야 할 인정을 받지 못하고 있었다.

대략 두 달 동안 치프먼은 모린 월턴의 행방을 찾아다녔다. 혹 결혼을 했다면 성이 바뀔 수도 있다는 생각도 들었다. 그 탓에 잃어버린 영웅 찾기는 훨씬 더 까다로워졌다.

결정적인 기회가 열린 것은 치프먼이 1986년에 발행된 연륜 있는 스포츠 잡지 『애슬레틱 매거진』의 한 칼럼을 발견했을 때였다. 두 페이지 분량의 기사는 대부분 치프먼이 이미 아는 정보를 싣고 있었다. 하지만 중요한 문단이 눈에 띄었다. 모린이 폴 만쿠소라는 교사와 결혼했다는 내용이었다. 드디어 결정적인 단서를 찾았다! 그는 주머니에 넣고 다니는 작은 수첩에 토론토 지역에 사는 만쿠소라는 성을 가진 모든 사람의 이름과 전화번호를 기록했다. 그리고 일일이 전화를 걸어본 뒤 전화번호의 주인공 이름을 차례차례 지워 나가기 시작했다.

2009년 여름 어느 날, 치프먼의 전화기가 울리면서 화면에 낯선 번호가 떴다. 그가 응답하자 수신기를 통해 소심한 목소리가 울렸다.

"제가 모린인데요."

. . . . .

이름도 처음 듣는 기자의 전화를 받고 모린은 깜짝 놀랐다. 오랜 세월 그는 왕년에 자신이 성공했던 이야기를 비밀로 해 온 참이었다. 그 이야기는 딸 캐럴린에게도 한 적이 없었다. 초등학생 때 학교에서 돌아온 캐럴린 만쿠소가 크로스컨트리 경기 참가 허가서를 내놓았을 때, 모린은 대뜸 이렇게 말했다. "얘, 대체 왜 이런 걸 하려고 하니? 이게 얼마나 힘든 일인지 알아?"

"경기하는 날엔 학교 안 가도 된대요." 캐럴린이 대답했다. "허가서에 서명해 주세요."

모린은 딸이 원하는 대로 했다. 그해 봄, 매일 아침 딸을 등교 시간보다 한 시간 일찍 학교에 데려다주었다. 3학년부터 6학년까지 아이들로 경기 출전 팀이 꾸려져 있었다. 아이들은 체육관에서 스트레칭을 한 다음 밖으로 나와 작은 트랙과 야구장을 한 바퀴 달렸다.

매일 아침 학교에 데려다주는데도, 캐럴린은 엄마에게 자신이 훈련하는 모습을 지켜보면 안 된다고 딱 잘라 말했다. 엄마가 허가증을 보자마자 보인 반응이 마음에 걸리거나, 원래 무얼 하든지 혼자 하는 것을 좋아해서 그럴 거라고 모린은 짐작했다. 하지만 아이는 엄마가 이따금 몰래 엿보는 것까지는 막을 수 없었다.

딸의 연습 장면을 훔쳐보려고 자동차 뒤에 웅크린 모린의 눈에 들어온 것은 데이지꽃을 꺾는 딸의 모습이었다. 물론 한두 구간쯤 달리긴 했지만, 위쪽 운동장 가에 이르면 걸음을 늦추고 한가롭게 걸어가다가 멈춰 서고 또 걷다가 멈춰 서기를 반복했다. 그러고는 하는 일이 꽃을 꺾는 일이었다.

이게 뭐야? 고작 이런 일을 하려고 매일 한 시간씩 일찍 일어나서 설치고 다녀야 하나?

하지만 모린은 변함없이 딸을 차에 태워 아침 연습에 데려다주었다.

봄이 깊어진 어느 날, 캐럴린이 다니는 초등학교에서 가까운 공원에서 크로스컨트리 경기가 열렸다. 여러 학교에서 온 팀들이 출발 구역에 모여 텐트를 치거나 보온을 위해 담요를 두른 채 대기하고 있었다. 그날 캐럴린은 2킬로미터 경주에 참가하는 3, 4학년 여학생 일흔일곱 명 중 한 명이었다. 사람들이 출발선 근처로 모여들자 캐럴린은 마음이 졸아들었다. 반드시 1등을 하겠다는 욕심 때문이 아니었다. 많은 사람들이 지켜보고 있으니 잘해야 할 텐데 하는 조바심 때문이었다.

출발 신호가 울리는 걸 듣고 출발할 때, 캐럴린은 팔과 다리가 꼬이는 듯한 느낌이 들었다. 참가자들은 오른쪽으로 방향을 꺾은 뒤 대형 기념 조형물을 지나고 공원 가장자리를 달리다가 소형 스키장의 초보자용 경사로를 오르고 작은 숲을 지난 다음 결승선까지 이어지는 마지막 직선 구간에 들어섰다. 물론 이건 대부분의 주자들이 그랬다는 이야기다. 캐럴린은 마지막 직선 구간에 들어서자 힘이 완전히 바닥이 났다. 다른 주자들이 빠른 속도로 자신을 지나쳐 달려가는 모습도 눈에 들어오지 않았다.

모린은 딸이 꼴찌에서 두 번째로 결승선을 넘는 걸 지켜보았다.

캐럴린은 달리기 재능을 하나도 물려받지 못했구나. 모린은 이런 생각을 하면서도 입 밖에 내지 않았다.

이듬해, 캐럴린은 다시 그 팀에 합류했다. 이번에는 연습할 때 좀 더 열심히, 아주 조금만 더 열심히 하겠다고 다짐했다. 연습 때면 자신이 어디쯤에서 힘이 빠지는지 확인한 다음, 나무가 있는 지점까지는 무슨 일이 있어도 걷지 않고 달리겠다고 다짐했다. 그 지점까지 달린 뒤에는 어디쯤부터 달릴지 지점을 정해놓고 쉬엄쉬엄 걸어갔다. 꽃에는 더 이상 손을 대지 않았다.

그해 캐럴린은 긴장 탓에 울렁이는 위를 다독이며 1,500미터 경기 출발선에 서 있었다. 캐럴린보다 훨씬 빠른 주자들이 많았다. 과연 캐럴린이 중간 그룹으로라도 들어올 수 있을까?

"엄마, 이번 경기에서는 캐럴린이 꽃을 몇 송이나 꺾을 것 같아요?" 모린은 손녀를 응원하러 온 어머니 마거릿에게 물었다.

"애는, 그런 소리 마라." 캐럴린의 할머니는 손녀의 출발 장면을 찍을 생각에 비디오카메라 동작 버튼을 누르며 말했다.

출발 신호가 울리자 소녀들이 출발했다. 경기 참가자들이 시야에서 사라지자, 모린은 어머니와 함께 다른 구경꾼들을 따라 참가자들이 들어올 마지막 직선 구간으로 이동했다.

선두 그룹이 마지막 구간에 도착했을 때, 캐럴린의 2인조 응원단은 자신들의 눈을 의심했다.

캐럴린은 십수 명의 선두 그룹 앞쪽에서 자기보다 키가 큰 주자와 어깨를 나란히 하고 달리고 있었다. 캐럴린 앞에서 달리는 사람은 두 명뿐이었다. 십중팔구는 3위로 들어올 것 같았다.

"저거 봐라. 성큼성큼 달리는 모습 좀 봐!" 캐럴린의 할머니가 모린에게 말했다. "네가 달리는 모습을 다시 보는 것 같아."

모린은 대답하지 않았다. 그저 딸이 달리는 걸 보고 입이 쩍 벌어졌다. 딸의 팔이 피스톤처럼 힘차게 움직였고, 그처럼 작은 체구로 과연 가능할까 싶게 큰 보폭으로 성큼성큼 달리고 있었다.

캐럴린이 바로 앞을 스쳐 지나갈 때, 호통과 고함이 반반씩 섞인 소리가 모린의 목청에서 터져 나왔다. "힘내, 힘내, 힘내!"

캐럴린은 깜짝 놀라서 엄마를 쳐다보고는 로켓처럼 치달으며 바로 앞에 있던 경쟁자를 제치고 3위로 결승선을 넘었다.

이 상이 4학년 캐럴린에게 미친 영향은 즉각적이었다. **나는 달리기를 잘한다.** 아이는 자신이 달리기를 잘한다는 걸 직감적으로 깨달았다. 꽃에 눈길을 뺏기던 소녀에서 메달 수상자로 단번에 변신한 것을 보면, 소녀는 내면에 늘 이런 변신의 스위치가 있었고 3위로 결승선을 넘는 순간 그 스위치가 켜졌던 모양이다.

그날 저녁 캐럴린의 3위 입상을 축하하기 위해 어머니와 아버지, 남동생, 할머니, 할아버지(그때는 살아 계셨다.)까지 여러 가족들이 모였다. 할머니와 함께 저녁 식탁을 치울 때 캐럴린은 오전에 있었던 일들을 되짚어 보고 있었다. 자신의 3위 입상에 놀라면서도, 자신이 영원히 달릴 수 있을 것 같은 느낌 그리고 달리기를 하고 또 하고 싶다는 열망이 솟구쳐 올랐다. 그런데 느닷없이 떠오르는 질문이 있었다.

"할머니, 엄마도 달리기한 적 있어요?"

．．．．．

모린의 몸은 달리기에 대한 열망을 완전히 잊은 적이 없었다. 학교를 다니고 직장을 다니고 두 아이를 키우고 두 오빠를 여의는 불행을 겪는 동안, 뛰고 싶다는 열망은 오랜 세월 깊이 묻혀 있었다.

그러나 황홀한 행복과 가슴 저미는 슬픔 등 인생의 새로운 국면이 열릴 때면 모린의 가슴속에는 빨리 뛰고 싶다는 작은 충동이 여전히 살아 움직였다. 모린의 딸 캐럴린은 몇 년째 지역 육상 클럽에서 뛰고 있었다. 지금 딸의 나이와 거의 비슷한 나이였을 때 자신이 인생의 모든 것이라고 여겼던 스포츠에, 딸 역시 매료된 것을 지켜보는 것은 더할 나위 없는 기쁨이었다. 하지만 그뿐이었다. 모린은 그저 지켜보기만 했다. 2003년 추위가 매섭던 겨울 어느 날 무슨 일이 있었을까? 별일이 있었던 것 같지는 않다고 모린은 말한다. 하지만 모린은 불현듯 관람석에 앉아 딸을 지켜보는 일은 더 이상 하고 싶지 않다는 생각이 들었다. 자신도 직접 뛰고 싶었다.

모린은 운동화 끈을 조여 매고 캐럴린과 함께 근처의 실내 육상 시설로 갔다. 두 사람은 표면이 붉은 고무 재질로 된 타원형 트랙에서 200미터 전력 질주를 여덟 번 반복했다. 캐럴린이 앞서서 쏜살같이 달리는 동안, 모린의 발과 다리는 전력 질주의 황홀하고 반복적인 움직임을 기억해 내고 있었다. 두 사람은 트랙 한 바퀴 전력 질주를 끝낼 때마다 헐떡거리며 숨을 가다듬었다. 모린은 그 느낌을 알고 있었다. 허파에 공기가 채워지고 복부가 단단히 조여지고 팔이 힘차게 회전하는 자유로움이었다. 아, 얼마나 그리워하던 느낌인가. 이런 느낌을 더 많이 느끼고 싶다.

모린은 그 순간이 지닌 의미를 알지 못했다. 그는 자신이 뛰고 있는 그 장소(요크 대학 캠퍼스의 새로운 건물)와 40여 년 전 바로 그 근처에서 자신이 세계 기록을 냈던 마라톤의 출발선을 연결짓지 못했다. 그는 딸과 함께 그곳에서 달리면서도 딸의 나이와 같은 열세 살에 자신이 세계 기록을 냈다는 걸 알아채지 못했다.

대신에 모린은 그 운동을 한껏 즐겼다. 나이 오십이 되어서도 달릴 수 있다는 걸 확인하고 몹시 놀랐다. 하지만 더 놀라운 것은 여전히 달리기가 좋다는 점이었다. 그 뒤 5년 동안 모린은 기회가 있을 때마다 달리고픈 욕망을 발산했다. 트랙에서 캐럴린과 함께 뛰기도 했고 동네 한 바퀴를 돌기도 했다. 하지만 달리기 경기에 나가 볼까 하는 생각은 한 번도 하지 않았다. 굳이 그런 압박감을 감수하고 싶지 않았다.

모린은 달리기 경기가 변했다는 걸 까맣게 모르고 있었다. 너무나 오랫동안 이 스포츠를 외면해 왔기 때문에, 함께 달리는 기쁨을 위해서 개인적인 도전의 기쁨을 위해서, 수백만 명의 사람들이 달리기 경기에 참가하고 있다는 것을 전혀 모르고 있었다. 요즘 경기에 참가한 대부분의 사람들은 우승에는 거의 관심이 없었다. 모린은 이걸 모르는 채로 혼자서 자기만의 세상에서 달리기를 위한 달리기, 빠른 속도감을 다시 느끼기 위한 달리기만을 하고 있었다.

하지만 무언가를 놓치고 있었다.

수십 년의 세월이 지난 덕분에 모린은 노스요크 육상 클럽에서 보낸 시간에 대해 돌이켜볼 수 있었다. 1967년 5월 6일에 자신이 뛰었던 마라톤이 별 의미가 없다는 생각은 여전했다. 하지만 자신의 달리기 인생에 있어서 가장 중요한 부분 즉 자신이 달리기를 그토록 좋아했던 이유는 함께 성취감을 공유했던 공동체라는 것을 깨달았다. 학교가 끝난 뒤 매일 저녁 얼헤이그 트랙을 찾았던 이유는 달리기 경기에 나가고픈 욕심 때문이 아니었다. 달리기를 함께했던 다른 아이들과 부모들과 코치들 때문이었다. 모린은 이번에는 성인이자 두 아이의 엄마로 다시 그 공동체를 찾아 나섰다.

'롱보트 로드 러너스 클럽'은 보스턴 마라톤 우승자인 캐나다의 전설적인 장거리 주자 톰 롱보트의 이름을 딴 육상 클럽이다. 이 클럽 회원들은 매주 토요일 오전 8시에 하이파크에 모여 연습을 했다. 1980년에 창단된 이 클럽의 회원은 100명이 넘었다. 2009년 6월 어느 따뜻한 날 아침에 모린은 자동차를 몰고 20분을 달려 하이파크 근처 식당 앞에 차를 세웠다. 하이파크는 약 반세기 전에 그가 경기를 했던 곳이었다.

모린은 시동을 끈 뒤 한 무리의 남자와 여자 들이 스트레칭을 하면서 한담을 나누는 모습을 지켜보았다. 낯선 사람들 앞에서 자기소개를 할 생각을 하니 부끄럽고 초조한 마음이 앞섰다. 인사를 해야 할 사람이 저렇게나 많다니 뜻밖이었다. 46년 전, 어머니의 독촉에 마지못해 차에서 내려 낯선 사람에게 다가가 달리기를 하고 싶다고 말했던 일이 떠올랐다. 이제는 혼자서 그 일을 해야 했다. 그는 엷은 미소를 띤 채 달리기를 준비 중인 사람들에게 다가갔다.

"안녕하세요. 저는 모린이라고 합니다. 여러분과 같이 뛰고 싶은데요, 괜찮을까요?"

26

오십 대 마이티 모,
다시 달리다

"그분 찾았어요." 존 치프먼은 흥분한 어조로 수화기에 대고 말했다. 그와 통화 중인 사람은 캐스린 스위처였다. "그분이 당신과 연락을 하고 싶다고 하더군요."

2009년 7월, 치프먼은 드디어 수십 년 만의 재회를 주선하고 있었다. 캐나다 방송 협회에서 두 명의 달리기 선구자를 다루는 라디오 다큐멘터리를 제작하는 것이 그의 목표였다. 그런데 그중 한쪽은 세계적인 유명 인사이고, 다른 한쪽은 세상의 인정을 받지 못한 사람이었다.

캐스린은 밴드 몽키스에 빠져 있던 발 빠른 그 꼬마 소녀를 찾아냈다는 치프먼의 이야기가 좀처럼 믿기지 않았다. 모린이 어떻게 되었는지 늘 궁금해 하던 차였다. 너무 어린 나이에 달리기를 시작한 탓에 기운이 소진되어 달리기를 그만둔 것 아닌가 추측하고 있었다.

어느 정도는 캐스린의 추측이 옳았다. 하지만 캐스린은 모린이 달리기를 완벽하게 외면하고 살아왔고, 육상 클럽 시절의 일을 누구에게도 말하지 않고 수십 년 동안 철저하게 숨겨 왔다는 걸 모르고 있었다.

1819년 워싱턴 어빙이 출판한 유명한 단편소설 「립 밴 윙클」을 보면, 주인공 립 밴 윙클은 캐츠킬산에 사냥하러 갔다가 깊은 잠에 빠져 미국 혁명전쟁이 끝날 때까지 잠에서 깨어나지 못한다. 20년 만에 깨어난 그는 세상이 완전히 달라진 것을 알게 된다.

모린과 연락이 닿았을 때 캐스린은 립 밴 윙클을 떠올렸다. 모린이 달리기를 그만둔 때는 여자가 마라톤을 하는 건 "땅콩을 언덕 위로 굴려 올리는 일"처럼 아무짝에도 쓸모없는 짓이라고 비난이 판을 쳤고, 이런 생트집 때문에 여자들이 마라톤을 하지 않던 시절이었다. 여자들이 마라톤을 하면 노골적인 비난이나 반감에 시달려야 했다. 모린은 마치 1969년에 깊은 잠에 빠지는 바람에 세계 곳곳에서 수백만 여성들이 마라톤을 완주하고 경축하는 또 다른 혁명이 전개되는 걸 아예 보지 못하고 놓쳐 버린 사람 같았다.

캐스린은 모린과 함께 라디오 다큐멘터리에 출연하는 것만으로는 성에 차지 않았다. 캐스린과 치프먼은 모린을 '굿라이프 피트니스 토론토 하프 마라톤 대회'에 초대했다. 달리기 혁명을 주도한 일원으로서 이 혁명의 출발에 도움을 주었지만, 정작 그 사실을 모르고 있는 사람을 깊은 잠에서 깨울 때가 되었다고 캐스린은 생각했다.

· · · · ·

이 마라톤이 왜 그렇게 중요하지? 모린은 궁금했다. 한 기자가 전화를 걸어와 인터뷰를 요청하면서 대단하다고 추켜올렸을 때도, 모린은 자신의 이야기에 관심 가질 사람이 거의 없을 거라고 믿었다. 함께 일하는 동료들에게도 자신의 과거에 대해 이야기한 적이 없었다. 롱보트 로드 러너스 클럽에 가입한 뒤 알게 된 새 친구들에게도 마찬가지였다. 2009년 7월, 8월, 9월, 3개월 동안 매주 토요일 공원에서 함께 달렸던 친구들은 모린을 여자 달리기 붐에 휩쓸린 많은 여성 중 한 명이라고만 알고 있었다. 달리기에 재능이 있긴 하지만, 그저 심심풀이 겸 건강 유지를 위해서 달리기 클럽에 가입해 활동하는 여성이라고만 알고 있었다.

　모린이 하프 마라톤에 참가하라는 존 치프먼과 캐스린 스위처의 부탁을 받아들인 건 호기심 탓이 컸다. 마라톤 대회가 어떻게 바뀌었는지 알고 싶었다. 쉰다섯의 나이에도 자신이 여전히 **빠른** 속도로 달릴 수 있는지, 기를 쓰고 사람들을 앞지를 수 있는지, 결승선을 향한 마지막 질주 때의 짜릿한 고통을 느낄 수 있는지 알고 싶었다.

대회 전날 저녁, 캐스린 스위처는 한 연회장 만찬석상에서 달리기를 하는 사람들을 격려하는 연설을 할 예정이었다. 그는 세계 전역에서 달리기 대회를 기념하는 연설을 한 해에 십여 차례씩 해 왔다. 여러 원탁에 둘러앉은 백여 명의 사람들이 식사를 마칠 무렵, 캐스린이 무대에 올랐다. 캐스린은 선거 유세를 하는 정치인이 하듯이 이런 행사 때 쓰는 전형적인 연설을 준비해 두었다. 여느 때면 자신이 뛰었던 가장 유명한 경기인 1967년 보스턴 마라톤에 초점을 둔다. 그 대회에 참가했다가 단지 여자라는 이유로 경기 책임자에게 공격을 받았을 때 심정을, 그리고 그 대회를 계기로 여성이 대등하게 달리기를 할 권리를 쟁취하는 싸움에 나서게 되었음을 밝히고, 자신이 1974년 뉴욕 마라톤에서 우승한 이야기와 여자 마라톤을 올림픽 종목으로 만들기 위해 노력한 끝에 목표를 이룬 이야기를 한다.

하지만 그날 밤은 달랐다. 캐스린은 원탁에 앉아 파스타 접시를 비운 뒤 자신을 지켜보는 모린을 본 순간, 늘 하던 표준적인 연설 대신 다른 이야기를 하기로 결심했다.

"달리기 세계의 립 밴 윙클 이야기를 하려 합니다," 캐스린이 입을 열었다. 좌중이 조용해지자, 그는 아주 오래전에 자신이 토론토 교외의 흙먼지 날리는 도로에서 서른 명의 참가자들과 함께 마라톤을 했던 일, 자신보다 그 마라톤 결승선을 한 시간 이상 앞서 넘은 더벅머리 어린 소녀를 만났던 일을 이야기했다.

캐스린은 그날 그 소녀가 세계 기록을 냈는데도 그 업적에 대한 반응이 미적지근했던 일을 이야기했다. 자동차를 타고 집으

로 돌아오는 길에 친구들과 그 소녀가 달리기를 그만둘 거라고
예측했던 일도 이야기했다. 그리고 그 소녀가 달리기 세계에서
사라진 일과 그 뒤 40년 사이에 달리기가 얼마나 융성했는지에
대해 이야기했다. 그러고는 모린 쪽으로 시선을 돌리면서 연설
을 마무리했다.

"그 소녀가 지금 여기에 우리와 함께 있습니다. 모린 월턴 만
쿠소를 소개합니다."

캐스린이 모린을 소개하자 좌중에서 환호와 박수가 터져 나
왔다. 마라톤 결승선에서 울리는 듯 우렁찬 소리였다. 수십 년
늦게 찾아온 뜨거운 환호와 박수 그리고 인정이었다.

모린은 활짝 웃었다. 지금 자신이 인생 최고의 인정을 받고 있
다는 것을 분명히 느낄 수 있었다.

• • • • •

하지만 모린 앞에는 넘어야 할 결승선이 아직 남아 있었다.

2009년 굿라이프 피트니스 토론토 하프 마라톤은 모든 면에
서 옛날에 모린이 뛰었던 그 어떤 경기와도 확연히 달랐다. 우
선, 토론토 도심의 모든 구역에서 차량 통행이 차단되었다. 외떨
어진 교외의 한적한 시골길을 달리는 코스가 아니었다.

모린은 연세가 여든넷인 어머니도 걱정이 되었다. 마라톤 시
작 시각엔 몹시 춥고 캄캄할 것이다. 그런데 어머니가 딸이 갈
아입을 따뜻한 옷을 챙겨 결승선 근처에 가 있으려면 어떻게 해

야 할까?

모린이 이런 걱정을 털어놓자 캐스린은 웃음을 터뜨렸다. 이 경기에는 8,000명이 넘는 사람들이 참가할 예정이었다. 캐스린은 모린의 어머니가 경기 출발선이나 결승선 근처에서 대기하는 건 불가능하다고 말했다. 그렇다고 해도 아무런 문제가 없었다. 모린이 달리기를 그만두고 40년 세월이 흐르는 동안, 경기 운영 방식도 크게 발전했다. 이제는 참가자들이 소유자 식별 표시가 붙은 가방에 경기 후에 입을 옷가지를 넣어 맡기면, 경기 주최 측이 그 가방들을 트럭에 실어 결승선 근처로 옮긴다.

모린을 당황하게 만든 건 또 있었다. 배번과 함께 받은 오렌지색 플라스틱 밴드였다. 캐스린은 달리기 기록을 측정하는 칩이니 운동화 끈 사이에 끼워두어야 한다고 설명했다. 이 밴드에는 주자의 달리기 시간을 기록하는 센서가 들어 있다.

모린은 마음을 놓았다. 이제는 결승선을 앞두고 시간이 맞지 않는 파란색 불로바 시계 때문에 당황할 일은 없겠구나 싶었다.

모린은 달릴 준비를 마쳤다. 갈아입을 옷은 결승선 근처로 옮겨질 것이고 기록 칩은 운동화 끈에 달아 두었다. 끝이 보이지 않을 만큼 길게 늘어선 참가자들이 팔과 다리를 뻗으며 스트레칭을 했다. 경기가 시작되자 엄청난 소리가 땅을 울렸다. 모린은 어안이 벙벙했다. 주자들의 발소리였다. 너무나 많은 사람들의 발소리였다. 수천 짝의 운동화 고무 밑창이 아스팔트를 차면서 내는 소리는 마치 폭우가 퍼붓는 소리 같았다. 모린은 만감이 교차했다. 달리기를 했던 어린 시절에도 이렇게 많은 사람들과 함께 달린 적이 없었다. 태어나서 처음 듣는 소리였다.

　모린 윌턴은 1960년대에 5년 동안 달리기를 했다. 모든 생활이 달리기를 중심으로 돌아갔다. 음식을 먹을 때도 옷을 입을 때도 달리기에 좋은 걸 골랐고, 달리기 때문에 사람들과 어울렸고, 달리기 때문에 여러 곳을 방문했고, 달리기를 통해서 가장 친한 친구들을 찾았다. 달리기는 모린의 삶과 부모의 삶을 바꾸어 놓았다. 그리고 그렇게 노력을 쏟아부은 덕분에 세계 최고 기록을 냈다. 하지만 그것은 여자는 뛰어서는 안 된다고 규정한 장거리 경기에서 올린 세계 최고 기록이었다. 그로 인한 압박감, 끊임없는 훈련, 견디기 힘든 비판, 친구들과의 결별, 마음의 상처, 그리고 달리기와의 결별. 달리기는 더 이상 모린에게 삶의 보람을 느끼게 해 주지 않았다. 달리기는 행복을 희생시켜 가며 이루어야 할 소중한 가치가 아니었다. 모린은 달리기를 그만두었다.

　그런데 자신이 고향이라고 여겼던 도시의 중심부 깨끗한 아스팔트 도로 위를 내달리는 이 우렁찬 요란한 발소리는 무얼 말하는 걸까? 얼마나 많은 사람들이 달리기를 좋아하는가를 상징하는 표징이 아닌가.

　모린이 달리기를 그만둔 주요한 원인은 달리기를 하도록 응원해 주던 공동체가 무너진 탓이 컸다. 하지만 그는 이제껏 그 공동체를 한 번도 잊은 적이 없었다.

　사이 마는 노스요크를 떠난 뒤 톨레도 대학에서 건강 관리학과 부교수로 일하다가 1988년에 사망했다. 그는 1967년에 모린과 함께 첫 마라톤을 뛴 뒤에도 마라톤을 523차례나 뛰었다. 한동안 마라톤 최다 완주자라는 세계 기록을 보유하기까지했다.

실라 메하그는 4.8킬로미터 달리기 경주에서 캐나다 신기록을 세웠고, 그 기록은 수십 년 동안 깨지지 않았다. 하지만 그 뒤로 달리기를 그만두고 미술과 음악 쪽에 관심을 쏟았다. 실라는 캐나다 동부와 서부 해안 지역에 살면서 여행을 많이 했다. 결혼을 한 뒤 남자아이 셋을 키웠다. 지금은 교회에서 찬양대원으로 활동하면서 자신의 음악을 매만지고 있다.

캐럴 해드럴은 대학에서 화학과 과학으로 두 개의 학위를 땄다. 테니스를 시작했고 결혼을 해서 두 아들을 두었다. 그리고 30년 넘게 교사 생활을 했고, 60대에 다시 심리학을 공부하러 대학에 갔다.

조앤 로는 척추 융합 수술을 받아 몸이 회복되었다. 수술 6개월 뒤에 스포츠로 복귀해서 수영, 알파인 스키, 수상 스키 강사로 활동했다. 조앤은 간호사가 되었고 1,000명이 넘는 간호사들을 감독하는 일까지 맡았다. 또한 직접 간호사 교육 학원을 열었다.

노스요크 육상 클럽은 1970년대에 해체되었다. 핵심 주자들이 그 지역에 새로 만들어진 다른 육상 클럽들로 빠져나간 탓이었다.

하지만 모린이 낸 세계 기록과 수많은 성과들은 그와 잘 알고 지내던 그 클럽의 사람들을 넘어서 훨씬 넓은 세상에까지 퍼져 나갔다. 모린이 낸 기록은 독일과 뉴욕에까지 알려졌다. 그가 시작한 반란은 경기 조직 위원들의 동참을 이끌어 내면서 도처에서 열리는 여러 경기의 출발선에서도, 심지어는 올림픽 무대에서도 계속되었다. 그리고 모린이 직접 연관이 된 여자 마라톤 경기가 열렸다. 이곳 토론토 거리에서 수많은 여성들이 새로운 공동체를 꾸리고 자신들이 경기 출발선에 설 기회를 열어 준 최초의 여성, 모린을 환영할 준비를 하고 있었다.

하프 마라톤 21킬로미터 경기의 15킬로미터 지점에서, 모린은 검은 티셔츠에 흰 모자를 쓴 근육질 남자 옆을 달리고 있었다. 모린은 남자의 가쁜 숨소리를 들었고, 남자가 팔을 크게 흔들면서 비틀거리며 달리는 것을 보았다. 모린의 눈에는 그 남자가 주저앉지 않으려고 기를 쓰는 것처럼 보였다.

모린은 그의 곁을 지키며 달리면서 이야기를 나누기 시작했다. 40년 전이었다면 속력을 더 높여 그를 앞지르고 최종 기록에서 훨씬 더 좋은 등수를 기록했을 것이다. 하지만 모린은 계속 곁을 지키며 그 남자를 격려했다. 그는 미소를 지은 채 남자가 계속 뛸 수 있도록 응원했다.

남자는 모린이 아스팔트 위를 날아가는 것처럼 가벼운 보폭으로 달리는 것을 알아보았다. 그리고 가쁜 호흡 사이에 틈을 내 질문을 했다. "전에도 뛰신 적 있죠?"

모린은 웃었다.

"네, 전에 마라톤을 한번 뛰어 봤어요. 하지만 아주 오래전 일이에요."

모린이 얼헤이그 고등학교 육상 트랙에서 훈련을 하고 있다. 1967년으로 짐작된다.

(왼쪽 페이지) 1967년 4월, 캐스린 스위처는 남성만이 참가하는 보스턴 마라톤에 최초로 공식 참가 등록을 하고 완주한 여성이다. 당시 대회 주최 측은 여성이 참가 등록을 한 줄 모르고 있었다. 출발 뒤 몇 킬로미터 지점에서 대회 조직 위원이 캐스린을 발견하고 경기를 막으려 했지만, 다른 주자들이 그를 저지했다. "몹시 당황스럽고 굴욕감이 치밀었다." 캐스린은 이렇게 회고했다. "바로 그 순간, 만일 내가 이 마라톤을 완주하지 못하면 여자는 마라톤을 할 수 있고 마라톤을 할 권리가 있다는 걸 세상에 입증할 수 없다는 생각이 들었다." 캐스린은 4시간 20분에 결승선을 넘었다. 이튿날 세계 전역으로 퍼져 나간 이 영상들은 여성의 달릴 권리를 위한 싸움의 첫 봉화가 되었다.

캐나다 동부 백 주년 기념 마라톤 대회 공식 안내서. 모린과 캐스린 스위처의 이름은 남자들의 이름이 있는 항목에 들어 있지 않다. 두 사람의 이름은 '여자 8킬로미터 경기' 항목에 들어 있다. 두 사람이 42.195킬로미터 마라톤을 달릴 계획을 숨기기 위한 작전의 일환이었다.

요크 대학교 캠퍼스 주위의 마라톤 코스를 손으로 그린 안내도. 주자들은 토론토 북쪽 교외의 지루한 포장도로로 코스를 다섯 바퀴나 뛰어야 했다.

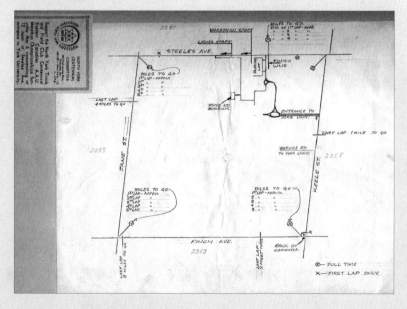

1967년 5월 6일, 캐나다 동부 백 주년 기념 마라톤 대회의 출발 구역. 모린은 보이지 않는다. 아마 근처에서 남자 주자들 옆에 서야 할 생각에 가슴을 졸이고 있었을 것이다. 이 마라톤에서 뛸 또 다른 여성 주자 캐스린 스위처 역시 이 사진에는 보이지 않는다.

모린과 모린이 페이스를 유지할 수 있도록 돕기 위해 함께 뛰고 있는 캐럴 해드럴

마라톤 도중 모린이 간식 보급대에서 존 심 여
사가 준비해 둔 물을 마시고 있다.

마라톤 마지막 직선 구간을 달리는 모린. 이때까지만 해도 모린이 세계 기록을 낼 수 있을지 확실치 않았다. 모
린의 오빠 고드(모린의 왼쪽)와 고드와 함께 밴드를 하는 친구들이 같이 달리면서 응원을 하고 있다.

모린이 마지막 전력 질주를 한다. 마지막 1.6킬로미터 구간에서 모린의 페이스는 6분이었는데, 이것은 당시 어떤 여성이 낸 기록보다 빠른 페이스였다.

마라톤을 완주하여 세계 기록을 낸 뒤, 캐럴 해드럴이 그려 준 몽키스 밴드의 피터 토크 그림을 들고 있는 모린. 이것이 그날 모린이 받은 유일한 상이었다.

모린이 세계 기록을 낸 뒤에 아버지 로저, 어머니 마거릿과 함께 포즈를 취하고 있다.

마라톤 완주를 하고 며칠 뒤, 모린은 다시 마라톤 결승선에 와서 고드 심이 만든 트로피를 받고 악수를 나누고 있다. 모린 바로 뒤에는 사이 마가 서 있다.

To Maureen:
Congratulations on a wonderful
& courageous effort - that proves
girls are not the weaker sex
& that your fine coach was
perfectly correct in letting
you run. Good luck in
the years to come.
Lloyd Percival

돈밀스 육상 클럽의 로이드 퍼시
벌 코치가 마라톤 세계 기록을
낸 모린에게 보낸 쪽지

1968년 3월 13일, 노스요크 시장이 모린의 마라톤 세계 기록 공적을 칭찬하고 있다.

2009년 굿라이프 피트니스 토론토 하프 마라톤에서 다시 만난 캐스린 스위처와 모린

2003년 딸 캐럴린을 응원하러 나온 모린과 모린의 어머니 마거릿

2015년 모린의 가족, 왼쪽부터 남편 폴, 아들 앤서니, 마이티 모. 딸 캐럴린

27

소녀는 여기 있을 자격이 있다

소녀는 여기 있을 자격이 있다. 소녀(한 여성)는 꾸물꾸물 움직이는 긴 행렬의 맨 앞, 포장도로의 왼쪽에 서 있다. 그의 뒤에 늘어선 5만 명의 사람들이 가슴을 졸이며 경기 시작을 기다리고 있다. 몇 분 후에는 약 2킬로미터 길이로 늘어진 이 대열이 아름다운 적갈색 사암 벽돌 주택 단지와 산업 단지, 뉴욕의 번쩍이는 고층 건물 숲을 지나는 42.195킬로미터 코스를 향해 줄지어 달려 나갈 것이다.

이 5만 명 가운데는 첫 마라톤에 나선 사람들이 많다. 이들은 옆 사람들과 한담을 나누거나 소리 내어 웃거나 물을 마시며 초조함을 달래고 있다. 이들은 마라톤을 완주하는 것만으로도 짜릿한 기쁨을 느낄 것이다. 또 마라톤 완주를 너덧 차례,

심지어는 십여 차례 해 본 사람들도 있다. 이들은 몇 달 전부터 구상해 온 경기 전략과 완주 목표 시간을 마음속에 품고 있다. 이들은 완주 시간을 앞당기는 것만으로도 뿌듯함을 느낄 것이다. 우승권에 들겠다는 오직 하나의 목표, 어찌 보면 불가능해 보이는 목표를 마음에 품은 것은 이 거대한 대열의 선두에 있는 소수의 사람들, 몸에 딱 붙는 원색 러닝셔츠를 입은 여자들과 남자들뿐이다.

소녀 역시 선두 그룹에 속해 있다.

소녀는 진홍과 검정이 도드라지는 러닝셔츠를 입고 있다. 보온을 위해 오른팔에는 진홍색, 왼팔에는 검정색 토시를 하고 있다. 2017년 11월 5일 아침, 이곳은 섭씨 13도에 구름이 끼고 쌀쌀한 날씨다. 앞머리를 가느다란 빨간 머리띠로 고정하고 뒷머리를 말총 모양으로 묶어 올린 그의 빛나는 금발이 약한 바람에 휘날린다.

점프를 하고 스트레칭을 하면서 근육을 풀고 있는 여자 주자들 쪽에서는 형광 노랑과 분홍과 주황과 파랑의 잔물결이 인다. 이들은 각자의 리듬에 맞춰 팔다리를 흔들어 댄다. 어떤 이는 손목에 찬 시계를 보고, 어떤 이는 탁 트인 포장도로 저만치를 바라본다. 이들은 파랑과 주황이 섞인 매트 바로 뒤에 서 있다. 얼굴에는 단호하고 진지한 표정이 어려 있고 근육은 팽팽하게 긴장되었다.

선두 그룹 몇 미터 앞에는 낮은 진동음을 내며 서 있는 경찰차들 옆에 오토바이 한 대가 공회전을 하고 있다. 오토바이에는 비디오카메라를 든 남자가 뒤돌아 앉아 대기중인 주자들을 촬영하며 전 세계 수백만 명에게 현장 상황을 방송한다.

이 거대한 대열 속 모든 주자에게 들릴 수 있도록 도로를 따라 촘촘히 배치된 스피커에서 우렁찬 목소리가 울려 나온다.

"제자리에."

소녀는 이 음성 다음에 이어지는 침묵의 순간에 아주 익숙하다. 몇 초 동안 지구가 자전을 멈춘 듯한 느낌 그리고 두 발을 최대한 빨리 놀려 앞으로 튀어 나가려는 맹렬한 의지가 몸과 마음을 휘감는 듯한 느낌이 든다.

소녀가 몸을 앞으로 기울인다.

한 방의 대포가 발사되면서 연기를 뿜어낸다. 소녀는 세계 상위의 기록을 가진 여자 마라톤 주자 그룹에 섞여 흰 연무를 가르며 쏜살같이 내닫는다.

일 년에 364일 동안, 뉴욕 마라톤 코스를 이루는 다리와 도로 들은 교통 혼잡을 헤치고 목적지를 찾아가는 택시와 자동차, 자전거, 트럭 들의 바퀴에 깔려 부릉부릉 끽끽 소리를 낸다. 그런데 해마다 딱 하루 11월 첫째 일요일에는 차량 통행이 전면 봉쇄된다. 수많은 사람들이 차가운 철제 방어벽 뒤나 인도 위, 혹은 코스가 내려다보이는 고층 건물 창문 뒤에 지켜 서서 주자들의 모습을 잠깐이라도 볼 수 있기를 목이 빠져라 기다린다. 주자들이 아름다운 자세로 성큼성큼 다리를 내뻗으며 맨해튼의 심장부 센트럴파크 안에 설치된 결승선을 향해 기를 쓰고 내달린다.

구경꾼들은 휴대 전화를 확인하기도 하고 옆 사람과 이야기를 나누기도 한다. 인도에 지켜 선 구경꾼들 사이로 한 가지 궁금증이 물결처럼 퍼져 나간다.

'소녀는 어디쯤 달리고 있나?'

대부분의 구경꾼들은 5만 명의 참가자 중에서 그 소녀가 우승하는 모습을 보고 싶어 한다. 그가 우승을 한다면 1977년 이후 처음으로 뉴욕 마라톤 여자 부문의 정상에 오른 미국인이라는 명예를 안게 될 것이다. 인도에 선 구경꾼들은 쏜살같이 지나가는 그를 향해 손나발을 만들어 목청껏 그의 이름을 외쳐 댄다. 이들은 마치 자신들이 뿜어내는 작은 에너지가 더 빠른 질주를 돕는다고 여기는 것 같았다.

하지만 소녀는 아직은 선두로 나설 때가 아니라고 생각하고 기회를 엿본다. 마치 큰 무리에 움직이는 한 마리 물고기처럼 자신의 앞과 좌우의 주자들이 달리는 속도에 맞춰 움직인다. 앞에 있는 주자가 간격을 벌리려고 속도를 높이면 그도 속도를 높여 따라간다.

여자 주자 그룹은 브루클린에 모여든 시끄러운 군중들 사이를 지나고, 퀸스의 넓은 도로들을 지나고, 맨해튼으로 이어지는 잿빛 강철로 된 복잡한 연결 구조물이 있는 퀸즈보로 다리 위를 미끄러지듯 지나간다. 그들이 맨해튼 1번가로 이어지는 경사로를 빠져나가, 구경꾼 수천 명의 환호성이 귀가 먹먹할 정도로 울려 댄다고 해서 '천둥 치는 골목'이란 이름이 붙은 구역에 도착한다. 여자 선두 그룹의 주자들이 하나둘 줄어든다. 그는 여전히 선두 그룹을 지킨다. 그는 도로 오른쪽에 붙어서 팔을 뻗으면 닿을 듯 간격을 두고 선두 주자 바로 뒤를 따라 달려간다.

그는 최면에 걸린 듯 평화롭게 움직인다. 일정한 리듬으로 까딱거리는 머리의 움직임만 보면 보는 사람의 긴장이 풀리지만, 발놀림을 보는 사람은 그의 발밑에서 흰색 도로 표시선이 얼마나 빠른 속도로 사라졌다가 다시 나타나는지 알아챈다. 그는 1.6킬로미터에 5분 30초 정도의 페이스를 꾸준히 유지하며 달린다.

32킬로미터 지점에 이르자, 여자 선두 그룹은 소녀를 포함해서 세 명뿐이다.

철제 관람석에 들어찬 많은 사람들이 센트럴파크 숲길 앞에 설치된 대형 스크린에 시선을 고정한다. 관중 사이에서 무언의 에너지가 끓어오르기 시작한다. 30년 동안 유럽, 아프리카, 멕시코 출신의 대단한 선수들이 독식해 온 이 경기에서 미국 소녀가 우승할 거라는 믿음이 관중 사이에서 넘실거리기 시작했다.

35킬로미터 지점, 소녀에게도 관중과 같은 믿음이 솟아난다. 그가 맨 앞에서 달리고 그 뒤에 두 명의 여자가 달리고 있다. 이 그룹은 이제 한 덩어리이기보다 길게 늘어진 줄 모양에 가깝다. 그가 더 속도를 높여 가자 이 그룹은 젤리처럼 길게 늘어난다.

그가 우승할 거라는 관중의 확신이 점점 깊어지며 환호성이 우렁차게 울린다. 그는 속도를 더 높인다.

40킬로미터 지점, 그는 단독으로 앞서서 나는 듯이 달린다. 힘차게 땅을 차는 발놀림에 맞춰 금발 말총머리가 찰랑댄다. 결승선 옆에 설치된 대형 스크린에 그의 모습이 실제보다 세 배가량 크게 나온다. 관중석에 있는 모든 사람과 세계 곳곳에서 이 경기를 시청하는 수백만의 시선이 그에게 꽂혀 있다.

우승을 확신하는 순간, 소녀의 얼굴에는 강철 같은 긴장감이 사라지고 걷잡을 수 없는 행복감이 솟구친다. 결승선이 100미터 남은 지점까지 전력 질주해 온 그는 울음을 터뜨린다. 주먹을 하늘로 치켜들고 "야호!" 하고 소리친다.

군중이 바로 맞받아 소리친다. 텔레비전을 뚫어져라 쳐다보던 미국 전역의 여성들이 그의 모습을 보며 울먹인다.

파란색 아치 아래에서 두 명의 자원봉사자가 결승 테이프를 잡고 있다. 소녀는 눈물을 줄줄 흘리며 두 팔을 말총머리 위로 치켜든 채 결승 테이프를 향해 몸을 던진다. 미국 국기가 그의 어깨를 감싼다.

이 소녀의 이름은 셜레인 플래너건이다. 소녀는 방금 세계에서 가장 큰 마라톤 대회에서 우승했다. 몇 분 뒤에 소녀는 수상자 단에 오르고 상금 10만 달러를 받게 될 것이다. 몇 주 뒤에는 나이키 광고에 출연할 것이다. 몇 달 후, 미국 전역의 어린 소녀들이 말총머리 모양에 진홍색과 검은색 러닝셔츠로 핼러윈 의상을 차려입을 것이다.

하지만 지금 소녀는 우렁찬 관중의 함성 속에 자신의 몸을 맡긴다. 소녀에게는 자신이 이곳에 있을 자격이 있다는 확신이 있다.

왜 그런 확신을 가지게 된 걸까? 20여 년 전에 소녀는 달리기를 하려고 운동화 끈을 묶은 뒤 달리기가 주는 순수하고도 충만한 기쁨을 확인했다. 소녀 곁에는 달리기의 꿈을 가지도록 격려해 준 어머니가 있었다. 소녀의 어머니는 그때로부터 다시 20여 년 전인 1971년에 마라톤 세계 기록을 깬 셰릴 브리지스다. 셰릴이 그때 세계 기록을 깰 수 있었던 건 그로부터 4년 전, 토론토 교외의 흙먼지 날리는 도로에서 스물여덟 명의 남자와 함께 마라톤을 뛰었던 열세 살 소녀가 있었던 덕분이다. 당시 그 대회 원칙에 따르면, 그 열세 살 소녀 모린 윌턴은 그곳에 있을 자격이 없었다.

그럼에도 불구하고 소녀는 그 마라톤을 완주했다.

후기

데지레 린덴

내 친구이자 라이벌인 셜레인이 뉴욕 마라톤에서 우승을 거둔 뒤로 약 6개월이 지난 2018년 4월 16일 오전 6시 30분, 보스턴 마라톤 엘리트 선수단은 마라톤 출발 지점으로 가는 전세 버스에 탑승하기 위해 플라자 호텔 문을 나섰다. 호텔 문을 여는 순간, 우리는 한 가지 분명한 사실을 확인했다. 날씨가 경기 결과를 좌우하는 핵심 요인이 될 거라는 점이었다. 바깥 기온은 영하를 약간 웃도는 수준이었고, 폭우가 퍼붓고 시속 70킬로미터의 돌풍을 동반한 시속 25~30킬로미터의 강한 바람까지 불었다. 기자실에 모인 언론들은 보스턴 마라톤 122년 역사상 최악의 날씨일 거라고 추측했다.

전세 버스를 타고 경찰차의 호위를 받으며 홉킨턴의 마라톤 출발 지점까지 가는 동안, 버스 안 분위기는 극도로 긴장되었다. 출발 지점에 도착한 뒤, 엘리트 선수들은 냉기와 비를 피하려고 잠시 교회에 들어가 경기 시작을 기다렸다. 선수들의 긴장감은 가시지 않았다. 출발선으로 이동해 세계에서 가장 역사적인 마라톤 대회에서 경합을 벌일 준비를 하는 동안에도 긴장감은 전혀 가시지 않았다.

출발 신호가 울리자, 마흔여덟 명의 엘리트 여자 선수들이 악

천후를 뚫고 먼저 출발했고, 뒤이어 3만 명의 참가자들이 우리 뒤를 따랐다. 우리는 우리의 활약을 전 세계에 보도할 여성 언론인을 태운 취재 트럭 뒤를 따라 달렸다. 2018년 보스턴 마라톤에는 올림픽에서 뛰었던 선수들, 세계적인 마라톤 대회의 우승자들, 역대 세계 기록을 가진 선수들까지 세계 전역의 대단한 선수들이 대거 참가했다.

달리기 선수들에게 "보스턴 마라톤에 참가한 이유가 뭐냐?"라고 물으면, 대답에서 빠지지 않는 것이 이 마라톤의 역사와 전통이다. 프로 선수들은 100년이 넘는 세월 동안 홉킨턴에서 출발해서 보스턴에 도착할 때까지 마라톤 코스에서 벌어진 대단한 전투들을 잘 알고 있다. 이들은 보스턴에서 우승을 하면 미국의 영웅 빌 로저스와 존 베노이트, 4회 우승으로 '캐서린 대제'라는 명성을 얻은 케냐의 캐서린 은데레바와 같은 전설적인 인물이 될 수 있다는 것을 안다. 2018년 보스턴 마라톤에서 우리는 이런 영웅들은 물론이고 수천 명의 주자들이 밟았던 신성한 땅을 밟으며 전설 속의 42.195킬로미터 코스를 달렸다. 물론 약간의 비바람 속에서 뛰어야 하는 부담이 지워졌다.

출발 신호가 울리고 나서 2시간 39분 만에, 나는 보일스턴의 결승 테이프를 뚫고 보스턴 마라톤 역사에 기록되었다. 이 우승을 계기로 내 삶에는 큰 변화가 일어났다. 우승과 함께 쏟아져 나온 언론 보도는 내가 33년 만에 미국인으로서 우승을 따내 미국의 우승 가뭄을 끝냈으며, 그것도 보스턴 마라톤 역사상 가장 어려운 조건에서 이룬 우승이라는 데 초점을 맞추곤했다. 하지만 나는 이 마지막 주장에 대해 정중하게 반대 의견을 내놓으려 한다. 2018년 경기는 남자들의 보스턴 마라톤 역사상 가장 어려운 조건이었을 뿐이다. 여자 주자들은 그쯤은 물론이고 훨씬 더 심한 것도 충분히 견뎌 내며 끝까지 달렸다. 여자 마라톤 역사상 가장 어려운 조건은 이미 보비 기브, 캐스린 스위처, 모린 윌턴 같은 사람들이 견뎌 왔다. 우리 앞길을 평탄하게 닦아 준 이 여자 영웅들이 벌인 전투에 비하면, 비바람 차가운 기온은 대수롭지 않았다. 여성들에게 지금 이런 스포츠를 할 기회를 열어 주기 위한 싸움에 앞장섰던 우리의 영웅들은 우리에 훨씬 더 많은 것을 해낼 힘이 있다는 걸 일깨워 주었다.

출처

저자의 인터뷰

우리는 1년에 걸쳐서 열두 명 이상의 사람들과 이야기를 나누었다. 직접 만나 녹음기를 켜고 인터뷰를 하기도 했고 전화 인터뷰를 하기도 했다. 그 사람들의 기억이 이 책의 가장 큰 정보 출처다. 물론 가장 중요한 기억은 모린 (월턴) 만쿠소의 기억이다. 그밖에 다른 인터뷰 대상자들은 로베르타 (피코) 안젤로니, 재키 (포드) 비스보로우, 린 보르크, 존 치프먼, 캐릴 (해드럴) 포셋, 실라 (메하그) 맥도널드, 리코 마데로, 캐럴린 만쿠소, 폴 만쿠소, 밥 무어, 존 리브스, 조앤 로, 더그 스미스, 캐스린 스위처, 마거릿 월턴이다.

신문

한마디로 말해서, 모린이 달리기를 한 때에 마거릿 월턴이 꼼꼼하게 만든 네 권의 스크랩북이 없었다면 이 책은 세상에 나올 수 없었을 것이다. 이 스크랩북에는 1963년부터 1969년까지 수백 점의 기사가 들어 있다. 이 기사들은 사이 마의 노련한 미디어 활용 작전과 노스요크 육상 클럽의 성장, 모린의 마라톤을 둘러싼 논란 그리고 모린이 장거리 주자로서 거둔 성공을 생생하게 묘사하고 있다. 일부 기사에서는 마거릿이 자신의 딸이 언급된 부분만 남기고 그 기사를 쓴 기자와 신문의 이름, 발행 일자를 잘라 낸 것도 있었다. 그럼에도 불구하고, 우리는 스크랩북에 있는 기사들의 배치, 다른 신문들의 보도 내용 그리고 모린 자신의 기억과 모린이 보관해 둔 엄청난 양의 트로피들을 바탕으로 대략적인 날짜를 추론할 수 있었다. 이 기사들은『미러Mirror』,『글로브 앤드 메일Globe and Mail』,『스타Star』 그리고 이제는 폐간된 노스요크 지역 신문 등 다양한 토론토 지역 신문에서 발췌한 것이다.

비디오와 오디오

우리가 이 책을 기획하게 된 것은 두 개의 오디오 프로젝트 덕분이었다. 첫 번째 오디오 프로젝트는 2009년 캐나다 방송 협회에서 방송한 존 치프먼의 특이한 라디오 다큐멘터리「엄마도 달리기를 한 적 있나요?」이다. 그 프로젝트를 계기로 모린과 캐스린 스위처는 40년 만에 다시 만났다. 두 번째 프로젝트는『러너스 월드Runner's World』의 팟캐스트「휴먼 레이스Human Race」를 위해 2017년에 우리가 기획하고 제작한 에피소드「꼬마 모Little Moe」이다.(www.runnersworld.com/Runners-stories-stories/a2/0808804/suppisode-19-little-mo)

우리는 모가 세계 기록을 남겼던 마라톤을 녹화한 비디오 영상을 구할 수 없었지만, 다행히 8밀리미터 영상을 통해서 모린이 경기하고 연습할 때 다리를 죽죽 내뻗으며 질주하는 장면을 확인할 수 있었다. 자료 조사 과정에서, 1928년 올림픽 여자 100미터와 800미터 경기 장면, 1964년 세계 기록을 낸 아베베 비킬라(남)의 마라톤 경기 장면, 2003년 세계 기록을 낸 폴라 래드클리프의 마라톤 경기 장면, 2017년 뉴욕 마라톤 대회의 셜레인 플래너건의 놀라운 우승 장면을 다시 본 것도 큰 기쁨이었다. 이 모든 장면은 유튜브에서 찾아볼 수 있다.

참고 서적

우리는 자료 조사를 하는 동안 여자 달리기 개척자들의 업적을 강조하고 기념하는 많은 책들을 참고했다. 아래는 우리가 가장 크게 의존했던 책들의 목록이다. 모린이 활동했던 시대(또는 그 이전 시대)에 감동적인 활동을 펼쳤던 주자들과 관련해서 더 많은 정보를 원하는 젊은 독자라면, 앰비 버풋의 『달리기의 선두 여성 주자들First Ladies of Running』과 캐스린 스위처의 『마라톤 하는 여자Marathon Woman』 (이 책은 달리기를 하는 여성이 마주치는 문제들을 다룬다)부터 읽어 볼 것을 권한다.

Burfoot, Amby. 『First Ladies of Running: 22 Inspiring Profiles of the Rebels, Rule Breakers, and Visionaries Who Changed the Sport Forever』 New York: Rodale, 2016.

Hanc, John. 『The B.A.A. at 125: The Official History of the Boston Athletic Association, 1887~2012』 Boston: Sports Publishing, 2012.

Humber, Charles J., ed. 『Canada: From Sea Unto Sea』 Mississauga, ON: The Loyalist Press Limited, 1986.

Martin, David E. and Roger W. H. Gynn. 『The Olympic Marathon: The History and Drama of Sport's Most Challenging Event』 Champaign, IL: Human Kinetics, 2000.

Montillo, Roseanne. 『Fire on the Track: Betty Robinson and the Triumph of the Early Olympic Women』 New York: Crown, 2017.

Mossman, Gary. 『Lloyd Percival: Coach and Visionary』 Woodstock, ON: Seraphim Editions, 2013.

Switzer, Kathrine. 『Marathon Woman: Running the Race to Revolutionize Women's Sports』 Boston: Da Capo Press, 2009.

잡지와 정기 간행물

『Cinderbelle: News and Views of Women's Track and Field』
오하이오 명예의 전당 육상 코치 스티브 프라이스가 1966년 9월부터 1967년 5월까지 발행된 이 잡지 여섯 권을 우리에게 빌려 주었다. 이 잡지들은 여자 트랙 및 장거리 달리기의 성장에 관한 대단한 기록을 제공한다. 더욱 놀라운 것은 이런 잡지가 존재했다는 사실이다. 여성들이 트랙과 도로에서 달릴 수 있는 대등한 권리를 얻기 위해 고군분투하던 시기에, 이 훌륭한 출판물은 어려운 상황임에도 달리기를 하고 싶어 하는 수천 명의 소녀들이 이용할 수 있는 정보원이자 자극제였다.

Blaikie, David. 「Mighty Mo」. 『Athletics: Canada's National Track and Field/Running Magazine』, June 1986. 44~45. 이 글은 모린을 달리기의 개척자로 언급한 최초의 회고적인 기사였다.

Rogin, Gilbert. 「Flamin' Mamie's Bouffant Belles」. 『Sports Illustrated』, April 20, 1964. 이 기사에는 당시 여자 육상 선수들에 대한 통념이 어땠는지에 대한 흥미로운, 더 나아가서 화를 돋우는 관점이 들어 있다. 이 호의 표지에는 이 잡지 역사상 처음으로 여자 육상 선수들의 모습이 실렸다.

Switzer, Kathrine. 「Rip Van Winkle Awakens in Toronto」. 『Marathon and Beyond』, May/June 2011. 16~22. 캐스린 스위처는 2009년에 모린과 다시 연락이 닿은 이후에, 모린을 (지금은 유행이 된) 달리기 세계로 다시 이끌었던 자신의 특이한 경험을 자세히 밝히는 글을 썼다.

출처

주

1부 리본

모린의 인생에 대한 자세한 내용은 모린과 어머니 마거릿의 발언을 기초로 하고, 월턴 가족이 가진 사진 앨범에서 확인한 내용으로 보강했다. 모린의 어머니가 신문 기사들을 모아 만든 스크랩북 덕분에, 우리는 그 클럽의 성장 과정과 모린이 참여했던 경기의 자세한 상황을 이해할 수 있었다. 모린과 동료 캐럴 (헤드럴) 포셋, 실라 (메하그) 맥도널드 그리고 조앤 로와의 인터뷰를 통해서, 우리는 사이 코치, 노스요크 육상 클럽, 그리고 클럽 관련 행사에 대한 세부 내용을 얻을 수 있었다.

3 _ 파란 리본이 갖고 싶어!

올림픽 역사에 대한 자세한 내용은 초기의 여자 마라톤 경기에 대한 반응들을 다룬 여러 신문의 기사와 다음 저서에서 얻었다. Montillo, 『Fire on the Track』, 78~84.

여자 100미터 경기에서 최초로 올림픽 금메달을 딴 미국의 베티 로빈슨에 관한 내용은 유튜브에 게시된 해당 경기의 동영상을 참고해서 작성했다.

42페이지, '보비 로즌펠드의 운동 경력을 한마디로 요약하면 수영만 못하는 선수다.' Joseph Levy, Danny Rosenberg and Avi Hyman, 「Fanny 'Bobbie' Rosenfeld: Canada's Woman Athlete of the Half Century」, 『Journal of Sport History』, Vol. 26, No. 2 (Summer 1999), pp. 392~96.

45페이지, '800미터 달리기를 전력 질주해도 몸이 망가지지는 않는다고 자신을 세뇌시키는 것도, 몸이 망가지는 건 맞지만 그래도 괜찮다고 자신을 설득하는 것도 미친 생각이다.' Sarah Barker, 'Why the 800 Comes Down to Hunters and the Hunted', 『Deadspin』, April 24, 2015, www.deadspin.com, 800-to-the-800-down-to-hunters-1699308516.

5 _ 삶을 송두리째 바꿔 놓은 노스요크 육상 클럽

브렌다의 달리기 입문에 관한 주요 설명은 마거릿 월턴의 스크랩북에 있는 잡지 기사(David Blaikie, 「Mighty Mo」, 『Athletics』)와 클럽에 가입하기 직전에 출판된 신문 기사(『Toronto Globe and Mail』, 'Boo Officials, Then Cheer as Girl Competes', March 27, 1964)에서 나왔다.

작가 인터뷰, 스크랩북 기사, 출판된 사진들 덕분에, 우리는 6장과 7장에서 클럽 회원이 모린과 브렌다뿐이었던 시절의 노스요크 육상 클럽의 상황을 묘사할 수 있었다.

6 _ 우승 트로피를 안고 싶어

72페이지, '한번은 어느 기자의 눈앞에서' Jack Marks, 「Future Olympic Medals」, 『Toronto Globe and Mail』.

모린이 두 시간 거리의 두 도시에서 두 번의 경기를 치른 날에 관한 내용은 마거릿 월턴의 스크랩북에서 자료를 얻었다. 그중에는 저자와 발행처를 알 수 없는, '노련한 철인이 할 법한 운동을 열 살, 열한 살 소녀들이 한다'라는 제목의 기사가 포함되어 있다.

7 _ 모린의 첫 트로피, 달려서는 '안 되는' 세상을 건드리다

78페이지, '아동의 건강에 좋지 않다고 나는 생각한다.' Jack Marks, 「Future Olympic Medals」.

79페이지, '아이는 2년 동안 단 하루도 결석한 적이 없다.' Jack Marks, 「Future Olympic Medals」.

79페이지, '아이가 전에는 새처럼 먹었는데' Jack Marks, 「Future

Olympic Medals」.

뉴욕에서 열린 경기에 대한 자세한 내용과 인용은 스크랩북에 있는 저자와 발행처, 날짜를 알 수 없는 '지방에서 온 소녀들이 미국 달리기 경기에서 사람들의 관심을 독차지하다'라는 제목의 기사에서 얻었다.

8 _ 우승 메달을 빼앗기다

87페이지, '사람들은 흔히 어린 세대에게 문제가 있다고 말합니다.' 저자, 발행처, 날짜를 알 수 없는, '시장이 칭찬한 주자들'이라는 제목의 스크랩북 안의 기사

10 _ 트로피가 늘어나다

로이드 퍼시벌에 관한 정보는 Mossman, 『Lloyd Percival』과 로베르타 (피코) 안젤로니와의 인터뷰에서 얻은 것이다.

11 _ 여자 달리기, 유년기에서 청소년기로

여자 육상의 성장에 관한 정보와 발췌의 출처는 다음 잡지의 여러 호에서 얻은 것이다. 『Cinderbelle: News and Views of Women's Track and Field』.

딕 비스트가 한 말의 인용과 링컨파크 파케트 클럽에 관한 이야기는 재키 (포드) 비스보로와의 인터뷰에서 얻은 것이다.

122페이지, '여성 단원들의 운동 실력과 독특한 미모였다.', Rogin, 「Flamin' Mamie's Bouffant Belles」.

12 _ 모린, 장거리 선수의 희망을 보여 주다

132페이지, '저 꼬마가 이긴 거요?' 저자, 발행처, 날짜를 알 수 없는, '결승선에서 간발의 차이로 피코를 놓친 모린 윌턴'이라는 제목의 스크랩북 기사

2부 경기

2부에 실린 대부분의 정보, 특히 캐나다 동부 백 주년 기념 마라톤 대회에 관한 자세한 정보는 모린 (윌턴) 만쿠소, 마거릿 윌턴, 캐스린 스위처, 그리고 그날 마라톤 경기에 참가했던 남성 주자들 가운데 현재 생존한 몇 안 되는 남성들 중 하나인 존 리브스와의 인터뷰에서 얻었다. 캐스린 스위처가 보스턴 마라톤을 뛰기 전에 겪었던 일과 그 마라톤 당일에 겪었던 일에 대한 내용은 그의 회상록 『Marathon Woman』을 참고했다.

13 _ 마라톤이 뭐예요?

페이디피데스의 전설에 대한 내용의 출처: Martin and Gynn, 『The Olympic Marathon』, 1~23.

152페이지, '쓸모없는 짓이고 시시하고 꼴사나운 일': Jules Boykoff, 「How Women Overcame More Than 100 Years of Olympic Controversy to Take Centre Stage at Rio」, 『Telegraph』, August 5, 2016.

152페이지, '여자는 남자가 하는 운동을 해서는 안 된다': 작자 미상, 「Advises Women Not to Overdo in Exercising」, 『Detroit Free Press』, May 29, 1931.

152페이지, '그러다간 금세 턱수염이 돋는다.' James Aswell, 「My New York」, 『Hammond Times』, May 19, 1936.

14 _ 여자가 마라톤을? 어림도 없다

웨스턴 헤미스피어 마라톤을 뛰었던 메리 레퍼에 관한 내용: Burfoot, 『First Lady of Running』, 33~42.

162페이지, '만약 여자들이 이 대회에서 뛰게 되면': 저자와 발행처가 알려지지 않은, '마 코치와 체육 협회, 마라톤과 관련해서 신경전'이라는 제목의 1967년 4월경의 기사.

주

15 _ 캐스린 스위처, 보스턴 마라톤에서 멱살을 잡히다

165페이지, '진짜 경기는 경기장에서 하는 거야.' : Switzer, 『Marathon Woman』, 9.

167페이지, '어니 선생님, ~ 말로만 하지 말고' Switzer, 『Marathon Woman』, 48.

보스턴 육상 협회의 역사: Hanc, 『The B.A.A.』 at 125, 23~42.

175페이지, '~당장 내 대회에서 꺼져.' Switzer, 『Marathon Woman』, 91.

16 _ 열세 살 꼬마 모린, 42.195킬로미터에 도전하다

183페이지, '여자들의 비공식적인 마라톤 참가 사실을 널리 알리는 것은' : 1967년 4월 23일에 사이 마가 캐스린 스위처에게 보낸 사적인 편지.

17 _ 세계 기록을 내자!

출전 선수들 이름과 코스 정보는 마거릿 월턴의 스크랩북에 있는 경기 공식 안내서와 코스 지도에서 얻은 것이다.

199페이지, '이 사람들은 왜 여기와 있지?' : 1967년 5월에 사이 마가 마라톤에 대해서 직접 쓴 글.

3부 기록

캐나다 동부 백 주년 기념 마라톤 대회의 결승 장면과 그 후의 파장은 모린 (월턴) 만쿠소, 마거릿 월턴, 캐스린 스위처와의 인터뷰와 마거릿 월턴의 스크랩북에 있는 십여 개의 신문 기사를 바탕으로 한 것이다.

18 _ 마이티 모, 완주 메달 대신 몽키스 포스터를 받다

1964년 아베베 비킬라의 도쿄 올림픽 마라톤 우승에 관한 내용: Martin

and Gynn, 『The Olympic Marathon』, 241~256.

비킬라의 결승전에 대한 내용은 이 경기 장면을 잡은 유튜브 영상을 참조했다.

모린의 기록 3시 15분 22.8초를 비롯한 이 경기의 결과에 대한 내용은 스크랩북의 여러 기사에 실려 있다.

217페이지, '모린이 3시 15분에 들어갔어요.' : 1967년 5월에 사이 마가 그 마라톤에 관해서 개인적으로 쓴 글.

218페이지, '가장 놀라운 순간은~' : 1967년 5월에 사이 마가 그 마라톤에 관해서 개인적으로 쓴 글.

218페이지, '속도는 느리지만 장거리 달리기에서는 대단히 경이로운 선수' : 저자, 발행처, 날짜를 알 수 없는. "Run, Baby, Run"이라는 제목의 스크랩북 기사.

219페이지, '모린 월턴이 열세 살이라고 들었습니다.' : 저자를 알 수 없는, 'It's Important That She Cares'(『Mirror』, May 10, 1967)라는 제목의 스크랩북 기사.

219페이지, '13세 토론토 소녀, 세계 기록 달성' : 「It's Important That She Cares」, 『Mirror』.

220페이지, '코를 써서 땅콩을 언덕 위로 밀어 올리는 것과 똑같다' : 'It's Important That She Cares', 『Mirror』.

221페이지, '월턴의 기록은 대단한 게 아니다.' 제목, 저자, 발행처, 날짜를 알 수 없는 스크랩북 기사.

221페이지, '그대로 받아들이자~.': 「It's Important That She Cares」, 『Mirror』.

222페이지, '주자 다섯이 들어왔다.' : 이 시는 모린의 스크랩북에 들어 있다.

19 _ 달리기 기록을 갈아 치우며 정해진 규정에 금을 내다

이 장의 정보는 스크랩북에 있는 기사들과 모린 (월턴) 만쿠소, 마거릿 월턴, 폴 만쿠소와의 인터뷰에서 얻은 것이다.

20 _ 마이티 모, 42.195킬로미터에 또다시 도전하다

모린 (월턴) 만쿠소, 조앤 로, 실라 (메하그) 맥도널드, 캐럴 (헤드럴) 포셋과의 인터뷰. 우리는 또한 경찰 주최 마라톤 대회에 관한 스크랩북 기사들을 참고했다.

21 _ 누군가를 꺾으려고 달리는 건 싫어

모린 (월턴) 만쿠소, 캐럴 (헤드럴) 포셋, 마거릿 월턴, 조앤 로, 실라 (메하그) 맥도널드와의 인터뷰.
사이가 클럽을 떠난 것에 관한 정보는 여러 인터뷰들과 특정 기사들에서 얻었다. 가장 좋은 설명을 얻은 곳은 스크랩북에 있는 한 기사다.: Jon Penner, 「Track Coach Sy Mah Quits」, 발행처와 날짜 미상.
피터 메이슨이 코치가 된 것에 관한 정보를 얻은 곳은 스크랩북에 있는 한 기사다.: Clare Butler, 「Peter Mason Appointed Head Coach N.Y.T.C.」, 발행처와 날짜 미상.

22 _ 캐나다 국가 대표가 되었으나······

모린이 개인적인 사진을 모아둔 앨범과 스코틀랜드 프로그램, 그리고 모린 (월턴) 만쿠소와 조앤 로, 로베르타 (피코) 안젤로니와의 인터뷰에서 출처를 얻은 뉴스와 기사.

23 _ 마이티 모, 무대 뒤로 사라지다

모린 (월턴) 만쿠소, 마거릿 월턴과의 인터뷰.
270페이지, '그걸 생각하면 마음이 좋지 않다.~': David Blaikie, 「Mighty Mo」, 『Athletics』, June 1986, 44~45.

24 _ 여자들 점점 많이, 점점 빨리, 점점 강하게

276페이지, '육상 선수로서 속도를 높이고 싶다면~': Ernst van Aaken, 『Van Aaken Method』. Mountain View, California: World Publications, 1976.

아니 페데와 셰릴 브리지스에 관한 정보는 Burfoot's 『First Ladies of Running』에서, 스위처에 관한 정보는 본인의 회고록 『Marathon Woman』에서 얻었다.

27 _ 소녀는 여기 있을 자격이 있다

2017년 뉴욕 마라톤에 관한 설명은 11월 4일 ESPN에서 방영된 영상에서 얻었다. 이 영상은 유튜브에서 확인할 수 있다.

감사의 말

이 이야기를 기록하는 과정에서 우리에게 자신의 이야기와 개인적인 수집물, 그리고 연락처를 서슴없이 나누어 준 많은 분들께 감사드린다. 하지만 이 프로젝트는 모린이 없었다면 성사될 수 없었을 것이다. 모린은 우리와 수많은 시간을 보내면서 기억 속의 일들을 이야기해 주었고 어릴 적에 자주 다녔던 토론토 각지의 장소들을 안내해 주었다. 모린의 너그러움과 참을성 그리고 열정은 이 프로젝트의 원동력이었다.

모린의 어머니 마거릿 월턴에게도 감사를 전한다. 딸의 달리기 인생에 관한 신문 기사 수백 개를 오려 모아두는 선견지명을 가졌던 분이다. 이 스크랩북이 없었다면 그리고 그가 또랑또랑 밝혀 주었던 이야기들이 없었다면, 이 책은 탄생하지 못했을 것이다.

폴 만쿠소와 캐럴린 만쿠소에게도 감사를 드린다. 이들은 자신의 이야기뿐만 아니라 모린에 대한 이야기를 서슴없이 해 주었다.

노스요크 육상 클럽에서 모린과 함께 활동했던 동료 실라, 캐럴, 조앤과 이야기를 나눈 것도 큰 도움이 되었다.

10년도 넘는 오래전에, 존 치프먼은 묻혀 있던 모린의 이야기를 접하고 모린의 행방을 추적한 끝에 전문적인 반려견 조련사로 일하고 있던 모린을 찾아냈다. 그의 취재 활동은 모린과 캐스린이 다시 만날 기회를 열어 주었고, 모린이 즐겨 말하듯이, "내가 과거를 되찾을 수 있게 해 주었다."

이 프로젝트에 많은 도움을 주신 캐스린에게 감사를 전한다. 그는 몽키스 포스터를 들고 있던 대단히 빠른 꼬마 소녀에 대한 기억을 공유해 주었을 뿐 아니라, 스포츠에서의 여성 평등 쟁취를 위한 지칠 줄 모르는 활동을 해 오고 있다. 오늘날 전 세계 사람들에게 영감을 주고 있는 달리기 선수 데지레 린덴에게도 고마움을 전한다.

이 책에 잠깐 언급되었거나 직접 언급되지는 않았지만 이 이야기를 완성하는 데 큰 도움을 준 여러 가지 소중한 정보를 제공해 준 분들이 많다. 조내선 리브스, 패티 포드 비스보로, 로베르타 피코, 앰비 버풋, 로버트 무어, 더그 스미스, 린 보로크, 리코 메이데라스에게 감사드린다. 또한 1960년대 여성 달리기 계에 관한 귀중한 정보를 담고 있는 놀라운 잡지 『Cinderbelle』 자료를 대여해 준 스티브 프라이스, 이미 세상을 떠났지만 모린의 마라톤에 관한 멋진 시를 남겨 준 고드 심에게도 감사를 전한다.

이 책이 출발하게 된 계기는 『러너스 월드Runner's World』의 「휴먼 레이스Human Race」 팟캐스트의 어느 에피소드다. 데이비드 윌리, 크리스틴 페네시, 브라이언 데일렉, 그리고 우리의 원고 내용에 훌륭한 피드백과 도움을 준 실비아 라이어슨에게도 고마움을 전한다.

우리는 놀라운 편집자 웨스 애덤스에게도 감사를 전한다. 훌륭한 에이전트인 맥켄지 브래디 왓슨에게도 고마움을 전한다. 그의 조언과 도움이 없었다면 이 책은 나올 수 없었을 것이다.

키트 : 날 때부터 내 삶의 편집자 역을 맡아 주었던 부모님께 감사한 마음을 전한다. 마감 직전 몇 주 동안 번번이 데이트를 미루고 컴퓨터 화면 앞에 앉아 머리카락을 쥐어뜯던 내 모습을 지켜봐 준, 인내심 많은 여자 친구에게도 고마움을 전한다.

레이첼 : 내 남편 팀에게 고마움을 전하고 싶다. 이 프로젝트와 내 일에 대한 그의 끊임없는 응원과 조언은 더할 나위 없는 선물이다. 모린의 어머니가 그랬듯이, 내 부모님은 내게 기회를 열어 주기 위해 엄청난 희생을 하셨다. 오늘날 내가 이룬 모든 성공은 온전히 두 분의 응원 덕이다.

감
사
의
말

찾아보기

옮긴이 **이순희**

서울대학교 영어영문학과를 졸업했다.
버트런드 러셀의 『행복의 정복』, 마틴 루터 킹 자서전 『나에게는 꿈이 있습니다』,
『나쁜 사마리아인들』, 『이것이 모든 것을 바꾼다』 등 사회문제를 다루는 책을 번역했다.
또 행복은 성적순이 아니라는 사실을 청소년들이 깨닫고 보람차고 발랄한 꿈을 향해
나아가기를 바라는 마음에서 청소년 도서 『빌 게이츠의 화장실』,
『그레타 툰베리와 함께하는 기후행동』 두 권의 책을 썼다.

MIGHTY MOE
마라톤 소녀, 마이티 모

초판 인쇄 2020년 9월 22일
초판 발행 2020년 9월 29일

지은이 ㅣ 레이첼 스와비, 키트 폭스
옮긴이 ㅣ 이순희
펴낸이 ㅣ 박해진
펴낸곳 ㅣ 도서출판 학고재
등록 ㅣ 2013년 6월 18일 제2013-000186호
주소 ㅣ 서울시 마포구 새창로 7(도화동) SNU장학빌딩 17층
전화 ㅣ 02-745-1722(편집)   070-7404-2810(마케팅)
팩스 ㅣ 02-3210-2775
전자우편 ㅣ hakgojae@gmail.com
페이스북 ㅣ www.facebook.com/hakgojae

ISBN 978-89-5625-410-4 (43690)

이 도서의 국립중앙도서관 출판예정도서목록(CIP)은 서지정보유통지원시스템
홈페이지(http://seoji.nl.go.kr)와 국가자료종합목록 구축시스템(http://kolis-net.nl.go.kr)에서
이용하실 수 있습니다. (CIP제어번호 : CIP2020039466)